Printed in the United States
By Bookmasters

موسوعة
الشعر النبطي الشعبي

إعداد
صالح الحنيطي

دار أسامة للنشر والتوزيع
الأردن - عمان

الناشر

دار أسامة للنشر و التوزيع

الأردن - عمان

- هاتف : ٥٦٥٨٢٥٢ - ٥٦٥٨٢٥٣
- فاكس : ٥٦٥٨٢٥٤
- العنوان: العبدلي- مقابل البنك العربي

ص. ب : ١٤١٧٨١

Email: darosama@orange.jo

www.darosama.net

مقدمة

يعد الأدب الشعبي رافداً من الروافد الثقافية الشعبية لكل أمة من الأمم، والأدب العربي الشعبي وبخاصة الشعر منه له مساحة واسعة في الوطن العربي، وله صلة وجذور في تاريخ الأدب العربي، ولو بحثنا ذلك لغوياً لظهرت جلية تلك الصلة - على الرغم من سلطة المحلية على الأدب الشعبي - إذ يمكن أن نرد كثيراً من البنيات اللغوية في الشعر الشعبي إلى اللغة الفصيحة مع تماثل كبير احتفظ به الشعر الشعبي لدلالة تلك البنيات مع العربية الفصيحة فمن المتفق عليه عند علماء الألسنية أنه إذا كان الاختلاف بين لغتين محكوماً بقوانين مطردة فإن ذلك يؤكد العلاقة التأريخية بينهما، لذا فإن ابتعاد اللهجات العربية عن العربية الفصيحة لا يلغي الروابط اللغوية بينهما، وكونها خرجت من معطف العربية الأم - الفصيحة -.

مهما قيل في أمر الأدب الشعبي، وأدب الأمة الذي قيل منذ عصر ما قبل الإسلام حتى الآن يجب أن نميز بين الأمرين، فالعربية الفصحى التي بها نزل القرآن العظيم وصارت لغة الدين للعرب ولغيرهم بقيت هي هي حتى اليوم إلى ما شاء الله، لقد كان للإسلام أثر كبير في إغنائها، وتعزيز سيادتها، وتثبيت دعائمها، وتقوية سلطانها، فارتفعت معانيها، وأخيلتها، وأساليبها، وبفضل الإسلام ظلت لغة الأدب والكتابة بلا منازع.

أما لغة الأدب الشعبي فهي لغة ثانية - على الرغم من وشائج الصلة بينها وبين العربية - غريمة للغة العربية، لها أساليبها ومستوياتها ونظامها اللغوي.

الأدب الشعبي له محبوه ومريدوه، ومتذوقوه يمثلون مساحة واسعة لأن عناصر الثقافة الشعبية مهيمنة على حياة الناس اليومية، وهي تمنح كل جماعة خصوصيتها الثقافية، وتضفي على كل منطقة طابعها المحلي المميز لها.

وليس المقصود من جمع الأدب الشعبي وإذاعته بين مريديه رغبة لدراسة لغة تحل محل العربية الفصيحة – وإن دعا بعضهم إلى ذلك لأغراض من نفوسهم - لأن ذلك يصطدم مع بنيتها المعرفية في ثقافتنا العربية المحكومة بالدين والتأريخ.

إنّ القصد من نشر الأدب الشعبي هو أن نذيعه بين عشاقه ومحبيه فضلاً عن كونه يصلح اليوم ومستقبلاً ليكون مادة لعلماء الاجتماع والتأريخ وغيرهما. إن الأدب الشعبي، والثقافة الشعبية عامة مادة خصبة للبحث، لأنه أحياناً يحل محل التأريخ في تسجيل أحداث الماضي وسماته ولأنه يعكس واقع الحياة اليومية، وما يحدث فيها بتفصيلات دقيقة، فضلاً عن كونه يحمل قيماً اجتماعية نبيلة من خلال حكمه ووصاياه ومراسلاته، وإخوانياته وغيرها.

لذلك صرنا إلى نشر هذا الكتاب الذي يضم نصوصاً شعرية شعبية من مختلف أقطار الوطن العربي، لنقدمها إلى الذين يتابعون هذا الأدب، ويجدون في قراءته لذة ومتعة، والقارئ سيجد في هذا الكتاب نصوصاً شعرية تنتمي إلى أجيالٍ مختلفة، فضلاً عن اللهجات المحلية العربية المختلفة التي بمعاودة قراءتها سيصل إلى ما استغلق عليه فهمه في القراءة الأولى، إذ أنها – على اختلافها – ترجع إلى منبع واحد، ولكن التطور الاجتماعي واللغوي، وطابع المحلية جعلتها تتميز بخصوصية محلية.

وإذا كان الأدب الشعبي يعبر بصدق عن الوعي بقضايا الآخر، فإنّ نصوصنا الشعرية المختارة قد حملت أغراضاً شعرية عديدة، عبّرت عن مشاعر أصحابها وعن مشاعر الآخرين وهمومهم، فكان الغزال، والمديح، والشعر الوطني، والرثاء والمساجلات، والحكمة إضافة إلى أغراض أخرى كانت تحمل خصوصية محلية كشعر (الجفرا) الفلسطيني و(الموشح) اللبناني و(المسدار) السوداني و(الرَّدح) السعودي و(الزهيري) و(الموال) وغيرها.

نتمنى على الله أن ينال هذا الشعر المجموع رضا القراء الذين يُعنَون بفنون الأدب الشعبي.

المؤلف

٤

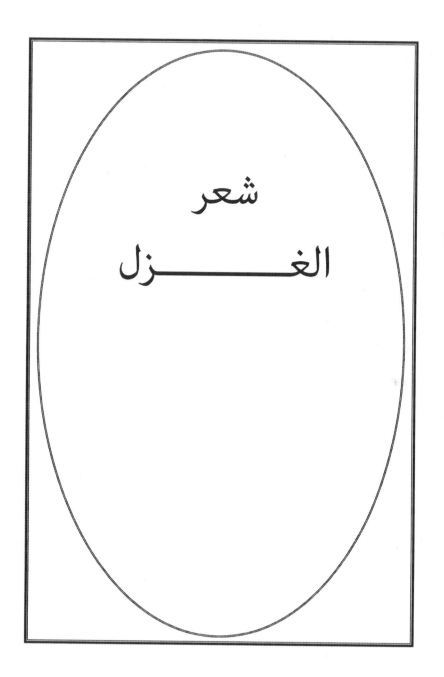

شعر

الغـزل

أهوى الهوى(١)

قصيدة غزلية للشاعر إبراهيم بن دعلوج من قطر، يتذكر فيها الشاعر أيام شبابه وعلاقته مع حبيبته التي أفرط في وصفها، إذ يقول:

قد زل لي ابسابق العمر لي شوط   وأنا شباب أهوى الهوى والعباطه
يومي شباب آخوض انا بحور وطوط   بْحور غيٍ عشت فيها انبساطه
آدور دوراتٍ مع الحب وآحوط   حوطاتٍ من يغري شبابه نشاطه
سلك الهوى باقصى ضميري ضرب شوط   كهربْ ضربْ ، ولا أشد انحباطه
يومي مع مركوز الانهاد مبسوط   أدري هوى الغالي واحب انبساطه
آجيه في ليله من النوم مغطوط   وهو على فراشه حسين امتغاطه
أحمرْ أبيضْ ، والدم باللون مخلوط   آحب من دله حسين اختلاطه
بياض جسمه كِنْه من ديرة أسيوط   ولا شبابه من فتايا غرناطه
غِضٍّ الصِّبا من فوقه الراس ممشوط   يعمل على طيبٍ ومسك اختلاطه
في قِصّته بالزعفران فرق مخطوط   خطٍ يشوق الشوق، وتحدث أشواطه
لا هو قصيرْ ولا طويلٍ وشمحوط   مربوع جسمه في دلاله اقلاطه
كامل كمال الزين بالحسن مغبوط   محسود في زينه وربي أحاطه
حمرة خدوده كنها الورد ملقوط   من وسط بستانٍ لطيف التقاطه
وشفاه حمرٍ تحتها اللعس منقوط   والوجن حمرٍ لون حمر الطماطه
والعنق عنق الريم لافر مقشوط   جمال عنقه زاينه في قراطه

---

(١) لآلئ قطرية : ١٥/٥-١٨

ونهوده كالتفاح .. من الغصن ملقوط		والحَلَمْ حُمرٍ بانيه في أوساطه
والوسط مهضومٍ لك اللـه ومصفوط		فترٍ بريمه ضامراتٍ أوساطه
والردف منبوزٍ ثقيلٍ ومعبوط		يهتز لا من سار سيره عباطه
والساق ساق الموز غضٍ ومسموط		والقدم ترفٍ ما تعب في الحواطه
أنا الذي في حبهم صرت مربوط		في سلسلة سلك الهوى وارتباطه
إلا مطيعٍ له على كل مشروط		مع ذا ولا بيني وبينه وساطه
هذا هوىً من لا طلب في الهوى نوط		ولاسار في غي الهوى واغتلاطه
وصلوا على المختار ما خطت خطوط		شفيعنا في يوم يعرض صراطه
يوم الصراط اللي على النار ممغوط		ممدود والجنة بآخر صراطه

*****

(أصفر عفر)(١)

قصيدة غزلية للشاعر إبراهيم بن محمد الخليفي من قطر، التي يقـول فيهـا واصـفاً حالـه حين سلم عليه محبوبه بنظرة عينٍ:

ويلاه صادفني من البيض رعبوب		وانشب بقلبي من عنا الود مخلاب
قفًا وخلاّني على القلب مضروب		ومن الولع به خاطري منه ما طاب
أسعد صباحٍ فيه أنا شفت محبوب		يوم الثلاثا داخلٍ من ثم الباب
في البيت يوم أنه دخل يلتفت صوب		عينه جداي ومِشًر بردن الأسلاب
سلم بعينه ومهتوي غير مغصوب		من خاطره أشّر علي قال ترحاب
يا مرحباً بك قلت ترحيب يعقوب		يوم البشاير جات من يوسف الشاب
قَفّيت من عنده وظليت مصيوب		من القلب من عينه بخطوات نشاب

(١) ديوان الخليفي : ١٢١-١٢٢.

اللي أنا منه أنا قلت باتوب
إمن أولٍ واليوم أنا أعيب من تاب
أصفر عفرٍ لي من بدا الهرج بأسلوب
ما يرتفع صوته على صوت الأحباب
بومبسمٍ كن الشهد فيه مذيوب
ومن العسل مخلوط من فاه لي ذاب
أما الحجاج اللي على العين مكتوب
حرفٍ يقال الراء في يدين كتاب
في وسط عينه آدميٍ والهدوب
سودٍ تقل فيها الهدب ريش الغراب
هي قمرةٍ تفضح سنا البدر وتنوب ولي مشى
في الشمس لي عاد السما فيه سحّاب
كنه من الردف متعوب
مثل الغصن لي مال في الهوى هاب
تمشي تِخَطّا من على الأرض باكعوب
ميداس شبرٍ مرتفع فوق التراب
اللي إلي منه بدا قلت خرعوب
جيد وحشا والدر ما بين العذاب

*****

الوصل بعد التجافي[1]

ويجد الشاعر أحمد بن خليفة الهاملي من الإمارات لذّة في صد الحبيب حيث النوى والسهر، ولهيب الفراق وشدّة الشوق وتكتمل لذّة الهاملي في الوصل بعد التجافي، إذ يقول في قصيدته (الوصل بعد التجافي).

لو ما الصدود وحرة الوجد ما كاد
للحبّ ميدانٍ ولا جيل معدود
ولا سهر جفنٍ ولا دمع هداد
من مقلةٍ يجري على صفح لخدود
ولا استطاب الكيف مع كل وداد
ذاق الوصل بعد التجافى من الخود
ولا اكتسا ثوب التصافي ولا شاد
طيرٍ وبيح ما حوت بعض لجسود
للحب فيها شاغلٍ تقل وقاد
نارٍ وهي تلهب بلا عود موقود
من لا سعٍ حقق تقاظيه من غاد
ذوده ويمم جانح الغرب مشدود

(١) بستان الشعر : ١٤١-١٤٢

حلّو تجا فيهم علينا والابعاد   وامست علينا تصفر الدور وركود
ما كنّها حلّت ولا صوتهم عاد   فيها جما صوت الرّعابي على العود
إن سلتني عنهم فلا حبهم حاد   منّي ولو شطوا ودوني إلدود
لو كنتم الفرقا على غير ما راد   قلبي يرنّه راجبٍ غير مقصود
اصبح أراجب كل غادي ومن عاد   من صوب ما هم يمموا عيني اتذود
لابد من طيشانهم وسط البلاد   القا وأساله عن مياهيم ورغود
وعن حيّه اللىّ بالحيا دوم رداد   لي فيه روض بالزهر كنّه أورود
وأجنّب الذّكرى عن اتحس حسّاد   فينا ويبقا عاذلي عنده اشهود
عسا يصارحنى ورا بغض لَرشاد   في ما بدالي في سوالٍ ومنشود
عن الذي حط النيا دونه احداد   مع ذا وخلاً موضحات السّنا سود
أباح لي بالهجر فيهم ولا عاد   يذكر ليالى وصلهم حقي اتعود
وارتاح يا بو سند عن هم وانكاد   وما على حالي أرى الآن موجود
أهيم بين أصحاب وقتي بلا نشاد   وافظي لهم من ظاهر القلب بسدود
واشارك الخالي على العطف ونذاد   عني غديت بلاسع الوجد مفرود
لابد يبرد ما على القلب وقاد   لاهب رسيسه في الحشا يصعد صعود
وتشوف عيني من على البعد عوّاد   من لي وأعايد قبل عيد الملا يعود
على التراضي من حشاشات وقّاد   وجهٍ عليه امن الحيا فوق لخدود
لوحة خفر ما كوفرت عند الاستاد   ولا طلا بالرنق مجدول لجعود
ولا مشا بين الشوارع ولا ماد   متبرجٍ بين المتاجر في الحشود
عايش على سمتٍ مضى عند الاجواد   متمسكٍ بعراه عن كل منقود
حلّيت يا وقت السعاده بالإسعاد   منى ويوم اباشر الخلّ مسعود
تمت عدد ما هل وبلٍ وما شاد   طيرٍ بصوته ما على نايف العود
أو عد ما صلّى على سيد الاسياد   ربٍ كفيلٍ ما على الكون موجود

*****

ويرى الشاعر أحمد عبد الجليل من مصر العالم من خلال عيني حبيبته، وقد تجسـدت تلـك الرؤيا الرومانسية في قصيدته:

ف عنيكي[1]

ف عنيكي ح أكتب للبشر
إنتي اللآلئ والدُرر
وارسم بصوتي المدى
صورتك على جبين القمر

قلبي وقلبك في السما
عزفوا هوانا ملحمه
حُبي ف غيطان حُبك نما
اشهد وبارك يا قدر
ف عنيكي ح اكتب للبشر
إنتي النجوم وانتي القمر

حبك سفينتي ودفّتي
والشعر زادي ودُنيتي
وياكي بدأت رحلتي

(١) ديوان شعر جبال الصبر: ٥-٩.

ياللا استعدى للسفر
ف عنيكي ح اكتب للبشر
إنتي النجوم وانتي القمر

*****

الدنيا صافيه والفضا
واللحن محمول ع الصدى
واحنا على كف الرضا
نعزف برقه ع الوتر
ف عنيكي ح اكتب للبشر
إنتي النجوم وانتي القمر

*****

مع الأماني والدفا
ح نعيش على عهد الوفا
حالفين برب المصطفى
لنسامح اللي ف يوم غدر
ف عنيكي ح اكتب للبشر
إنتي النجوم وانتي القمر

*****

وفي رومانسية حالمة يطمح الشاعر إلى تحقيق ما يسعد حبيبته، قال في قصيدته[١].

(١) ديوان شعر جبال الصبر: ١٠-١٣.

ياللي ف عنيكي البداية

بعد أشواقي اللي شايلها
ف قلبي من سنين
بعد حبي اللي ح يفضل
حلم كل العاشقين
باهدى لعنيكي السلام
ياللي ف عنيكي باشوف
أحلام كتير

نفسي احققلك كتير

نفسي ابنيلك ف قلبي
بيت كبير

نفسي أخطف م السما
نجمه لعيونك

نفسي ف عنيّه أصونك
بس فيه حاجز ما بينا
لو ف يوم نقدر عليه
يومها يفضل حُبنا
كبير للنهايه
ياللي ف عنيكي البدايه

*****

رغم صمتك باسمعك

باسم النبض اللي يوم
ح يرجعّك
نبض قلبك هوه نبضي
وف عروقي
شمس عمرك
نورها مخلوق من شروقي
دمنا من قلب واحد ...
ينطلق...
يروي ف عنينا
جناين حُبنا
تفرح الدنيا الكبيره
بفرحنا
بس فيه حاجز ما بينا
لو ف يوم نقدر عليه
يومها يفضل حبنا
كبير للنهايه
يا للي ف عنيكي البدايه

*****

الشاعر أحمد فؤاد نجم علم من أعلام الشعر الشعبي في مصر، له تأريخ طويل مبدعاً، ووطنياً وظف شعره للناس والوطن والأمة، وهذه القصيدة الغزلية تحكي مداعبات عاشق حالم خلف الزنزانة، إذ يقول:

الغرام في الدم سارح[1]
والهوى طارح
مَعَزَّه
والحنين للقرب بارح
والنوى جارح يا عزة

*****

يا ابتسامة فجر هلت
بددت ليلي الحزين
يا ندى الصبح اللي سأسأ
فوق خدودي الدبلانين
بل شوقهم
صحى لون الورد
فوقهم
كل خد
وشم له ورده
مين يدوقهم؟
غيرك انتي
مين سواكي
يا حياتي

(١) المرجيحة أحمد فؤاد نجم: ٨٤-٩٢.

يا ملاكي
يا نسيم الحب لما هب
هز القلب هزه
يا هوى الأحلام
يا عزه

*****

الليلا دي
جم خدوني يا ملاكي
جوز تنابله
ونص دسته من التيران
كنت باحلم يا حبيبتي
كنت باحلم بيكي إنتي
كنا قال
أنا وانتي قال
في جنينه خضرا
ومحاوطها البرتقان
والسيسبان
وانتي جوَّا قرنفلايه
بالعبير بتستحمي
أجري يمك يا هوايا
تسبقيني وتجري يمي

أحضنك

واشرب عبيرك من شفايفك

والغصون

واقفه شايفه

بتراعينا

بس خايفه م العيون

*****

والعيون بتقول كلام

والكلام

طاير حمام

بينادينا بالأغاني

ويهادينا بالسلام

كنت باحلم

يا حبيبتي

كنت باحلم بيكي انتي

أيوه انتي

ومين سواكي

يا حياتي

يا ملاكي

يا نسيم الحب

لما هب

هز القلب هزه

يا هوى الأحلام

يا عزه

*****

وانطلق في الجو فجأه

يا حبيبتي

صوت مفاجأه

صوت يخلي الدم يجمد

إصحى يا أحمد

إصحى يا أحمد

وانتهى الحلم الجميل

وابتدا الهم التقيل

- فين إمام؟

- انتو مين؟

- إحنا ناس مكلفين

تيجي سالك

مش حتتعب

واحنا طبعاً معذورين

- إنتو دود الأرض

والآفة المخيفه

إنتو ذرة رمل

في عنين الخليفه

إنتو كرباج المظالم

والمآسي

إنتو عله في جسم بلدي

إنتو جيفه

- سكتوه ابن الكلاب

سففوه من التراب

فتشوا كل الأماكن

طلعوا رفوف الدولاب

كمموني يا حبيبتي

كتفوني يا حبيبتي

قوموني

قعدوني

كل شعره في جسمي

بالعين فتشوها

المخده من جنانهم

شرحونها

وانتهى التفتيش

مافيش

صدقيني

ما تخافيش
هو فيه يا عزه عندي ممنوعات
غير باحب الناس
وباكره السكات؟

*****

بص واحد م التنابله
جوّا عيني
وانتي عارفه
عنيَّا صافيه وطيبين
زي كل عيون بلدنا
يا حبيبتي
شباكين
ع القلب دوغري موصلين
كان مناه يلمح
علامة خوف بسيطه
طب حيجي الخوف منين
ابن العبيطه
هو مين فينا الجبان
ولا مين فينا اللي خان
اللي قلبه بالمحبه وبالأماني
وبالربيع لاخضر مزهر
والأغاني

ولا كلب الصيد وأسياده الأباطره

أكالين لحم البشر فوق الصواني

هو مين فينا الجبان

ولا مين فينا اللي خان

هو بص في عيني بصه

ارتجف وف حلقه غصه

واتعوج ومال وقال

جملتين

مش مفهومين

أصله شاف

صورتين جُمال

في العيون الطيبين

مصر

في العين الشمال

وانتي

في العين اليمين

*****

وللشاعر الأمير تركي بن عبد الرحمن من السعودية هذه القصيدة الغزلية التي تفصح عن حيرته في صدٍّ من يحب عنه، فيبدأ قصيدته مستغرباً بقوله:

بدايه يا ترا تصبح نهايه[1] أو أن الحب بيحقق رجايه
أنا اللي تايهن في حب خلي ولا ادري ابتدي منين الروايه
إلى من ناظر بعينه وسلهم بسود شوقها جوا هوايه
وقفت ولا قدرت انظر لعينه شكيت ولا حد يسمح شكايه

أنادي مير ما تسمع منادي سكوتك يا قمر زود عنايه
سلبت العقل يا مضنون عيني كفايه ما جرا منك كفايه
ابيك تِرجع الروح الحزينه ونكتب في الهوى احسن حكايه
أماني جعلها تصبح حقيقه الا يا اللـه حقق لي منايه

*****

وله هذه القصيدة الغزلية التي يقول فيها:

قلبي غدا مملوك ما هو بمعتوق[2] ودي لوجه اللـه يا خوك يعتق
لو أن قلبك من ضنا الوقت محروق لاوك طِويل البال لابد تزهق
الوقت بعدني عن الود والشوق واللي عطوني يا ولد ما تحقق
الدمع من عيني على الخد مَدفوق شف قلبي المملوك يا خوك يحرق

مخلوق ذاق الهم بأسباب مخلوق قلبه قساه في دنيته ما ترفق
بابن كلاه الدود ماهوب مطقوق لو غيروه بباب معقول ينطق

---

(١) شيوخ وشعراء: ١/١٨٧-١٨٨.

(٢) المصدر السابق: ١/١٨٨-١٨٩.

لِي من ضنا الأيام يا فيصل حقوق بَاخذ حقوقي قبل ما الروح تغرق
الوقت راح وصار ماهوب ملحوق ويا حظ منهو في طريقه توفق

وللأمير تركي هذه القصيدة أيضاً:

هلا يا مسهلا يا مرحبا بك(1) تلاقينا عقب ما ابطى غيابك
وشفتك واهتدى قلبي بنورك عفافك يا الغضي بيض ثيابك
تعاتبني بضحكه وابتسامه بدرب الحب يا محلا عتابك
أحبك يا بعد روحِي احبك عسى اللي جابني للحب جابك

أنا ما ابغي الهنا يصبح ندامه ولا تقفي ركابي عن ركابك
تَغانم وقتنا لا لا يفوتك ما دامك يا حبيبي في شبابك
ترا لافات عمرك ما ترده وتبقى في شقاك وفي عذابك
وتندم عن فعولك في حبيبك ويصبح في الهوى مقفول بابك
تِمعن يا حبيبي في كلامي ترا مركب هواي من تهابك
أنا في حيرتي جاوب سؤالي تراني انتظر منك جوابك

ومن شعراء المغرب الشاعر الشيخ الجلالي مثيريد، وله قصيدة (البحر(2)) التي يصف فيها لواعج الغرام، ويشبهها بالداخل إلى البحر بلا معرفة الملاحة، مما يسبب له مصاعب كثيرة، وفي ذلك يقول:

ادخل بحر الهوى ارجع لا تجليك ويردوك فراتنه صدع

---

(1) شيوخ وشعراء ١/١٨٩- ١٩٠.

(2) مَعلمة الملحون: ٣/١٧-٢٠.

وسواحق الغرام والسحاب ورعده وسياحه والبرق الهاتف يلتمع

*****

القسم الأول

الهوى بحر ما يله نهاية توصاف كلاحه حتى عاشق به ما طمع
وما من قرصان سار فوقه تشتات لواحه ما نفعه صارٍي ولا قلع
قبلك دخله قيس لوحه في مهالك تجياحه خلا قفرا بلا نجع
صيد يظل مع الصيد ويروح وين ما راحو وجميع اللي راه ينخلع
متخردل مجلي على وجوه احبابه وبطاحه كالمجنون يغيب ويفزع
بعد هناه وصولته وعز منازل مركاحه عاد الوحش عليه بنجمع
ألبس من ثواب السقام سربال على تلواحه لا حالة في حالته ابشع
صابه ما صابه من الهوى لا غلة لا افراحه والغالب ما دار له شرع
يوماً جاوا أهله وجات ليلى سبة جياحه قال لِها اذهبي بلا رجع
أسبة هولي وسبة هموم آلاّ يبراحو بك الوعد كما قضا وقع

الحربة

اداخل بحر الهوى رجع لا تجليك رياحه ويردوك فراتنه صدع
وسواحق الغرام والسحاب ورعده وسياحه والبرق الهتاف يلتمع

القسم الثاني

هذا حال الحب والهوى يا طامع في نجاحه سيفه قبل الطعن ينقطع
وفساده في نهاية الأفعال أكثر من تصلاحه وشقاه وتعبه بلا نفع
مولاه خريص اللسان وأعمى من بصر الماحه زيزون اطرش ما يله سمع
ومتقف البدود والقوايم زحاف سراحه ما ليه عزيمة ولا سرع

تراه كالمهبول توجده هايم من تسياحه
ما يقرب لحيها جمع
تراه بالأوقات ما فقه دجاه من صباحه
تارة فيه يضيق الوسع
طير فريد على الرسام متقرَب ريش جناحه
وما من غصة كاسها زرع
كل نهار لسواق عامرة في حشاه بتقباحه
بمدافع وبخاش تنقرع
ساخف ناحل راخف الأعضا من تمكين جراحه
ما عنده في الداوية ربع
شاكي من حر اللهيب وشداه يشد قزاحه
كل دعاوي ليه تنجمع

الحربة

القسم الثالث

لاين بها لين يا التايه في وعر سلاَّحه
بين أفيال مطارق السبع
في صدارك نهج المخاطبة ولسانك حياحه
وضبعتك ما حازها ضبع
وين تطيق تسارع الهوى يوم يشد كفاحه
من لا خدم شجيع ما شجع
ما رد الهوشات يوم تدفع بسنون رماحه
يا راكب شلوى بلا سرع
هملاجك لوحه للولاجي راقب سراحه
لا تخرق عادة ولا بدع
أش ايلك من عرف في الهوى يا من كثر مزاحه
شمر ديرك للنجا ارجع
وتأمل في ما حكيت سال من الجيش ملاَّحه
واحذر قبل الأمر يرتفع
شاهدف في ما قريب بلوجد أسرار كباحه
يتعاطى خبرك وينشنع
من صغري وأنا مع الهوى نتقلد بسلاحه
فارس حربي راكب المنع
شيبني وانا على طفح شبابي وطفاحه
كل نهار غصايص ووجع

القسم الرابع

تركته ما تركني وشهمني تشهيم وقاحه ودعته ما طاق عن ودع
حوّط بربوعي وداربي كدور قزاحه ماليه محنة ولا خشع
مير همام على القلوب استوى في خيار جباحه يستحكم في أهله بما وقع
غالب ما غلبه غليب عن ساير جمع سياحه فوق المهجة طابعه طبع
رب من بلى يعافي بعفو وسماحه من ليله المخلوق يرتجع
قال الجلالي لمن أصغى لرقايق توشاحه حدَ فريدة نورها سطع
بمعاني وألفاظ رايقة من جوهر توضاحه اعذارك لخلولها اسرع
من لا ليه رياض طاب وجنى من ثمر لقاحه ما ينتج مارق له طبع
على الطلبة والشياخ هبت سلام في تلحاحه قد محاسن نورها لمع
هاك أراوي جوهر المعاني وضّح توضاحه به القوم الباغضة ردع
في حرث البهتان يضحى له فلاحه ما يجمع من صابته زرع
أهل الزيغ والكذوب في مولى البفرة طاحوا مولى البَفرة طاح في السبع

*****

يا روحي بسك

الشاعرة حسناء البادية من الأردن تجد شدّة لوعتها وطول أنينها وهي تعيش الغربة وطول الفراق وكأنها تعاني ما يعانيه من لدغه ثعبان، وهذا ما تعلن عنه في قصيدتها هذه:

يا روحي بسك أنا مليت[1]
وجزعت روحي من أحزاني
الدنيا بي دارت وما رديت
لديرة عزوتي وخلاني
يا عيشت الذل والتشتيت
من الغربة تزيد نيران
يا سامع صوتي وأنا ونيت
ونت قريصي بثعباني
يا اللـه تعيني وأنا داريت
من هم قلبي وأحزاني
يا كم تحملت وكم لقيت
صبرت والصبر عياني
والخاتمة للنبي وديت
الفاتحة وحزب قرآني

*****

ويشتد أنين حسناء البادية الأردنية، وتزداد غربتها فتدعو شاكية مما أم بها وذلك في قصيدتها:

ونيت[2]

ونيت ونت منصاب لج بعلاله
يصيح من وجعته والهم ثقاله
يا حيف كيف الدخيل بذيقة ووجاع
لحداً يثيبه ولا من يشفق بحاله
دلت على شهم طيب ينجد المظلوم
لكن دخيله بقى بويله وغرباله
أنا تصورة أنه طب للموجوع
يا للأسف محداً يضحى بمواله
أنا غريبة بديرة كلها آفات
منهو يحميني من الطماع ومثاله
وين البدوه وعادت الكرم والطيب
صيحت خله ضايعه بالبر وجباله
يا فزعتي لا تخلوني أسيرة هم
بعيدةً ما حداً يهتم بعواله

(١) عذاب الروح، حسناء البادية: ٢٠.

(٢) عذاب الروح: ٢١.

أنا دخيلة ولا لي حاجةً أرجاه
إلاّ المعيشة ولا أصبح عالردى عاله
حيث الردى ليه عطاني يطمع فيّ
والنفس يا هل الكرم للسو نقاله

أنا دخيلة

وفي قصيدة "أنا دخيلة" يعلو صوت الشاعرة بعد أن نفد صبرها فتستنجد بمن يعينها على ما هي عليه، فتقول[1]:

أنا دخيلة على من يقرى قصيدي
أسألك بالله العالي المجيد
صابني الظيم والظلم العديدي
من عشيرٍ ترك لي ورعاً وحيد
أبكي حر ما في من ظلم شديدي
الدمع همال يحرقني ويزيد
أسألك بالله لا تبعد بعيدي
تمد ايدك تمسك باليد
مير العله قل ما باليدي
وزادت سويا عشيرٍ تبيد
يا سامع الصوت أرجاك تجيدي
من الكرم والجود عندك وجيد
حاولت بالصبر وما يفيدي
صبري على نفسي من قلة الأجاويد
ياما بكيت بالليالي عديدي
وياما شكيت من هو الرشيد
وش حيلتي متصبر عنيدي
الذياب حولي تحاول تصيد
كشرت عن أنيابها سعيدي
فريسة سهلة يمكنها تبيد
صامدة يا خوي أنا عنيدي
بنت البدو ما تبي التعبيد
مشاكلي كثيرة هذا اكيدي
الشرف عندي صامد كالحديد
انجدني قبل عمري يبيدي
تساعدني قبل أكون شريد
قال المثل وقوله أكيدي
عمراً شقى ما في يومه جديد

---

(١) المصدر السابق: ٢٦-٢٧.

قلبي تعذب ماني فريدي ولاني من تلعب بالأجاويد
هذي حياتي كل ما بها أكيدي وكل كلمةٍ متأكدة بتأكيد
غشني غشاً بالرب المجيد يعلم بحالي رب العبيد
أطلب من هل الكرم شي عديدي العمل والمال وإن طلع باليد
أو نجدةً تساعدني وتعيدي لي الفرح عقب ما صار بعيد
غايتي منكم والغاية تجيدي ترحموا الحال من دمار وتشريد
كنت الكريمة وبنت أجاويدي دار الزمان وجار بالعديد
وأنا ترجا من يقري قصيدي تلقى صدها بحلاً يفيد
يساعد الروح من التشريدي أكون شاكرة هذا ما أريد
فرصة وحده أحيا من جديدي للعيش أبها مع ورعي الوحيد
يا سامعاً صوتي وقاري قصيدي البخت عندك أرجاك تعيد
والخاتمة صلاة ربي المجيد على العدنان دايم يزيد

ثاني هواش

وللشاعر اليمني حسن أحمد اللوزي مجموعة من القصائد التي يضمها ديوان مخطوط حصلنا منه على بعض القصائد، منها قصيدة "ثاني هواش" التي يصف حبّ من يهوى وكأنه سهام استقرت في قلبه، قال(1):

ما قد خضع قلبي لحسنا أو صبر
إلا لحبش ذي غلب لما قدر

(1) الشاعر حسن أحمد اللوزي، سفير اليمن في الأردن، ويكتب في مجالات أدبية غير الشعر كالقصة والنثر الفني وغيرهما.

وانشب سهامه واستقر
يا غانيه ما مثلها بين البشر
قلبي بها سلم وقر
وكم مهر في شبته عمق البحور

*****

ما رم صيده واتجهْ نحو الهدف
إلا اقتنص منه مناه مهما صدف
اهوال لا يخشى التلف
كأنما عشقه لعب ولا سفر
ولا حزاوي للظفر
وغنوة الدنيا لديه دام السرور

*****

لكنما ثاني هواش لو تفهمي
وقد جرى من يوم ولد مجرى دمي
فانتي الذي تتحكمي
كانه وجودي اصطفى به وابتدر
رحلة جديدة للعمر
وإنه سلى روحي على مر الدهور

*****

يا شمس في الأغلاس
ما قد خلق مثلك
لا يحسدونا الناس
أقرب وشاقول لك

ذي فجر الاحساس
حسنك على كلك
دم طيب الانفاس
مسكك علي فلك

ذات القوام السمهري

وصف الشاعر قوام حبيبته بالسمهري في قصيدته "ذات القوام السمهري"، فهو يقول مخاطباً حبيبته:

يحق لش أن تخلبي - أو تسحري
يا ما لله حسن القوام السمهري
وتكسفي كل الشموس حين تظهري
وتخسفي كل النجوم حين تسحري
وتضيِّعي كل الحسان حين تحضري
وتطيع لش كل القلوب حين تأمري
لكن على قلبي أنا ما تقدري

ما تقدري

يا ما لله حسن القوام السمهري

*****

فأنا بلغت من الهوى للمنتهى
وقد غرقت عهد الغوى من المستهى
حتى عرفت أحسن دوى لي منَّها

صدق الغرام مش بالعتالي والغرور
صدق الغرام يستثني فؤاد حاني صبور
يسكب ضياه في مهجة العاشق صبور
مش بهرجة بدر البدور

لو تفكري

من بعدها يمكن عليَّ تتأمري
يا مالكه سحر القوام السمهري

*****

وقال في قصيدة:

ساعطيك فرصة

يا قلبي المضنى لمه
ساعدت خلي في جفاه
فورت بالغيره دمه
لوما كره إني أراه
تعاتبه وتلاومه
على خطى مش هو خطاه
وأخشى أن لا أعدمه
وأعدم معه كل الحياه

*****

ساعطيك فرصه تفهمه
وتكون كما في مشتهاه
ذي ما يطيقه حرمه
وإن كنت في نفسك تباه
وما يحبه داومه
واحذر تثير الانتباه
اخشى أنا لا تعدمه
وأعدم معه كل الحياه

*****

كيف أوصفه

ومن شدّة تعلق اللوزي بحبيبته التي يراها أجمل النساء تساءل في قصيدته "كيف أوصفه"،
ثم راح يصفها قائلاً:

خلي أنا في عشقته مخدر
من يوم بدى لي مستتر واسفر
بحر الهوى في داخلي تفجر
شفت الزمان من دهشته تسحر
وإن المكان من نفحته تعطر

*****

من بسرته سحر الوجود كله
وضحكته يا سعد من ضحك له
ذابت عليه روجه وطار عقله
شله عمر ثاني وزاد مثله
ومن لقاه صدفه طمع يشله

*****

كيف اوصفه حاوي الجمال الأروع
ذي طلعته منها الشموس بتسطع
وأنورها من جبهته تشع
لو لم يكن ما كان تكون وتطلع
من طلعته كل الحلى تجمَّع

*****

ويدعو الشاعر الشيخ حمد بن سعود بن عبد الرحمن آل ثاني من قطر محبوبته للسمر والغناء لأنه يرى أن السمر لا يتم إلا بالذي فتن العاشقين، قال[١]:

قم غني وأنا لعيناك غنيت | خلي السمر يحلى بطلِة جبينك
يا فاتن العشاق لو ما تِباهيت | أنت الذي سحرك بخدك وعينك
أصبتنِي بسهوم نجلك وتليت | قلب من النظر بجرحه يدينك
شاهدت فيك أسرار حبي وونيت | وسلبتني بأسلوب لُطفك ولينَك
يا فاتني لولاك أنا ما تعنيت | وأصبحت رهن بين ملحك وزينك
إن جاد لي بالعمر وصلك تداويت | وقضيت دين حل بيني وبينك

*****

ويتألم الشاعر من صد حبيبته، والقلب يشكوه بصوت اسمع العذال، والدمع يفضحه منحدرا على الخدين، فقال مخاطباً العاذل[٢]:

أرى القلب يا عاذال هاضت قرايحه | إلى العدل ما يصغي وبانت صرايحه
إذا قلت له يا قلب ما تترك الهوى | كفخ من ضميري مخطرات فضايحه
هبيل غراه العذل ما يسمع النّدا | نديم من لا عذال تطمح طمايحه
رماني بغباه الهوى واصبح الأسى | بجاش من التفكير تأثر جرايحه
يعود الهوى لي كل ما عوّد الشذى | دع الهم لي وامسي أكافح كفايحه
دعا دمع عيني وانتشر فوق خدها | ولولا الحيا ما أخفيه وأبدي سبايحه

---

(١) شيوخ وشعراء ٥٠٩/١ - ٥١٠.

(٢) المصدر السابق: ١/ ٥١٠ - ٥١٢.

يكظ المدامع كل ما قلت ينتهي خذا الدمع فوق الخد تجري طفايحه

دع النصح يا عذال قلبي من الملا عن العذل قلبي معبدات مطايحه
يناجي نسيم اللي لاذعذع الصبا إذا هبها الشرقي تلقى الفايحه
حبيب يهيج القلب في بحر حبها إذا عادله بالذكر ضاقت برايحه
صفن لي من الخلان يوم يودني وأنا أدوره ولو هو نازحاتٍ نزايحه
على العهد ما ينسى ولو يبعد المدى وأنا أوفيه في حبي ويعرف فصايحه

خليل بخيل لو صيفا قدر ما صفا من الوصل كم لي شاكي من شحايحه
اساله فلا عله بيوم يزودني عسى ورى الأيام تذكر نفايحه
من الريم لا وصفت دخها وعنقها لاظن منها الريم تقفى سرايحه
إذا عاد لي يوم بالأسباب ذكرها عن النوم جفني عازبات مطايحه

دوا داي وصله كان يسمح وناتقي عسى عسر همي بعد الأوصال ثايحه
اسألك بحق التين والطور والضحى بحق الثمان اللي يبشافيك ظايحه
تعَوّد الصفا يا كامل الزين بالوفا قلبي بشكي فرقاك تسقي طايحه
عسى داركم يا متلف الروح للحيا من الوسم مزنٍ مرسلاتٍ لقايحه

*****

وللشاعر حمود الناصر البدر من الكويت هـذه القصيدة الغزليـة، التـي تفصـح عـن لوعـة عاشق في غربته، بعد أن غادر عن الأهل والحبيب بعيداً، ولكنه ظل يتتبع أحوال الأحبة هناك، فقال:

قالوا تفكر يا فتى قلت لا لا ما هي بفكره مير شيٍّ غشا البال[1]
لا خفق لا وسواس لا هو هبالا لا هم لا هوجاس لا هو بولوال

---

(١) ديوان حمود الناصر البدر: ٣٥-٣٦.

لا صرف لا سقوى ولا بالزوالا   زال العقل مني وحتى الصبر زال
هليت من غرق المدامع زلالا   وارهيت هله لين فوق القدم سال
ارزم كما حيدٍ برك بالمشالا   ومن العنا شايل ثقيلات الأحمال
ونيّت ونّات تقافى تتالى   جنح الدجى وامهل لهن كل الامهال

لا همني زين ولا راس مالا   ولا همني دين ولا دم رجال
ولا همني فقد الأهل والعيالا   ولا همني بالقرب عمٍ ولا خال
ما همني إلا حسين الجمالا   الصاحب اللي فارقنٍ وانحل الحال
لا وا حسافه وا حسين الدلالا   رد البرا لي بالنقا ما به أشكال

ساعة نحاني وانتحى بالمجالا   ضاق الحشا مني وقمت أعول أعوال
ومن العنا اصفق يمين بشمالا   وألعي من الفرقا على راس ما طال
ماني بمن يقوى العزا باعتزالا   صادفت من هجره تصاديف وأهوال
هو يحسب أن الحب ظلٍ وزال   ويحسب أنه عن حشا الروح ينجال
حبه يوازن نايفات الجبالا   متمكنٍ رسمه كما حبة الخال
ماجور يا ساعي بصلح الزعالا   يا مخبرٍ عني حسين التبهذال
قل له عشيرك بماضيات الليالا   ما عاد له من طربة الكيف منوال

من عقبكم حاله سوات الخلالا   ما هو بهانيه الجفا عقب الاقبال
ما يحتمل معشار ما به محالا   ولا يحتمل من وزنة المن مثقال
عليه ليعات التجافي تتالى   والوجد رده زود الاول على التال
عساه يصفي لي عقب الملالا   ويرجع بوصل مولع ماله أمثال

*****

غريب الدار

الشاعر الأمير خالد الفيصل من شعراء السعودية المبرزين، فقد ذاع شعره في مساحة واسعة من الوطن العربي، وبخاصة في منطقة الخليج العربي، وله باب واسع في شعر الغزل، وشعر الغزل عنده يتميز بعذوبة ألفاظه، ورقة معانيه، ومن غزلياته قصيدة "غريب الدار[1]" التي يؤكد فيها أن الغربة عنده تعني البعد عن الحبيب، فهو يقول:

غريب الدار ومناي التسلّي ... أسلّي خاطري عن حب خلي
سمعت الشور من قاصر معرفه ... أحسب البعد عن داره يسلّي
أسافر عنه من ديره لديره ... عساي أسلاه لكن ما حصل لي
أهوجس فيه وأنسى اني نسيته ... وفكّر في ليالٍ قد مضن لي
أنا لاجيت أبا نساه إلتوابي ... خياله وانهمر دمعي يهلي
واشوفه واقفٍ من دون دمعي ... حبيب القلب في عيني يهللي
دعاني يا غريب الدار عوّد ... ترى مالك محل إلا محلّي
مكانك في عيوني يا عيوني ... وقلبي من غرامك ما يملّي

*****

وتعزّ عليه دموع حبيبته وهو يراها على وجنتيها، فينتفض قائلاً:

لو نسيت[2]

لو نسيت العمر ما أنسى دمعتك ... صرخة ذابت من عيونك دموع

---

(١) إطلالة الفجر: ٤٨.

(٢) إطلالة الفجر: ٤٩.

ترتعش مرتاعةٍ في وجنتك
وانتفض قلبي لها بين الضلوع
أزعجت صمت الليالي عبرتك
بالخفا ثوره وبالظاهر خشوع
تسكب الدمعة وتظمى نظرتك
مشهد النظره وهي تظمى يروع
يا ضياع العمر ضيعة بسمتك
ضاع معها خافقٍ مثلك جزوع
ليت من يمتص جارح لحظتك
والفرح يشعل دياجيرك شموع

*****

تدلل (١)

وفيها يرسم الفيصل صورة لحبيبته من نسج خياله يؤكد فيها صدق مشاعر الحبيب، قال:

تدلل علينا يا سمِّي الظبي وشْ عاد
تدلل ولك بامر الهوى شافع عندي
ولك في خيال العاشق المهتوي ميعاد
ومجلس غلى غيمه وليلة قمر نجدي
أسافر معك لبلادْ وأنزل معك في لبلاد
ومن غيمه لغيمه ولا للسما حدي
رسمتك ضحكوك الفجر يا فرحة الأعياد
ولمعة شعاع ينغمس في ندي وردي
وغنيت بك صوتٍ لقلب الهوى ميلاد
ونغمةْ غرامٍ ذاب في لحنها وجدي
اشوفك مطر هتان لا برق لا رعاد
من الوسم يبعث للصحارى زهر ودي
احبك وصل وابعاد... أحبك رضى وعناد
ولا يختلف وعدي .. ولا ينتقض عهدي

*****

(١) المصدر السابق: ٥٠.

ما بقالي قلب[1]

ويوظف الشاعر مفردة "خطية" توظيفاً رائعاً، فتأتي دالة بحيث لا تغني عنها مفردة مرادفة أخرى، وذلك في قصيدته "ما بقالي قلب":

ما بقالي قلب يشفع لك خطيه ... ذوبته جروح صدّك والخطايا
صاحبي بالله .. لا تعتب عليه ... العتب ما عاد تاسعه الحنايا
كل جرح فات لي منك هديه ... وش بلاك اتخاف من رد الهدايا
الـلـه أكبر .. كيف مالك مقدريه ... وكل ما تحمله من هميّ بقايا
لا تمنّيني .. سراب المهمهيه ... القراح اليوم .. ما يروي ظمايا
وإن غدى للحب في قلبك شظيّه ... وش يقول اللي .. غدى قلبه شظايا

*****

ويرسم الشاعر في بستان شعره، قصيدة يبوح فيها عن مكنونات نفسه العاشقة، إذ يقول[2]:

أغير الطاروق والقاف وابدع ... وولع قلوب تحس بولعنا
واسير في بستان الأشعار واقطع ... وردة قصيد مثلها ما زرعنا
واحاكي الوجدان والقلب وانزع ... من كل قلب ونة من وجعنا
وأجاذب الونات في كل مطلع ... لأهل الغرام اللي يونون معنا
والاعب النغمان في كل مقطع ... يطرب لها لبيب قلب سمعنا
واغَازل عيون بالأشواق تِدمع ... وابكي قلوب تجزع جزعنا

---

(١) إطلالة الفجر: ٥١.

(٢) شيوخ وأمراء: ١/ ١٤٩-١٥٠.

واشاهد عيون المحبين واجمع — من كل عينٍ دمعة وألف معنى
واصبها في بيت الأشعار واسمع — صرخة فؤادٍ قال معنا اندفعنا

*****

وله أيضاً في الغزل[1]:

وقف تراني والهوى وانت ميعاد — يا من جمع بشفاه جمره وماها
طق اللثام ولا تبين لحساد — لا لا تتخلي كل عين تراها
في شفتك جمر حمر فيه وقاد — أغليت أنا لون الجمر من غَلاهَا
أخاف من واهج شفاياك يزداد — يحرق ورود الخد واهِجِ سنَاهاَ
وردٍ على غصنٍ من البان ميَّاد — وردٍ نمى في ظل رمشي كَساها
رمشي على جال النواعيس صياد — ذبح القلوب اللي تعرض حماها
عقلي وقلبي منك في حرب واجهاد — واشوف دق القلب مَيَّل خطاها

*****

وله أيضاً [2]:

يا صاحبي مني لك الروح مهداه — و اللـه لو به غيره أغلى هديته
ما قلت لأحد غيرك الروح تفداه — أنت الوحيد اللي بروحي فديته
وأنت الذي لولاك ما قلت أنا آه — ولا شكيت من الهوى ما شكيته
يا زين حبك عن هوى الناس عداه — جميع وصف كامل بك لقيته

---

(١) المصدر السابق: ١/١٥٠-١٥١.

(٢) المصدر السابق: ١/١٥١.

سلم المحبة ما دلها حد ناطاه | حد الخطر لعيون خِلي وطيته

*****

جسم العود(١)

وفي قصيدة "جسم العود" للشاعر القطري خالد معجب الهاجري يشكو الشاعر همّه لصديقه بعد أن عانى من ألم فراق حبيب يتملك صفات الجمال الرائع، وقد اختلط الغزل بالوصف الذي قاله الشاعر بحق محبوبته:

يا حي من ذي مداهيله وذي بيره | هذي مداهيل جسم العود يا سيفي
اتلى العهد يوم قفّت به مظاهيره | من يوم قفّى وليفي خاربٍ كيفي
يا حالي اللي ذهب واذهب مداويره | غدا ذهابي عليكم يا أهل السيفي
غديت أنا كنّي اللي ضايع طيره | يومي شليله يبدي في المشاريفي
وجدي على رِبعة اللي مالي بغيره | منبوز الأرداف هضّام السراجيفي
حديثها در صفراً حط به شيره | واحلى من الغند في در المصاييفي
لا جيت باصبر غدا في قلبي سعيره | شبّت علي ما ادري ان ذا بتكليفي

*****

مات حبك(٢)

وللشاعر الأمير سعود بن بندر من السعودية، قصيدة "مات حبك" يحكي تجربة حب لم يبق منها سوى الذكريات، بعد ما ماتت حقيقتها، إذ يقول:

---

(١) ديوان خالد محجب الهاجري: ٣٧-٣٨.

(٢) شيوخ وشعراء: ١٤٧/١.

مات حبك والبقيه في حياتك
في حنايا خافقي لاقى مِصيرَه
خذ مع الجثمان باقي ذكرياتك
تجربة حبي معك كانت مِريره
يا عدو الحب ركب الحب فاتك
لا تجيب إن طعتني للحب سيره
ما يعرف الحب من سَوى سواتك
يجهل الإخلاص من ضيع ضميره
حبك اللي تدعي هو حب ذاتك
ومن يحب الذات ما يخلص لغيره
غَرِني يا صاحبي ظاهر صفاتك
غلطتي للأسف كانت كبيره

*****

حاول وأحاول[1]

وفي قصيدته هذه يخاطب حبيبه بنسيان ما كان بينهما، فلا شفيع له برد ما كان:

حاول وأحاول يصير فراقنا هادي
الـلـه عطانا العقل حتى يعنِينا
خَل المقادير تمشي مشيها العادي
في عمرنا يفعل الـلـه ما نوى فينا
ما فادتك دمعتك ما ينفع عنادي
لا صار ربي حرمنا من بيعطينا
فرقا وصارت ولا تحزن على بعادي
وأنا بحاول على نسيان ماضينا
ونبدا حياة جديده كل بوادي
يا حسرتي يا غرام عِشته سنينا
يا وحشة الليل في بُعدك بلا رقادي
ويا طوله اليوم ما شِفتك ولو حينا

*****

وفي قصيدة (إفراق وفراق[2]) يقول:

(١) شيوخ وشعراء: ١/١٧٥.

(٢) المصدر السابق: ١/١٧٥.

ما كلف اللـه نفس ما لا تطيقه البعد والحرمان ما عاد ينطاق
ما كنت أفكر في فراقك دقيقه لولا إن عقلي من سبات الهوى فاق
وشفت إن جمع الشمل ماله طريقه ولا صار لي قدره على قهر الأشواق
تسر الليالي السود مثل الحريقه تحرق من أيام العمر خُضرَ الأوراق
ونور الأمل في الوصل يفقد بريقه ودايم وحنا بالاسم بس عشاق
اظهر لي الواقع ومُر الحقيقه كِلش يقول إفراق وإفراق وإفراق

*****

ادفن الماضي[1]

وفي قصيدته هذه يرى الشاعر أن ما حدث بينه وبين حبيبته من فراق لا يمكن أن يرجع إلى ما كان، إذ يقول:

ادفن الماضي تحت سابع ثرى خطوة الأيام ما ترجع ورى
وش يفيد اليوم تريد الكلام أنس وأنسى كل ما صار وجرى
وسمها حتى نهونها حظوظ غامضات ومتباع وتشترى
جمعتنا يوم في صدفه مكان والتقت نظراتنا محدٍ درى
وكلمت عيني عيونك من بعيد وعاهدتني سودك وطال السِرى

*****

وقال الشاعر سعيد البديد المناعي من قطر في قصيدته الغزلية (مهيم في هوى طفل[2]):

(١) المصدر السابق: ١٧٦/١.
(٢) ديوان المنّاعي: ٧١-٧٢.

يقول اللي تهيّض من ضميره   وألّف بالمثايل ما طرى له
حَريب النوم وعيُوني سهيره   وقلبي زاد هَمّه عزّتاله
لوالب ضامري كلُها كسيره   ودولاب الحشا هان اشتغاله
يا مير الحبّ ما ونّى مسيره   يهومِ بغبّة العشاق داله
أهومِ بغبتي من غير دَيره   وربّاني غشيمٍ بالدَلاله
مهيمٍ في هوى طفلٍ صغيره   لِبَستِ بحُبّها ثوب الجهاله
أناوح كل مفجوعٍ حسيره   تنوح وهمّها فَقد الأهاله
حمامٍ كان بالجاري خَبيره   حبيبي وين شَرقٍ لو شماله
معاك أندب سلاماتٍ كثيره   على اللي تاه حسنه والجماله
حسين العود مدلوجِ الضميره   غريب اللون بالحجلين داله
يباهي بالحسن شمسٍ مُنيره   لَكِن البدر يزهى في خَياله
ترى في الخدّ شاراتٍ غَتيره   تشوف اللآل وضحٍ في مجاله
ترى في العين أسهامٍ شهيرة   يصيبِ بها لمن أنوى قتاله
عَديل الطّول لا ما هي قصيره   على المطلوب في غاية كماله
تِربيّها غَميجاتٍ غَزيره   ربيح اللي يحطٍّ بُها حلاله
تراويك بْحِجرها لون شيره   على الموصوف قَلاّبي أشكاله
إلى قَفّى طوى ردفه حَريره   كما طيّات قرطاس الحَواله
عذابي يوم شفته بالبصيره   عذاب القلب من همٍ وزاله
تراني ريت غَصّاتٍ كثيره   عابيبٍ خراعيبٍ سلاله
فلا عَيّنت لأوصافه نظيره   هَويت إهواه ما شَفّي بداله
طَلَبت اللـه عَلاّم السريره   كريمٍ ما يخيّب من يسأله

يروفٍ بحال من هَمّه عَشيره	طوال الليل ما يسلى خياله
شِميّه بيّنٍ في كل ديره	ثلاثينٍ على عِدّة كَماله
ورجلٍ جاه من طايف نذيره	طلوب الدّين قاموا في احتياله

*****

وللشاعر صحن جويان العنزي من الكويت قصائد غزلية، منها هذه القصيدة[1]:

يا الـلـه يا مخضر هيشم الفروعي	يا منبته بألوان ورداً زهنه
يا مودع أشكاله على كل نوعي	رحمتك يا مولى على الأرض جنه
وحباً زرعته مال ثمره طلوعي	لو السحايب مرته ما سقنه
أقفا ثمر زرعي ولا به إنفوعي	وشهب الليالي يا جزا صرمنه
وين الغزال اللي مشالي بطوعي	عزي لمن مثلي إضروفه وأسهرنه
عيني عن المرقاد لاجت اسبوعي	وصبن عيوني بالبكا وأسرنه
لياون قلبي سابقنه إدموعي	وعبرات نفسي بالحشاء مستكنه
يا قلب هوّدلا تحب القطوعي	ما دام ظنك ما يوافق لظنه
مصبر على العيله وقلبي جزوعي	وحباً عطيته يا ريش العين منه
وجرحاً جرحته يوم عصر الربوعي	لو العذارى جبتهن ما شفنه

*****

(١) ديوان الشاعر صحن جوبان: ٥٥.

ويعدّ الشاعر الكويتي الشيخ عامر بن سليمان بن خلفان الشعيبي الحب داء يصب القلب لا يشفى منه صاحبه، ومع ذلك وجد الشاعر متعة في وصف محبوبته، فقال[1]:

يا قلب هَوْجِسْ في ليالي العسيره ... ونظم بيوتٍ من فنون كبيره
كلّ دري عمّا فقلبه وضميره ... لي يبتلي بالعش تكثر فنونه
ناحب وغنّت في دجى الليّل طيره ... وشَبّت فقلبي مثل نار السّعيره
لي يبتلي بالودّ الـلـه يجبره ... يغيب هَاجُوسْه وتذهب ذهونه
الـلـه يا عالم خفايا السّتيره ... تحكم بشيفه من عيونه نظيره
قبل الفراق وقبل عمي البصيره ... وقبل العطب يلشع بطيّة جفونه
ما ينفعك فالعشق شيخ وعشيره ... ولا ينفع الحاكم جنوده ووزيره
لو جاب قيمانٍ وجموعٍ كثيره ... ما لحق مطلوبه ولا ينفعونه
يمّا سقوني م الثنايا السّطيره ... عذبٍ شراب باردٍ واستخيره
عن شربة الكوثر وعن أكل زيره ... وعن لبسٍ صوغ الحَصّ لي ينظمونه
لي صاب يمّا سقاني المريره ... خَلاّ عليّ حاسديني هذيره
خلّي ولا قد قلت لي خلّ غيره ... لو جبت لي أهل الدّنا ما فدونه
حيثه سكن كهف الفؤاد وضميره ... وسيّس فقلبي سور حلّه كبيره
وقَطّع حشاي بحدّ نصله جريره ... لو كان له دَيْنٍ وفيته ديونه
ويوم كان في شبّته وزمهريره ... مثل الثريّا في تصاوير ديره
أنحف يلَنْ أخطر يعجبك خطيره ... أغنج خدلّج مدعجاةٍ عيونه
راعي جبينٍ يوب شمس الظّهيرة ... ساعة ووهج كبد السما مستنيره
لو شافها الحجاج ترّك مسيره ... وظنه بمقام الحجّ لي يقصدونه

(١) ديوان الشعيبي: ٤٥-٤٦.

واويل من باتت عيونه سهيره
يرعى الثريّا والنجوم الزّهيره

مفارق محبيّنه ومجفي مشيره
ودّي بلقاه وغبّة البحر دونه

عن ديرة الخلاّن ما بغيت ديره
ولا بغيت عن محبوب قلبي عشيره

لا شكّ فيما قفد مضى وراح خيره
لي قدّره المولى مكوّن بكونه

ولو يخيّروني م الكنوز الجبيره
وببصرة الفيحا ونجد الخظيره

وغربا إلى استنبول وأرض الجزيره
حلفه بربّ البيت ما يشترونه

يا لهفتي يا حسرتي يالحسيره
ينوض قلبي مثل نوض الذّخيره

كنّي مقيّد في دواميس صيره
جسمي نحل والحال مصفر لونه

*****

والشاعر عبد الباسط عبد المجيد الرويني كتب قصيدة "الحب ألوان" يتغزل بها ببنات محافظات اليمن، فيسرد لكل محافظة ما تتصف به بناتها من جمال، فقال:

بنات محافظات اليمن العشرين
الحب ألوان(١)

اخترق في اليمن كله ومن حيث ماكون
أوجد الحب ألوان

الحلا والجمال في إب وصنعاء وسيئون
والرشاقة ببعدان

والهوى في عدن والقلب في لحج مفتون
والمحب صار هيمان

والعيون الكحيلة جننه كل مجنون
في الحديدة وعمران

والدلع في تعز والحب من نهر سيحون
يرتوي كل عطشان

والعسل بالأمانة كل قطره بمليون
ببشتريه كل إنسان

---

(١) مفتاح فلسطين والحكمة اليمانية: ٨١.

والجعود حظرميه ليلها سر مكنون
من لألىء ومرجان
صدرها الضالعي زارع سفرجل وليمون
زينة كل بستان
خصر مهري وقامه طولها طول مقنون
بنت حجة وخولان
عنق محويتيه جوفيه البطن موزون
كم ضباء كم وغزلان
والجبين مأربي وأسنان بيضاء وزيتون
مزرع ابين وبيحان
وجه شبوي وخد أحمر ذماري ومدهون
عطر من فل نيسان
وأنت يا قلب في صعده مولع ومحنون
بين فرسك ورمان
اخترق في اليمن كله ومن حيث متكون
توجد الحب ألوان

*****

طلاب الهوى(١)

ويصرح الشاعر عبد اللـه بن حمود بن سبيل السعودي أنه لـولا الحيـاء لأعلـن للنـاس بمـا يكابد من رحيل محبوبته وبما أصاب فؤاده من حر النوى، وهذا مـا يتضـح في مطلـع قصـيدة "طـلاب الهوى".

عدّيت مرقابٍ براسه رجومي
مرقاب طلاّب الهوى يوم عدّاه
مرقاب من مثلي بقلبه هشومي
وعينه على بعض الأزاويل مغراه
لولا الحيا لارقى طويل الرجومي
وأصيح صوتٍ كل من حولي اوحاه
لا جتنى الفزعه تريد العلومي
قلت آه ذا حب الحبّيب وفرقاه
عليه قلبي بين الأضلاع يومي
اوماي، صقارٍ لطيره ولا جاه
الطير عانق له طيورٍ تحومي
ثم ارتفع يم الخضيرا وخلاّه

---

(١) ديوان ابن سبيل: ١٠٧-١٠٩.

واصاحبي عنه ارمسن العلومي ... ولا أدري وش اللـه قال به عقب فرقاه

دار سكنها لا سقتها الغيومي ... يقحط محلّه بالمحل لين تجفاه
علمي بهم بالقيظ حامي السمومي ... واليوم عشب الوسم تشبع رعاياه
سقوى إلى جو يتبعون الرسومي ... وتطاولوا وادي الهييشه ومجراه
من يمّهم دبّت علينا السلومي ... ومن له عميلٍ جاييى منه مقضاه
وجدي عليهم وجد راعي قحومي ... تَلحق ولا تِلحق نهار المثاراه
قزّاه صيّاح السرق عقب نومي ... قالوا عطونا مشعل الشيخ نقفاه
ولحق الطلب نقوة عيالٍ قرومي ... وشافوا سرقهم وادهم الجيش يشعاه
وتقايسوا بالكثر والكل دومي ... وكلٍ تحزم واحتزب للملاقاه

وبانت فعايل كل بتعٍ جزومي ... وتنسّلوا دهم الفرنج المخبّاه
وحوّل عليه مبختٍ بالسهومي ... وطابق مبطنها على ساق يمناه
وتكرسعت لعيون زاهي الرقومي ... من كف قرمٍ راعي الكور ينخاه
وظالوا عليه وعض روس البهومي ... وتشاينوا صبره ولجّة يتاماه

*****

لولا غلاها ما سكنت بوطنها(١)

وفـي هذه القصيدة يُظهر الشاعر شدّة تعلقه بمحبوبته ومدى تملكها إيّاه، ومـع ذلـك أنكرتـه بعد أن هام بها، وفي ذلك يقول:

---

(١) ديوان ابن سبيل: ٥٣-٥٤.

عذلت عيني بالهوى واعسرتني
مفتونةٍ في حب حيٍ محنها

نفسي لها هويات ما طاوعتني
لين انحلت بالحال واكدت بدنها

عندل بطاروق الهوى ساعفتني
تنقاد لي قود العسيف ابرسنها

تطرق برمش العين وإن واجهتني
تعطيني الهرجه وتاخذ ثمنها

تخفي لي الكلمة إلى هارجتني
خوفٍ من اللي كلمته ما وزنها

بالصدق ما يسعى وبالكذب فتني
ويلا خبر له هرجةٍ ما دفنها

شاورتها على الجواز وهدتني
تبغي لعله يبعد الحوم عنها

عطيتها علمٍ وهي خابرتني
لو أربعٍ بالبيت ما جزت منها

خمسة عشر عامٍ وهي مالكتني
والخادم المملوك يومر وينهى

هذا جزاها يوم هي ما نكرتني
والا فلا منها ولا من عدنها

الموجب أنه بالهوى ولعتني
لولا غلاها ما سكنت ابوطنها

*****

هوانا عش

ويلوم الشاعر القطري عبد اللـه بن سعد المسند المهندي قلبه الذي أوقعه في الهيام، ولشدّة تعلقه بمن هام به لم يستطع العدول عمّا أراد قلبه، ويمكن تلمس ذلك بما جاء في قصيدة "هوانا عش" إذ يقول[1]:

لي اللـه من قلبٍ مداه كبير
بالاولاع خلاّه الولاع صغير

عذلته وحوّلني على غير غايتي
عصاني دعاني في هواه اسير

فلا قلت يا قلبي تراجع وطيعني
عمد بي طريقٍ مستواه عسير

(١) ديوان الشاعر: ١/١٦٧-١٧١.

لي اللـه يا قلب المحبه غدرتني
واخلفت عدلٍ في قداه بصير
بصيرٍ بتصريفي فلكن صرفتني
فياليت يا قلبي تطيع مشير
نصيح يسلّيك الولاع الذي سطا
بسوداك واطول ما مداه قصير

لما تسقّيني بما لا يليق لي
مطاعة عسيفٍ شنّقوه مرير
امراسٍ يجرّيها على غير طاعه
ولا من تحاتيم الأقسام مطير
خليّتني في لج الأشواق سابح
توطّيت بي بحر الغرام خطير
خطيرٍ على اللي ما تجدّى المعابر
ولا هو بلجات الهواة شطير
ذكّرتني عوناس عرماسة النضا
ودبها على ورد المياه خبير
وإلى حداها ما حداها تذكرت
ليالي تحاذيها مقام البير

أنا بي على تذكارها مثل مابها
إلى شح ماها والهواب هجير
وبي حرقةٍ لو ناشت الصخر ذابته
توهج لها بأقصى الضمير سعير
تنقض كوالم ما برى من صبابتي
على من على معمل هواي مدير
حبيب تساوى الود مني ومنّه
شرعنا هوانا باعتدال مسير

صداقة وفا ما كدّر الشوب جوّها
سوى نشح نفح الشاذيات عبير
عبير الخزامى في روابي فياضها
سقاها بكورٍ مقتفيه الأخير
وجنّا بها في حالة الخير والهنا
على سفح مشذوبٍ طراه شهير
لنا به تجانيس على جلّ مستوى
بخير ورجوانا المزيد بخير
روحين في جسم الهوى وقت للهوى
بنا جنح مخفوض الولاع تطير

تبادل رقيق الود نسج المحبه
تلف بازهار الغرام حرير
لطيف السلوك سلوك ليلى وغيّها
هوا ناعشٍ ما يقتفيه هجير
قطعنا مسافات التصافي وبعدها
رجعنا بعدريّ القلوب صدير
فيا سامح الزلات يا واسع الرجا
لك العفو يامن لا سواه مجير

****

هل المعروفة[1]

وفي هذه القصيدة يشبه الشاعر عبد اللـه ابن عامر بو فلاسة من قطر حاله في عشـق مـن أحبها بحال مجنون ليلى، ومع ذلك صدّت عنه محبوبته، وهجرته لذلك خاطبها قائلاً:

هل المعروف وشى جاكم علينا | جفيتونا وحنا ما جفينا
هجرتونا وحنا ما هجرنا | سليتونا وحنا ما سلينا
وعفتونا بلا ذنب وخطيّة | نسيتونا وحنا ما نسينا
تبدّلتوا وبدّلتوا هوانا | وحنا عن هواكم ما هوينا
ولا نزعل عليكم لو قطعتوا | حشى لله عنكم ما عزينا
نداريكم ولا نعتاض فيكم | وبعنا في هواكم واشترينا
سهرنا واشتهرنا في المحبة | كما مجنون ليلى وابتلينا

*****

نشبنا في هواكم وانتشبنا | وتولعنا وتكدرنا وبكينا
كما الخنسا على اخيها تراني | عليكم آتوجّع كل حينا
واجر الصوت في ليلي ولا لي | حد يرحم ولا به من يعينا
حبيبي ما تخافون العقايب | لكم ربٍ يحاسبكم علينا
عليمٍ بالسراير في الضماير | ولا يخفاه كل شي خفينا
حبيبي ودكم بيّح بسدي | وفرقاكم صعب و اللـه علينا
حبيبي عقبكم حاربت زادي | ومشروبي تركته لو لظينا

---

(١) لآلئ قطرية: ٤/١٤٨-١٥٠.

واجر الصوت ما تدرون عني   واطوّح ونتي مثل الحزينا
على وجدي عليكم واعذابي   من الهجران والقلب المتينا

*****

الشاعر عريان السيد خلف من الشعراء العراقيين الذين لهم شأنهم بين الشعراء الشعبيين العراقيين، ومن قصائده الغزلية قصيدة:

صياد الهموم(١)

ضمني ابليل ثاني..
وحلّ حلال الخلْ
شحيحه أفراحنا..
ودكانها امعزلْ
البسمة انبوگَها من الآه والياويل..
يا گَلبي إشبعد؟
ومعكرات الكيف ..
زمّن توزهن .. ما ظن بعد تحمل
حاطنك ضواري .. امهذبات الناب
لا مخلص يعينك لو ردت تجفلْ
يمواكح زمانك ..
حد گَطاع النيط ..

(١) شفاعات الوجد: ٣٩-٤٢.

تترجه الشفى .. وشكواك سِلْ السِلْ
ما عاد الصبر .. يلجم مصب العين
ولا مثل البشر بدموعنا انمثل
ولا ذبيج المضايف عامرة الديوان
ولا سربة وذن .. برياضهن تصهل
ولا شارب يرف .. لو مطگت ام عريف
ولا شكره جعد بوجوهنا اتهلهل
ولا مدرع فشگك ..
ينحر اصدور الضيم
وما بين اللميض ..
ايحوّل اتحول
ولا صاحب شهم .. ويأكد الماذيك
يبسط خاطره .. وفوكَ الجرح ينزل
مصخت ..
والضماير غبراها الغيض
وامتد الدرب .. وأم الفرج مثجلْ
وطالت ..
والعمر كلما تلف ..
بي طول
غم ذاك العمر .. من ينگضي إتعلعل

شي عاشت لفو ..
وتروم هذا وذاك
وشي كَضّتَ عمرها ابنعم وتوسِلْ
وشي حربة مواسم ..
تنبت ابكل كيف؟.
اشما بدّلْ وكتها .. الحالها اتبدّل
وشي تلهث عمر .. تجمع ورق وأرقام
الحد كَطع النفس ..
وبمالها إتنعثل
امناحر ..
والخلكَ ما تعرف المعروف
ما خذها الطمع .. وبلا سبب تكتل
إني من أرد أسولف ..
واكشف المغلوكَ
يغدي الحكَ صبر .. وحجايتي اتزعل
يلشعرك مليّل ..
حل حلال الخِلْ
وطوّل واهسك .. للواهسه امخيّل
اسلم من عذابِ الآه والياويل
وعللني ابهواك العافية إتعلل

كل بوسة غفو ..
اتطّرز حياتي نجوم
وكل شمّة نحر ..
جبرة خليل الخلْ
يا تالي المزن ..
جل العمر عيسوب ..
وفوكَ مروز روحي الزور صاير جلْ
مدنف .. فوكَ وكروي. ابطارف الصعبات
وصكَور الروابي العالية إتزبلْ
مشكلتي الفرح .. ما عرف بابه منين ..
وبثوب الحزن من زغر متمشكِلْ
ناورني الدمع .. بأول مِدَب عالكَاع
وناغمني الحزن وي رنة الجنجل
حل شعرك حبيبي .. الليل بلكي ايطول
لا خيط الفجر يستعجل من يهلْ

*****

صدفة

وفي قصيدة "صدفة[1]" للشاعر علي عبيد من الأردن "ينتقل الشاعر بلا تكلف من وصف من التقى بها صدفة في قضية فلسطين، كونها محور قضايانا السياسية، قال:

التقينا مرَه صدفهْ وْرِحْت سائِلْها عن أهلها
حلوةٍ في حينا لسّاها إِبْأوّل جهَلْها
زهرةٌ بريَّه ضِعِيفَه والندى زود ثقلها
جاوبتني بعزّهْ لكن دمِعْها بلَّلْ مُقلَها

*****

جاوبتني وعينها من قَهِرْها تذرف دموع
أمّ عيونْ آلْ فيها قَمراً وظِلْ أوْوَرْدِ بْألْفْ نوع
أوّلْ مرَّة أشوفْ وَرْدِ الخَدْ تِسْقيه الدموع
قالت إخواني الثلاثة، صاروا في الأقصى شموع
لجلْ عينِ القُدْسْ إنبيع العُمْر ولا نِرضى الخنوع

الشاعر عمر الزعني من الشعراء اللبنانيين الرواد في الشعر الشعبي، يمتلك أسلوباً حوارياً في شعره، ولا تخلو قصائده من الطرافة التي تشدّ قارئها، كقوله في قصيدة:

---

(١) شجون صحراوية: ١٩.

إجاني اربع خطّاب [1]

إجاني اربع خطّاب
ولسّاهم واقفين عالباب
طالبين من تِمّي الجواب
كل واحد مطمّن قلبه
لكن قلبي بيشعل نار
اللي يحبني ما بحبه
الحب سر من الأسرار

*****

الأول شيخ التجّار
شبكني بألفين دينار
خدعني وغرني بالمال
والمال غشاش وغرار
لكن قلبي ما حبه
الحب سر من الأسرار

*****

والتالي أكبر شاعر
بينظم درر وجواهر
بيفتن بشعره الساحر
قال لي شعرك زي الليل

---

(١) حكاية شعب: ١٩١-١٩٢.

وجبينك النجم الغرار
لكن قلبي ما حبه
الحب سر من الأسرار

*****

والثالث ابن الأمير
حسن وذوق ولطف كثير
عز ومال وجاه كبير
عَمَّرْ لي قصر جنه
بتجري من تحته الأنهار
الحب سر من الأسرار

****

والرابع أجمل خطيب
بيقول للقمر روح غيب
من حسنه لو باس أمه
بتحمرّ خدودها من الحار
لكن قلبي ما حبه
الحب سر من الأسرار

*****

وانت يا أسمر منك شي
طفران وما حيلتك شي
لا عطيتني ولا هديتني شي
لكن قنديلك شعشع
وضوى فوق كل الأنوار

قلبي من جُوّا حبك

والحب سر من الأسرار

٠٠٠٠٠

الياسمينة

قصيدة من قصائد الشاعر البدوي السوري عمر الفرا، وهو من شعراء النبط المبرّزين، وفي هذه القصيدة ينفتح الزمن على حكاية يسردها الشاعر في اللامكان ليتحدّث عن حبيبته الغائبة الحاضرة "الياسمينة" مستعيناً بالراوي، فيبدأ بقوله:

يروى والعهده على الراوي [١]

حكايه

من زمان ...

لادري من مليون عام

لادري أكثر

لادري كَبل أبونا آدم

ما تصور

مره ناشدت الدهر

عنها

تِفَطّن .. تِفَطّن .. تِفَكّر

_____

(١) حديث الهيل، عمر الفرا: ٦٣-٦٩.

ما تِذَكّر
جانت الدنيا يباس
وكل أراضيها
صحاري
والعصافير الحزينه
مشرده بكل البراري
والنحل جوعان هايم
صرلو من مدّه على الأحلام
صايم
من السما
بالصدفه نزلت للأرض
حوريه حلوه
ضيّعت درب الحبيب
ونزلت تدور عليه
وتشفي كَلب معذب بحر اللهيب
فتشت لكن خساره
لما عجزت دورت بالدنيا
خلوه
تبجي بيها
والدمع بالفركَه سلوه

وجانت الكَصه العجيبة

دمعة نزلت

ورده بيضه فتّحت

رد دمعه نزلت

ورده بيضه فتّحت

رد دمعه نزلت .. رد دمعه نزلت

والورود تفتح

بكل البوادي

والفراش لفوكَ علاّ

والنحل ينزل

بوادي

والعصافير الحزينه

زيّنت العشوش

زينه

زينت بورود جوري

ومن زهور

الياسمينة

ودارت الدنيا

الغريبه

المرّه هذي

جانت الصدفه
رساله من شذا الأزهار
وصلت
للحبيب من الحبيبه
ارتعشت الذكرى بعيونو
وشعّلت شوكَو
وجنونو
وسافر بجنح الليالي
يطوي كل عام بثواني
حتى وصّل ..
لمَا وصّل ما وجدها
شعرت بخوف
لوحدها
وسافرت دنيا بعيده
تزهر الدنيا الجديده
العاشكَ المسكين
حامل ريشه وألوانه عديده
أسرعت كل ورده بالأرض
انحنت
وتبسمت بسمه سعيده

ورده طلبت لون خمري
يشبه شفاف الحبيبه
ووردة من لون الحلكَ
ووردة من لون الثيابِ
ووردة من لون العيون
ووردة لما يلون الخد العَذاب
ووردة من لون السما
عند الغروب
ووردة من لون الفراشات
اللعوب
وابتدا الفنان لوّن
كل ورود الدنيا كلها
إلا ورده
الورده هذي جان اسمها الياسمينه
ما گدر يوصل زهرها
راد منها تنحني
رفضت إنها تنحني
حتى ظلت
أجمل وأحلى وعطرها
يجدد الآمال

بينا
وتهدي لصدور الصبايا
من زهرها طوكَ زينه
ومن هذاك اليوم
صارت
كل ورود الدنيا كلها
تنحي للياسمينه

خطار

وفي قصيدة "خطار" يقف الشاعر عند حبيبته طويلاً حين التقاها بعد فراق طويل وفي هواجسه خوف من الرحيل ثانية فينقطع اللقاء بعد أن تجدد، وهاهو يقول[١]:

خطار جونا المسا
وما كَمنا بالواجب
معهم حبيب الكَلب
عكَلي صبح غايب
ردنا يذوب الزمن
وتوكَّف الساعه
وننسى ليالي

(١) حديث الهيل: ١١٥-١٢١.

الشجن
وعيون طمّاعه
تبخل ترف الجفن كرما لشوفتكم
وتهل هلة مزن
لوكَلتوا خاطركم
خوفي يطول البعد .. وتطول غيبتكم
تحزني الخناجر دهر
عافركَتك ليله
وحياة حر الجمر
بشعر العثك "ليلى"
يمكن أموت الفجر لو ترحل الليله

"يا رايحين الكَدس
حبي معاكم راح"
يحضر ليالي
العرس
يروي
شجر تفاح
غابت علينا الشمس
والصدر كلو جراح
يا جرحي اهمس ... همس

صوت العتم فضّاح
رافكَت وحش وإنس
والبلبل الصدّاح
ما شفت يوم بونس
ولا كَلبي مره ارتاح
ألا يا سايكَ النجمات بسروج
مرادي سترة الخطار بس روح
بكَالي بعد هالغياب بس روح
عليله تنطر كَدوم الحباب
كَولو
لديرة هلي
لبنيّة عشكَانه
نيبها ثلج الزمن
غطوها بردانه
تتشهى نومة كرم
تتشهى رمانه
كَولو
لديرة هلي
لبنيّه عشكَانه
دوّار بينا الزمن

وإيامي مرجوحه
شفت الأمل بالصبر
خيط
بجنح شوحه
يا غربه
يا ديرة هلي
نسيوني مجروحه
كل ما أنادي .. يا ولف
بشوحه بعد شوحه
يزوغ البصر
والأمل
وتبعّد الشوحه
غدر بيي الزمان وكَلت مليّت
بخرم إبره بعد فركَاك مليت
لون أكَدر أصب الدمع مليّت
البحر ويعوف كَطرات السد
طشيت أمس
الودع
شفت الودع
دمّع

لادري كسوف الشمس
لادري الحلو .. ودع
يا گلبي رمّد حزن
ما ظننا
يرجع
سمعنا هدير العرس
ورصاصهم
ولّع
خطارجونا الصبح
گصوجنح
الغراب
حجيولي عنوخبر
وجابو حفنة
تراب
گالولي
ولفي غدا
بعشكَ الأرض
منصاب
يروي گصيدة عشكَ
بفيّة شجر

عنّاب
كل ما ينز الجرح
واسمع خبر
غيّاب
يهتف لساني
بفرح
"يمّا الكَمر عالباب"

*****

رمح الشمس

ومن الشعر الغزلي العراقي هذه قصيدة (رمح الشمس) للشاعر غني محسن، التي يقول فيها:

حلو ما شوهك جف الزمان الراح
فزت وردتك عصفور كَعدهه
وأغصانك خذت من كل فراشه جناح
ونست طعم الخريف الكَبل جردهه
حملت من الترافه ثمنطعش بستان
أخافن تنحسد لو ردت اعددهه
وعجيبه اعله النده شبيه من طعم نهرين
كل كَطره اعله شفتي بمستحه تشدهه
من كَد ما احبك ما لي سر .. وياك
هجم شوكَك علي والروح فرهدتهه
يا دافي بوكت صكت ثلج دنياي
مو حقي من اشوفك دنيه وحدهه
لأن رمح الشمس ميصده درع الغيم
وخيوط الضوه بيا ثوب نخمدهه
كَبلك جان كَلبي يغني وي كل طور
ويركض عالملامه أبوابهه يسدهه
بس من علمتني بغنوتك لليوم
طلكَت النشاز وصرت اردده
وتقاسمت بحياتي أول نفس وياك
بوكت جانت العازه انفاسنه تعدهه

أهمسلك صرت همسة وتر ملجوم | مودمعك حطب لا ناري توگدهه
من رجفة اشفافك آنه احس البيك | وصده الونه البگلبك گلبي رددهه
وصلت الصبر وياي حد الشيب | كل شيبه بجرح وبعمري اگعدهه
تعذبني من اشوفن خاطرك مكسور | جروحك حاره بيادمعه ابردهه
حته اسمع سوالف غافيه من سنين | ويغمض الگلب وانفاسي اجمدهه
شگد عندك سوالف غافيه من سنين | يا بلبل زمانك .. گوم غردهه
هنا يا لعلمت مشي النهر روجات | وصفنات الجرف جانت تركدهه
اريدك موشرط صير شتريد تصير | فصل دنيتك يالون رايدهه
المهم ابقه اعله جنحانك رسالة شوك | ملعون الزمان الگبل بردهه
لامو برد ذاك الراح طلقه جور | وبصدر الحمامه الوكت سددهه
الك لو غيمت ما ابجي مثل الناس | انه دموع البگلبي لعيني اصعدهه

*****

أثار طير غَرَّد على غصن شجون الشاعر العماني فاتك بن فهر، فتذكر من يحب، وهو بعيد عنه، فهاجت مشاعره وطربت مع صوت الطائر، فقال:

طربني طير البوادي[1] | وطربت لغصون بمغناة
وهاج القلب ولفؤادي | وطربَت روحي لشدواه
عند طلع الصبح الهادي | فوق غدير الدار ملقاه
يطرب الديرة بإنشادي | وزهور طلعة محيَاه
ينشرح صدري ولكبادي | كلما عاينت ممشاه
طليق وحُر في بلادي | في فلا لسيُوح موطاه

(١) شيوخ وشعراء: ١/٤٢٥-٤٢٦.

فُوق قميم السمر معتادي | في ديار غريب سكناه
هنا له الشرب والزادي | وخير الدار مرعاه
هو انسي فوقت لسهَادي | في الشدائد دوم تلقاه
يُزيل الهم ولزهادي | والروح ما هي بنسياه
وقت العصر على الوادي | العذاري دوم في مسطاه
يطربن بنغمة الشادي | وحزين في يوم فرقاه

*****

ومن شعراء المغرب ابن الفاطمي الركُراكَري، له قصيدة غزلية (بلبل الأغصان[1]) كان فيها معاتباً محبوبه، بسبب جفائه ويدور في القصيدة جو من الحوار بين الشاعر ومحبوبته، التي تؤكد له حبها، فيلتقيا بعد جفاءٍ:

أبلبل الأغصان يا طيب علالي

أغزيل شملالي

إلا حفلت مني هيهات ما نمل

غرامك يا راحة العقل

في قلبي منزول

(١) مَعلمة الملحون: ٣/٢١-٢٣.

القسم الأول

من لا يعدرني وصار له بحالي
قدمو مامور مشمل
ولجيب زهو انجالي
هذي كمن حول
خسره عليا وبخل بلوصل
بين قبل سئالي
بالوجد ينهطل
اغنمت القلب دون اقتالي
توف عليَّ توفت الشبل

ويروي ابْكَس على
بالعز ولقبول
الانضرتو نخضع ونقبل النعل
نفديه بروح ساكني وبمالي
ما ظنيت يدير ذا الفعل
قلت يا طلوع هلالي
والبين طعني بلا نصل
ألي اشطنت بالي
يكمل بك السول

كمحبوب الخاطر قبل يجفل
وانابو جوده سليم خاطري وَمْسالي
بالأداب الايله امثل
من وسواس العذال
لكنه محمول ومنين تحققت
شوف دمع انجالي
وتركني مذهول بهواك
دير وصلك هو الخمس في المتل

الحربة

ابلبل الأغصان يا طبيب علالي
غرامك يا راحة لعقل

اغزيل شملالي
في قلبي منزول

ايلا اجفلت مني هيهات ما نمل

القسم الثاني

يا غصن الريحان نعمة في تحضالِ
يا من بيك الفرح ينكمل
عن سطح سوره عالي
والسيف المسلول
نتنهد من شوق بهاك ونذهل
كنت قُدام تصرخني في اشغالي
بْالزَّاد العذب على المصل
من كل طرف أوْلى لي

بين ياسمين ودوالي
في سوايع الوصول
يا غضيض الطرف المسموم البشهل
وقت ما ننظر موضعك ينبالي
ونحس بجمر الهوى شعل
كيف كنت بيك مبالي
وطبع المعقول ونت تنشد لي
لو نشتي لجبال الهند تنتقل
بنغانم الجول

ايلا تميل بالعطف يميس ويعدل
يا درجت شنبور في الأطباع يشالي
وصمصام الحاد أدبل
من شعاع نورك خالي
في القلب المتبول
خْذتْ بيدْك وكفلتك غايت لكفْل
بصيغتك في فبالي
وتذوب بالهوى وتنفتل

الحربة

القسم الثالث

واليوم اجفلت ابحال جدي الفالي	في امهامه ولرمال	سل عني كيف أنا عنك نسأل
وتفكر ما فات من قبل	خمم قيس وجول	حصنتك بالرفع من صميم ادخالي
سال أهل الفن امثالي	يوم كنت عندي في مناهج لعدل	تتبختر متفردة اشكل
عل الوشا معزول	وشموسك في القلب دلال ولمجالي	ضي نورها شعَّالي
منين وليت النقصان بالمهل	خفت عليك تهبط لسفل	ونذرتك بالقول نوجد رياضك
صاين في تفدالي	بديام غرسوه مالي	احذر على أغصانك من قبل يذبل
ولورق ينسقى بلا محل	ويولي مخلول لا تخفض قالوا!	ولا تجزم سؤالي
رف لي وخذ عفالي	افتح لي باب رضاك وبعد ندخل	شد فُوجه الحسد لقفل
	ويولي مخلول	

الحربة

القسم الرابع

جوبني الحبيب ياني يصغى لي	قل لي اسمع لمقالي	ما نسيتك حتى متلك ينهمل
لا تحمل شلا ينحمل	لأني بيك نصول	كنت نويت نجيك تايب
من ازلالي	خفت تبدل حالي	منين خاطبتني في حرمك انزل
ما صعاب على ساكن سهل	جيت أنا مقبول غيرك	ما يضح وسيلتي يزهى لي
وأنت تمام كمالي	حرمتك تقبل عني غاية القبل	ياك الشيخ النابه اللفضل
تلميذ موحول	لكن صبري هلال في المجالي	عشيَّة انهار أو تالي
اترك ذاك الوسواس الغاه ينبطل	وتصفى ما كان في الغزل	عن قلبك مخبول
ومنين كمل الهلال قدم هلالي	اشرق في الرسام يلالي	قلت الله الحمد اجتمع الشمل
وتفاجأت غياهب النكل	بالبذر المكمول	

الحربة

٧٤

القسم الخامس

واضحت الأفراح بي المليح مالي
والوسواس يرن ويعدل
والحسين والرمالي
والواشي مخذول
راه وُصلي ليك انتايَ بالفضل
والسلام من كل طيب سومه غالي
وقلت الحيا مع الجهل
خالقي عليه تكالي

السرور نادى فالى
ممحون ومنحول
والزهر تبسم والورد ينخجل
وحنايا نتوادُّ كوس المالي
لا تخشى الفراق بالتكل
على الفاهمين أقوالي
الحتايل السفول قال الرجراجي
يغفر لي باكمال عفره ويسبل
لكريم المسؤول

في رياض مزخرف بالنوار محتفل
أنا وجيبه وزهيت بالموالي
والطير يغني على الخضل
قال لي البدر غزالي
ووسواس الخطول
دون قوم الدعوى الحجود أهل الغلل
سعيت نعم العالي
عني ستره شامخ الفضل

*****

ما نحب الحب يخلي[(١)]

ومن شواعر الخليج فتاة العرب الإماراتية، التي خاطبت حبيبها في هذه القصيدة قائلة:

يا رَشَا يافُوْعِةْ الفِلّي   يالِمْخَدَّجْ في عناقيده
انت لي كِلّك وانا كِلّي   بَيْنَّا يمشي الهوى سِيْدِه
ما نحبّ الحب يختلّي   مثل ما تبغونه انْريده
ذاك حكم الْفَنّ يا خِلّي   والهوى عِشْره مصاعيده
مِنْعِمِيْن إبّارد الظّلّي   يوم قلبي في تِوَجّيده
حَالِيهْ من صدّك اعْتَلّي   لا تِهَوّنْ بِه ولا تْزيده

---

(١) ديوان الشاعرة فتاة العرب.

سيّدي ياكامل الدَّلّي — يا حبوب القلب لمفيده
كم جاملتوا على ذِلّي — يوم روحي عندكم صَيْده
آه يا من حَالهْ انسلّي — هام واسبابه تِجلّيده
يوم حبّه في الحشا حَلّي — شَلّ قلبي من إساويده
لَيْ هَدَابْ اعْيونه امْظلّي — والوضِيْحِي عَيْنه أوجِيده
ذَاكْ لَيْ به مِنْتَهى حِلّي — عَاشْ لِيْ بايّامٍ اسعيده

*****

يا محبي منكم اتلافي(١)

وفي هذه القصيدة تشكو الشاعرة حبيبها ما ألمّ بها بسبب حبها له، وصدّه عنها، مما جعلها بحال تسر أعداءها، فخاطبته بقولها:

يا شفاتي لَيْ لِكْ أشتافي — مِنْك يكفي النّفس ما ياها
شُوْحِكُمْ والصّد بالجافي — صَدّ لِي عَنْ عَيْني اغْفَاهَا
واعتراني ضِيجْ واحسافي — حَالْ نَفْسٍ تَشْمَتْ أعداها
يا فريد، الحسن يالوافي — يا صِبِيّ اعيوني أوماها
من أشاكي مِنْ به إسعافي — قَلّ من ذا النّاس رَجْواهَا
غير وانتوا حَقّ وإنصافي — والفروعْ اشروعْ دَعْواهَا
يا محبّي منكم أتلافي — إنتْ جَرحْ الّروح ودْواها
انت حَزْني وانته إلحَافي — وانْت لِي م العين يَمْنَاهَا
يعِلْ نجم الصّد بخلافي — وفيك نَفْسي تِلْحَقْ امْناها
آه يا من شَاف مَا عَافي — من اهمومه لَيْ توزّاها

(١) ديوان الشاعرة فتاة العرب.

ذا الشَّهر لِيْ مَرّ خطّافي	لاَرَعَتْ لاَيَّام فَرْقَاهَا
يِعَلْهَا في جَمعْ لاَوْلافي	مِجْبِلاَتْ السّعد نِلْقَاهَا

*****

قصة غرامي[1]

ومن الأردن الشاعر فتى نجد يصف لحبيبته شوقه إليها في قصيدته "قصة غرامي"، فيقول:

وش لون عينك تقبل النوم يا شوق	وعيون خلك نومها ما تطيقه
أسهر وحيد الليل والقلب محروق	وجروح قلبي نازفات غميقه
قصة غرامي كلها غروب وشروق	مثل الغربي اللي تعثر طريقه
مشتاق لك والشوق يسوقني سوق	عل الفؤاد وبصمته في عميقه
حبك بقلبي يا حلو منزلة فوق	ما اقدر على فرقاك لو هي دقيقه
يلوق حسنك ياالغضي للنظر لوق	وسحرك تزايد في عيوني بريقه
نظرات عينك تفتك بكل مخلوق	منهو نظرها بالنفس جاه ضيقه
انت الأصل واللين واللطف والذوق	وانت الجواهر والشعر والحقيقه
يا ماسة الياقوت يا جوهرة بطوق	ارحم وليفٍ يشتكي جف ريقه

******

(١) صمت الأطياف للشاعرين فتى نجد ووحيد الليل: ٤٢.

تداعيات[1]

قصيدة للشاعر كاظم إسماعيل من العراق، يقول فيها:

١. جرح

ميّز جرح عن جرح
بيهن يطيب بزعل .. بيهن يطيب بصلح
بيهن وفي ويستحي ..
وبيهن عنيد أوكح
لتلوم يا لايمي ..
جرحي اعرفت علته
جرحي يطيب ابجرح
اعذرني لو غمضت سهرني حد الفجر
ثرثار وشگد يلح
لتلوم يا لايمي
جرحي طلع عالدرب ويجوز ما ينصلح
بي عاده من الغجر

٢. شراع ..

يا شراع مهاجر ..
وعين الشواطي تنتظر وأنت بعيد

---

(١) شفاعات الوجد: ٥٧-٦٢.

وتنتظر قطعة حطام أمن السفينة
وتنبني وتصبح سفينة من جديد
وين رايح ؟! ..
والترك مثلك حبيبة
ما تكفيهه الحواله .. والرسايل .. والبريد
وين صاعد ؟!
الشمس للأرض نزلت تنلزم صارت بالأيد
الوكت صيد وربيع ..
خايفين الغابة تخلص .. لو إجيت أنت شتصيد
تظل بعيد ؟!
وهذا وكت البي منشار الورق گص الحديد

٣. ذئب.

صوت اهنا ..
وصوت اهنا ..
وصوت ايمر على عظامي وصليل وياه
وصوت ايمر سهم ..
بأوراقي اتلگاه ..
وكلها أصوات تتلاعه ..
ويمر گتال أبوي ..
بمستحه تلگاه ..

احبه اهنا
وحبه اهنا ..
وانهض گبل اليودعون بوداعه ..
وأنا دوسة جرف لأول قدم بالگاع
وشفت الذيب والراعي
أجو منا
واعرف الذيب واطباعه ..
وادري بصحبته وشيريد ..
ناوي ايطر جزيره وصاحبه امتاعه
صاحبته بغلاة الزلم صحبة يوم ماگصّر
ترّيكَ بالگلب
وتغده بالكتفين
وضم مني سهم لليل تجواعه
ومشاني بدرب بس الدرب شبرين
حتى تلوحني اذراعه ..

٤. سؤال

دفنته وجيت ؟!
- أي و اللـه .. دفنته وجيت
و اللـه رجلين جابنك مشي ورديت
-أي و اللـه

والك جفين تتحنه بتراب المكَبره
وما تستحي امن الميت
-أي و اللـه ..
هوّه اللي عَدِلْ وأنت نحسبك ميت

*****

يا نجم عمري العالي

الشاعر الدكتور مانع سعيد العتيبة من شعراء الإمارات الذين لهم نتاج شعر يمتد على المساحة الشعرية في الخليج العربي، وله في الغزل مكان مبرّز، ومن قصائده الغزلية "يا نجم عمري العالي[1]"، إذ يشبه حبيبته بالنجم لبعدها عنه، لذلك يجد البهجة والسرور في قلبه، فقال مخاطباً نجمه:

يا نَجِم عمري العالي — لي في السِّما مِجراك
الليل كلّ ما طالي — يحلا السَّهَر وِياك
إنته الونيس الغالي — او لي يَحلوا إمناجاك
مِنك القرب يهنا لي — وافرَح انا إبلاماك
او فرقاك لي من طالي — غثَّ الحَشا فَرقاك
لك ادِّعي واسالي — رَبِّ المَلا يحماك
عَن حاسِد أو عِذّالي — او عَن لي إيكَدِّر ماك
يا رُوحي يا حَلالي — كلِّ العمِر يِفداك
ما ظَنّتي يِحلالي — وَقتي أنا إبلَيّاك

---

(١) على شاطئ غنتوت: ٢٧-٢٩.

بَتَهوِّن الأَعلالي
لو تَنْظِر إل مِضناك

القَلب صُوبِك حالي
حَلّ او سِكَن في احماك

لك اقرَب في خيالي
لو شِحت في مِنحاك

لو تَطلبني المِحالي
جِبتِه فِدا عِيناك

*****

راعي الوجه الصّبوحي[1]

وفي هذه القصيدة يصف العتيبة محاسن حبيبته مبتدئاً بوصف عيونها قائلاً:

من ايقاوم هالعِيون اللـه دَرَّه
لي إتصيبه بالهِدَب يازِم يِنوحي

يشتِكي شَكوى صِويبٍ بالمِضرَّه
يَرضِفْ الوَنّات مِن كِثر الجِروحي

لو غِريجٍ عاجزٍ عن وَصِلْ برّه
ضاع بين الموج لو شاطِر سِبوحي

خَزّني إبذيك العِيون السُّود مَرَّه
اولا خِطاني راعي الرِّمش الذِّبُوحي

من صِوابي ولِّعَت في القَلبْ حَرَّه
حَرَّةٍ مِنها الصِّخَر لازِم يموحي

والشِّفايا لي تزّينها إبفَرَّه
لي تَبَسَّم صاحِب الوَجه الصَّبوحي

والثَّنايا كالبَرَد لو نوع دُرَّه
والخَدود ابروق مِزنٍ لِيْ تِلوحي

والمِعَنَّق سُولعيّ في مِيرَّه
في مِفاليه الزَّهَر عِطرَه يِفوحي

في مَشيتِه هايفِ الخَصرين يَرَّه
لي مِشى إيتوح اجدِمه بالهُون تُوحي

لي جَلَس بين الغِواني ما يِضَرِه
كالبَدِر لي كامِلٍ نورَه وضُوحي

مِن نِظرتِه فَزّ قَلبي مِن مِقَّرَه
مِثلْ طيرٍ خافِقٍ إبكَلّ الجِنوحي

---

(١) واحات من الصحراء: ٧-٩.

بالِلطافَة ماخِذِنّي والمِسَرَّة
لِي مِواظِب بالوِصال المِسْتَمِرَّه
ساطِي في وِسط قَلبي مِسْتَقَرَّه

خِفشفِ ريمٍ في طباعَه لي مِزُوحي
سَيِّدي لي في غَرامَه لي نِصُوحي
هو حَياتي لي بِها أَحيا أَو رُوحي

*****

الر يـل وحمَدَ[1]

والشاعر مظفر النواب شاعر عارقي من رواد الشعر الشعبي في العراق، وله حضـور كبـير في الساحة العربية ومن أهم القصائد التي يتغنى بها أهل العراق قصيدته "الريل وحمَدَ":

مرّينه بيكم حمد، واحنه ابغطار الليل

واسمعنه دكَ اكَهوه ..

وشمينه ريحة هيل

يا ريل ..

صِيح ابقهر ..

صيحة عشكَ، يا ريل

هودر هواهم،

ولك،

حدر السنابل كَطه

*****

يا بو محابِس شذر، يلشاد خزامات

(١) شافاعات الوجد: ١٣، ١٦، ١٧، ١٨.

يا ريل بللّه .. ابغنج
من تجزي بام شامات
ولا تمشي .. مشية هجر ..
گَلبي..
بعد ما مات
وهودر هواهم،
ولك،
حدر السنابل گَطه

*****

يا ريل،
طلعوا دَغَش ..
والعشگ جذابي
دِگ بيّه كل العمر ..
ما يطفه عطابي
نتوالف ويه الدرب،
وترابك ..
ترابـــي
وهودر هواهم،
ولك..
حدر السنابل گَطه

*****

آنه أرد الوگ الحمد .. ما لو گَن لغيره

يجفّلني برد الصبح ..
وتلجلج الليره
يا ريل بأول زغرنه ..
لعبنه طفيره
وهودر هواهم،
ولك .. حدر السنابل كَطه
جنْ حمد ..
فضة عرس ..
جن حمد نركَيله
مدكَكَك بمي الشذر،
ومشلّه اشليله
يا ريل
ثكلْ يبويه ..
وخلِ أناغيله،
يمكن أناغي بحزن منغه ..
ويحن الكَطه

*****

كَضبة دفو، يا نهد
لملمك .. برد الصبح
ويرجفنّك ، فراكَين الهوه .. يا سرح
يا ريل ..

لا .. لا تفززّهن ..
تهيج الجرح
خليهن يهودرن ..
حدر الحراير گَطه

******

جن گَذلتك ..
والشمس ..
والهوه ..
هلهوله
شلايل بريسم ..
والبريسم إله سوله
واذري ذهب يا مشط
يلخلگَك .. اشطوله!
بطول الشعر ..
والهوى البارد ..
ينيم الگَطه

******

تَو العيون امتلن ..
ضحجات .. وسواليف
ونهودي زمَّن ..
والطيور الزغيره ..

تزيف

يا ريل ..

سيِّس هوانه،

وما إله مجاديف

وهودر هواهم،

ولك ..

حدر السنابل كَطه.

*****

وهذه بعض قصائد غزلية للشاعر الأمير محمد الأحمد السديري من السعودية، ففي هذه اللامية يروي قصة رحيل الحبيب، ولا حيلة له حين الرحيل سوى أن يودع الحبيب بلغة العيون، وحركة الشفه عن بعد، فتوحيان بما يخفي الفؤاد من لوعة الفراق، فكان الشاعر مهموماً مكلوم الفؤاد، وهو ذا يقول:

حل الرحيل وفرقوا شمل الأحباب[1] ... ناس على فرقا الأحبا مغاليل

غدا لهم مع طلعة الشمس ضبضاب ... وسالت دموع العين مثل الهماليل

وقفت أراعي سيد تلعاب الأرقاب ... وأغضى وهو يغضى بسود مظاليل

بشفاه يظهر ما تخفى بالألباب ... وبشفاي أفصّل له عن الحال تفصيل

أسرار ودٍ بين صايب ومنصاب ... نجوى لها بأقصى الضماير مداهيل

سرايرٍ تنساب من تحت الأجياب ... لصدور أطهر من قراح الشهاليل

روحي على حبه لها كم جذاب ... ويتل قلبي عذب الأنياب بالحيل

---

(١) الأمير الفارسي: ٧٦-٧٧.

لو أن حبه يطعن القلب بحراب ابرا ليا شميت بيضٍ معاسيل
على نقا ماني بغار وكساب وبالعرض و الـلـه ما ندوّر محاصيل
مانيب من يجرح عشيره بالأسباب ويحط له مع كل ريع محابيل
بس الحديث وقرعة الناب بالناب وإظهار مكنون الغلا والتعاليل
عزي لمن مثلي من الحب منصاب تارد عليه هموم قلبه زعاجيل

اليا رقا مرقاب ناداه مرقاب بمفارق الخلان شاف الغرابيل
الـلـه لا يجزي عريبين الأنساب لو هم على ما قيل سوٍ على الخيل
اللي سعوا بافراق وضّاح الانياب وخلوني أجرع من عنا الغبن واشيل
فرقا ومنها القلب وسط الحشا ذاب وعسى هل الفرقا لهم صافي الويل
عسى يصادفهم من الغيث سكاب وبله غضب ما بيه يمطر لهم سيل
أبيه يجدع مثل قلات الأطواب منها البرد ينماز كبر المخاليل

وصواعق منها المواليد شياب والحي منهم ذاهل العقل بهليل
بامر الكريم ومن ترجاه ما خاب يمطر عليهم مثل ما جا هل الفيل
إلا لطيف الروح يذريه بحجاب كنه راس الطور وهم ورا النيل
ويرجع علينا جادلٍ يزها الاسلاب من خلقته ما نيش عرضه ولا قيل
به ما يعيبه للبعيدين واقراب حاشا ولا تلقى عليه المداخيل
نقى عرض ولا عشق كل نصّاب الجوهر الغالي رفيع المناويل
وأنا يصارحني بلا سر وكتاب وعن حالته يشرح لي العدل والميل
هرجه على قلبي كما الشهد ينذاب وقلبي على قلبه يرد المراسيل
كنه بعيني لو غضب كل عتاب بدرٍ تعلا كوكب الجدي وسهيل
طفلٍ سلب مكون عقلي والإلهاب عليه أجاوب نايحات البلابيل
يا شطون قلبي زجّي السر بكتاب مني لابو غشام زبن المشاكيل

قولي رفيقه من هوا الزين ما تاب ويرجيه رجو البدو وبل المخاييل
وبالليل يا قف له عن النوم حرّاب وكنه يلوج بموق عينه سماليل

******

ويدعو عاذله في هائيته يتركه لأن ما به لا يثنيه عمّا أصابه من فراق الحبيب قول عاذل، فالفراق لا يعني عنده إلا ازدياد الشوق، وأمل اللقاء، قال:

يا عاذل قلبي على غير مشهاه(1) اترك مريض القلب خله بشانه
ما بيك يا عذال قلبي تبلّاه هرج مثل هرجك يزيد امتحانه
لا صار ما يشكي عليكم سجاياه راضٍ بما يجري عليه بزمانه
يتبع هوا حي صفا له بدنياه ما طب في قلبه عليه الخيانه
حي مشاله بالهوا مثل ممشاه على النقا ما ضيعو للأمانه
القلب و اللـه ما تسوا سواياه دايم وهو مع نور عيني رهانه
متلوعٍ به ما يفاخت محياه لو هو بعيد ياصله في مكانه
إن جيب قلبي معطشات ظماياه احيا بشفة حبه من ثمانه
سبحان ربٍ صوره ثم سواه أكمل جماله بالبها والرزانه
يا ناس أنا ما اقبل حياة بلياه وحلفت ما يطلق قراني قرانه
إن كان ضاق الصدر ناديت باسماه واسمه يخفف عبرته ونهتاته
أدله القلب المولع بطرياه حتى يريح القلب عقب اخفقاته

******

(1) الفارس الأمير: ٧٧-٧٨.

وأملاً بلقاء الحبيب قال[1]:

اللــه من قلب يزيد ارتهاجه يلعب به الهاجوس مع كل فجي
كنه على موج البحر فوق ساجه بعواصفٍ منها البحر مستلجّي
الدمع من عيني يزيد انزعاجه يشدي هماليل السحاب المحجّي
على عشيرٍ صار للقلب حاجه متولعٍ به عنه عيا يسجّي
طفل لوا قلبي على الحب عاجه وقلبٍ الشقا طوّل عليه الترجّي
إن قذني بالعين وأسفر حجاجه سهوم طرفه للضماير تخجّي
قلبي مريض وشوف خلي علاجه ومشاهد الغالي فريضة وحجّي
قلت المواجه قال ما من مواجه الليل قمرا والضواري تلجّي
يا صاحبي رحماك بالوصل فاجه حي حياته عند غيرك تلجّي
إن جيت لك قلبي يزيد ابتهاجه ولك كان بيبان الضماير تهجّي
يا نور ليلي وانت مشعل سراجه يا جنتي ما غيرك أحدٍ يهجّي
الحب ما به يا عشيري لجاجه وحبٍ ما هو حبي ظلامٍ مدجّي
الرجل تمشي لين تاصل مداجه بأرضٍ سقاها كل مزنٍ مرجّي
من رايح برقه يزيد التعاجه وبله حقوق ولا تقفّاه عجّي

******

وكان يرد على من يلومه بتعلقه بحبيبه قائلاً[2]:

قالوا تتوب وقلت بالطرف مصيوب و اللــه ما توب وصافي الخد ما تاب
قالوا تحملت المواثيم واذنوب قلت الذنوب إلها موازين وحساب

(١) الفارس الأمير: ٨٧.

(٢) الفارس الأمير: ٧٨-٧٩.

قالوا ترى ما يفعل العبد مكتوب   قلت افهم اللي تذكرونه ياالاصحاب
قالوا جهلت وعقلك اليوم منهوب   وكشفت سرك بين ربعك والاجناب

قلت الهوا لقلوب الأحباب مرغوب   آيات حبٍ صورت وسط الألباب
قالوا بعقلك ضايع الفكر منكوب   قلت المودة ما تداويه الأطياب
عقلي معي ماني من العقل مسلوب   أنا الغريق ولك شيْ له أسباب
كان انكم تدرون باللي شفا أيوب   وجدٍ سطا بالقلب و الحب غلاب
أنا غريق مع هل الحب منسوب   في زمرة العشاق بالحب منصاب
ما طف لي زادٍ ولا ريد مشروب   إلى صفا لي صاحبي عسل الأنياب
يغضى بعينه وافهم العلم مقلوب   واسري عليه بليلةٍ نورها غاب
ويرخص لي الغالي إلى حل ما جوب   وعن القرايب حط لي ستر وحجاب
وابعد عن الشكه ولانوش له ثوب   إلا الحديث وقرعة الناب بالناب
أخاف يصبح زين الأوصاف معيوب   وهو عليه من الشرف كل جلباب
وعرضه نظيف أبيض ولا فيه عذروب   ولا حكو فيه البعيدين واقراب
عليه وجدي فايق وجد يعقوب   وقلبي من أسبابه بوسط الحشا ذاب
يلومني من لا شكى حب نبنوب   طفلٍ قرونه ما تغطيه الأسلاب
طفلٍ نهب عقلي بضحكات واعجوب   فتان لقلوب العشاشيق نهّاب
أصبح هو الغالب ونا منه مغلوب   غدا بعقلي بين شاري وجلاب
إن كان شفته صفق القلب مرعوب   بالصدر كنه بين لاوي وجذاب
والدمع من موق النضيرين مسكوب   يخضر ديار محله عقب الأجداب

*****

ثم يشكو إلى حبيبه ما حصل له بسبب صدّه عنه، وفراقه له:

نور عيني ليه سنيت الجفا[1] ليه سنيت الجفا هو والصدود
ليه كدرت الصفا عقب الوفا ساعة الفرقا عساها ما تعود
منك يا لي جرى لي ما كفا شف عيوني دمعهن دمّا الخدود
كان حبك يا حبيبي ما صفا كل شيء شان عندي بالوجود
نور كل الكون في عيني طفا يوم صدك يوم بعدك يالحسود
في لذيذ النوم جفني ما غفا يا حياتي ليه تنسى للعهود

كان طيفك بالكرى عندي لفا أزهرت في ناظري كل الورود
شعرك الأشقر على جسمك ضفا كملك بالزين رحمان ودود
هام بالحسرات قلبي واكتفا ذاكر بالصدر زمات النهود
ذاكر مدهال مجمول عفا ناحت الورقا على خضر الفنود
ونتي يا زبن لو هي بالصفا ذوبت من كودها صلب الحيود

******

ويقول أيضاً[2]:

يا متلف روحي تحملت الآثام ما خفت من يوم تدور الدواير
يهب دولاب الهوالي بالاولام ونقض الديون المرمسات الكباير
لا تامن الدنيا ودورات الأيام أخاف من ناس يقولون باير
راقب ولي العرش يا خشف الأروام يا مترف حكمه على الروح جاير
عانيك جمسه هيكل جلد وعظام تشهد محاني لوعته والجباير

---

(١) الفارس الأمير: ٧٩-٨٠.

(٢) المصدر السابق: ٨٠-٨١.

وتشهد عليه دموعه الغزر خرام
من موق عينه فوق خده نثاير

ويشهد عليه إلى وطا دارك العام
ياقف على مضراب الأطناب حاير

ياما براس الناب عضيت الإبهام
وقفت في تالي منازلك خاير

منازل فيها يحيرن الأقدام
ومن حب ساكنها تحب الخطاير

قل لي بحرف القاف والبا مع اللام
والفٍ تكمل جلها والصغاير

وإن قلت كلا دار حكمك بالإعدام
وقتلت من لاله عوين وثاير

افتل بحبلي وأنت تنقض بالإبرام
وجرعتي غلٍ يفت المراير

بين اشفتيك اشفا فوادي والأوهام
واسالك بالله عن خفي الضماير

أما بحبل الوصل تنصف بالأحكام
والا تجور وكل ما قلت صاير

وأرضى بحكمك ماشي درب الإسلام
مملوك والمملوك بالأمر ساير

وأقول هذا راس ما لي والأقسام
ولیا تردى الحظ تعمي البصاير

يا طاردين العشق بأوهام وأحلام
خوذ وكلام اللي بالإصلاح شاير

*****

عود بلا دخان(١)

الشاعر الشيخ محمد بن راشد بن سعيد آل مكتوم، شاعر من شعراء الإمارات المجـددين في الشعر النبطي، وقد كوّن نتاجه الشعر حضوراً واسعاً بين محبي هذا اللون الشعري في الـوطن العـربي ولا سيما في منطقة الخليج العربي، فصار ظاهرة يشار إليها بين شعراء عصره وبخاصة في رمزياته،

---

(١) واحات من الصحراء: ٢٧-٣٤.

وهو شاعر مرهف الوجدان، يمتلك خيالاً خصباً، يرسم كلماته بدقة وفنية عالية وهذا طابع ملازم لغزلياته، كما في هذه القصيدة التي يقول فيها:

يا حي من لاقاني صدفه بدون وعود
رحب بي والتقاني تراحيب الودود
لطيف ومرحباني ونزه عن المنقود
عوده كالخيزراني تلع الرقاب عنود

أوقدت بين نيراني وبادرتني بصدود
يالريم المودمَاني يالفيال الشرود
من لحظاته رمَاني على محرك لعضود
عينه هدبها جاني شروا صف الجنود
لو ينظره انساني وقف شروا المفوود
يا غزيلات اعماني يا ترفات الخدود

يا شوبه الرماني يَا فوعَات الورود
وقف لي لو ثواني ان تسمح يا عنود
فجرت بي بركاني واطما كل السدود
عطشان اولا سقاني أرواني بالصدود
اسقاني الخنظلاني ومن الجبن مزيود
عوقي مبطي زمَاني قدلي وأنا ميهود

من تختلف لاوزاني درب الشعر مسدود
دكتورنا لي حَاني ما ياني بالردود
من عادة الدياني والمستلف موجود
يوفي بلا نقصاني والا وعد محدود

على هذا ضمياني   أنه رصيده عود
بافسره تبياني   وعندي عليه شهود

من عدلات المباني   بنيان بلا عمود
بيت الشعر إن زاني   هوالذي مقصود
معدل باوزاني   شروا صف العقود
لولو مع مرجَاني   ناصع بياضه زود
يحاول الإنساني   لغز عليه اردود
بنشدك يا فهماني   يا فكاك العقود

عود بلا دخاني   هل يصلح للوقود
ما يفيد أي انساني   لو يريد منه زود
لا يلحق لولاني   طاح بحر الهمود
هذا اللغز مجَاني   تنظر فيه الحشود
اطلب أنا سمحاني   إن ضايقت البنود
سلامي بالتهاني   عدت نسيم النود

يعم كل انساني   لي يسمع المردود
للحضر والبدواني   أهل الشرف واليود
يا اللـه يا سبحاني   يا رب يا معبود
من ساري دناني   يا اللي سحابه يود
لي بارجه زفاني   ساري يدن رعود
من عقب لمسياني   أطراف سحبه سود

من بوظبي وعماني   والعين ياها يود
واشمل جدى الخزاني   وغرب لين النفود

في دبي أروى المغاني
والبر زاده زود
ما طرشوله عاني
ولا سار حد يرود
تمت غدره زمَاني
ومسويَات اركود

*****

وقال متغزلاً في وصف الحبيب[1]:

يا حلا اللي نظرته يا حلى
من جماله يبهر الكون العظيم
جل من صور وسبحانه عطى
الجمال اللي به العالم حليم
من ضياه يشع كبدر الدجى
منور يسري به الداجي البهيم
قلبي ابحبه وعن غيره أبي
موهبه من عند الإله الكريم
إن تِكَلم بالهداوة امهذبا
يبتسم كِن الخلود بها نعيم

بن خليفة في هواه إمعذَبا
موقد تاضِي به النار الجحيم
لا ولا خبر لفاني من سبا
يحمله على جانح الطير الحكيم
ما اليوازي مثل مفرود الظَّبا
بالجمال وعازل الصوت الرخيم
والعيان ابسحر جذبا تنهبا
عين محفوق الوحش والا الظليم
كم جنيت ونلت من صبري هبا
حيلتي اللـه من لي يا نديم
كم مشيت وذقت ملموس الحفا
قارص الرمضا وحفيان الحميم
ثاير العسجد على غص الصبا
والعسجد في سوالي يا هميم
إن عطيت الجيم مني لك بنا
وإن عطيت الكاف كافي يا فهيم

*****

---

(١) شيوخ وشعراء: ١/٤٤٣-٤٤٤.

وقال الشيخ محمد بن راشد يشكو حبيبه شدّة شوقه، ومعاناته:

يا خاليين البال حالي ترى حال[1] | بي ليعة مكتومة في فؤادي
وعندي من أشواقي بتاريخ وآمال | منها جواري عبرتي في ازدياد
في ليلتي وجه القمر بات باقبال | كنه يذكرني بغاية مرادي
حلوه عليها سال م العين مارسال | ذكرى لها دايم شرابي وزادي
عنها أنا ما اسمع مقالات عِدَّال | طالب رضاها صادقٍ في ودَادِي
ولا نفعني في الهوى قول من قال | منه النصيحه مثل نفخ الرمادِ
ولو أنني باصبر ولو كنت باحتال | ما تنفع الحيله ولا الصبر فادِ
مالي دوا من علة الشوق قتال | أبات ليلي ما أذوق الرقادِ
كِنه في قلبي من ضَنا الحب زلزال | متجدد الحسره طويل السهادِ
باشكي غرامي والهيام الذي طال | وليعات وجدي دايمه ما تزادِ
لولا العناد وعزة النفس بانال | عطشان واهجر موردي من عنادي
والحب جَنَّه كلها خوف وأهوال | وما تقهر الحب القلوبَ الشدادِ
ولا جنود وكم دهى الحب الأبطال | عايا بفرسانٍ تِذِل المعادي
يا ناظمين الشعر طارت بي أحوال | صوب الذي حل وسكن في الفؤادِ
شفت بغرامه لي يقرب بالآجال | وأبليتِ في حبه ثيابٍ جدادِ
واللي يواسيني يجاوب وفي الحال | جواب شافي قاطعٍ بالوكادِ

*****

(١) شيوخ وشعراء: ١/٤٤٦-٤٤٨.

ومن غزلياته قصيدة (إلى متى[1]) التي يقول فيها:

يا كيف بعت اللّي بروحه يداريك … وانته مريح البال ليلك ويومك
ذاهل منامك صحيته ما توعِيك؟ … شخصً على حبّه يبين امْعلومك
تقطع رجا من كان بالحب يرجيك؟ … يرجيك وانته غاية العمر دومك
يدرى الهوى وبغالي الروح يفديك … ما تخاف ربك في صلاتك وصومك
إلى متى يا مهجتي في تناسيك؟ … سابق هواك وشارعاتٍ أوْلُوْمِك
ارحم شقيٍ طايحٍ في بلاويك … يا بعد عمري ما ضميرك يلومك؟
أون لي مروا .. بتذكار طاريك … واصغي سموعٍ لأجل تيني علومك
ليت العذول ايكف عذلٍ عذل فيك … يأخذ عيوني لاجل منها يشوفك

*****

ويناشد الشاعر حبيبه عبر النسيم في قصيدة "نسيم البر"[2].

يا نسيم البر يا شرتا الجنُوب … بلّغْ المحبوب خبري والأمل
لي عليه القلب مشتاقٍ طروب … يشبه الآرامْ غِزلان السّهل
قايد أريامْ الْمَهَا فالي عزوب … في الكِفايف بين سَيْحه والرمل
إن تهايا يخجل البدر الحجوب … ويحجب الياهي بْنورٍ يشتغل
أشْقَرٍ جاني على المتن الكثوب … المعَثكل فوق لامتانْ انْتِشَلْ
إنت عندي يوم غالي ومحبوب … كيف حِبي من فؤادك يضمحل
الهوى غلاب غالبْ وِمْغَلُوب … والجروح الدّاميه الْغتم اتْعَمل

---

(١) إطلالة فجر، جمع وإعداد سالم سيف الخالدي وعلي سعيد المنصوري: ١٠.

(٢) المصدر السابق: ١١-١٢.

هل ما يجري على العمر مْحَسُوب وفايض العبرات مِني تنهمل؟
أنْشد النِّسناس في وقت الغروب في الفيا الخالي يداعبه الزَجل
وارتفع في عالي الطعس الكثوب آتعلا في الطويل ولي محل
وادْعَبْ النسمَات ذعذاع الهبوب باردٍ من صوبهم رَيِّف امْطل
وانْشِدْ الشرتايلي هبت جنوب ولا من النكبا مَحَال ولا حِوَل
في المحبّه للصّبر لازم أدوب واجبه في مِعسراته يحتمل
آتحمل ها الجفا واانوح دوب في ضميري مِنْك رَضيا والزَعل
لو نظرت الجسم م الحب امْعَطوب تسهَرْ أجفاني ويرْقني الممل
منْك لا رَحْمَه ولا مِنك هروب يا حبيبي لا تخليني مِثَلْ
مِخْطرٍ من حرّة أمّابي أذوب نادي العشاق لي ما رَيت حل؟
أجرعٍ بشكواي من له قدّ نوب بن خليفه إسْعِفِنيهْ بالْعجل

******

بلسم جروحي

ولا يجد الشاعر ملجأً يلوذ إليه ليعبر به عن لوعته إلاّ الشعر، فالمكتوم في قصيدة "بلسم جروحي[1]" يقول:

يا بلسم الشعر مايا منك تبياني ياللي بيوتك تعالجني وتشفيني
ردّ الصّدى للنّدايا ركن الإركاني ياللي على جرحي الدّامي تواسيني
لاهبّ ريفك ولا مالت به اغصاني ولا طال ورد المحبّه م البساتيني
طول غيابك وما تخفيه يخفاني وكثر التّغاضي ترى ماهوب مرضيني

(١) إطلالة الفجر: ١٣-١٤.

وش لي جرى لك تخلّيني وتنساني
ياللي على قاف مسحوبي تجاريني
ساس الرّكيزه ولك في الشعر عنواني
وفي مامضى كم تشهد لك دواويني
شرايد الفكر تمسكها بِلَرْسَانِي
تروي من العِدّ والباقين مضميني
وإن غصت في غزرها والموج طوفاني
تملي حصيلك من الدّر المثاميني

جدواك شوقي يعنيني ويدعاني
هاجس غرامي وذكرى م المحبيني
واحالي اللي براه الحب واضناني
خلٍ يحول النّيا ما بينه وبيني
لا هو بجافي ولا هو جا وأرضاني
البعد من دوني ودونه يعدّيني
يا مَبْعَده مقربه عندي بوجداني
غلاه في دم روحي والشرايني
يا طول صبري على همّي وحرماني
أخفي مصابي وتكشف ما خفا عيني

*****

ومن غزلياته قصيدة "تبعك عذاب[1]" التي يقول فيها:

تَبعكْ عذاب وشوفك اعطال
والصبر طال ووَصْلك اشْحيحْ
ناحل وجسمي كنّه اهلال
ويميل من نَسمةْ هوا الريح
بي من وداده باخِص الحال
لاسْبَاب من قلْ التصريح
قلبي عويج وْصابه اوْيَال
وغيري عن إما صابه امريح
كن ابحشايه لاظي الصال
نار الغضا وتهبّه الريح
طوفان حِبّك موج شلال
ومركب غرامي لوحْ ويشيح
يلوث وين الغبه اذْيال
وين الهوامش والتّماسيح
شفني شرى لي يتبع اللال
واللأل غِدرانه منازيح

---

(١) إطلالة الفجر ١٥-١٦.

يا عاذلي شِف وصله امحال … مبعد غريب وياخذ الرّيح
مثل الظبي لي خزّيفال … لي شاف م القانص ملاميح
ريمٍ عليه الوصف ينقال … يرعى قفر صبح المياضيح
يابن خليفه عنكم انسال … ومن صوبك الشرّتا مطاييح

كلٍ نظر في حالي ايسال … ويسال يللّي قلبه امريح
ما يستوي راحل ونزال … واللي شقي وفؤاده امريح
واثنين ما صاروا على حال … يضحك وذاك الثاني ايصيح
حرٍ خفقْ من راس متلال … لِغْروب فرواله تلاويح
يا غِرّ يا بو عود ميّال … يا بو خصورٍ لك مكاشيح
شوفك يخوز ضيقةْ البال … ويبري جروح اللي مجاريح
عيسى ديارك يود همال … يروي فِيُويكْ والمطاييح
سيح الغريف وروس لجبال … والساد ورمالٍ مناويح
في مرتع الخلفات لَبْهَال … إتم غدرانه ضحاضيح
عم الوطن من سيح ورمال … اشهور ويام مراويح

*****

محبّي لي زعل مني تراني [1]

هذه القصيدة مهداة من الشاعر الشيخ محمد بن راشد إلى فتاة الخليج:

محبّي لي زعل منّي تراني … على عهد الصِّداقه لاَوِلِيّه

---

(١) الديوان: ١٥١-١٥٢.

أنا ع العهد ما يفناه فاني
مَدَى الأيّامْ والدّنيا السنيّه
فلا بَنْسَى وداده لو نساني
محبّي بيننا اعهودٍ قِوِيّه
ربيع المول عن قاصي وداني
بْدَلْو الودّ يرويني ضِميّه
فلا تسمع كلام الموشياني
عن العذّال وأصحاب الوشيّه

يفوق بزين رَبّات الجِنْاني
فهيمٍ بالقوافي عالميّه
بديع الحسن م الخود الحساني
جميلٍ والصّداقه جوهريّه
يداعبنا النِّسيم البرّداني
هوانا بالنّسانيس الْعِذِيّه
ولك تقدير ما يجناه جاني
يا أُهِيْل عصور الغرنجيّه

*****

رموش فيها المنايا(١)

للشاعر محمد بن راشد القطري، يحاور فيها قلبه الذي أوقعه في حب لا جدوى منه سوى العذاب المذل، قال:

زل القضا بالقدم ما عاد ينفع ندم
وما عاد تنفع الحيله و اللـه بأمره حكم
لا حل أمر القدر ما عاد منه مفر
مكتوب هذا نصيبي حسبي على من ظلم
حبيت منهو بغاني ويا ليت هو ما هواني
الحب يا ناس ظالم ياما بنيت وهدم
هذا حلف لي بدينه إني لقلبه ظنينه
وإني أساوي حياته و اللـه بسرّه علم
وهذا بلاني بحبّه وحق علي أنا أحبه
لكنني منه خايف قلبي يحس بألم
حلوٍ حديثه لكنّه يقتل بسحره وفنّه
أقول له يا حياتي ويقول لي ما فهم
فاهم وأديب مهذّب لكن قصده يعذّب
عشاق عينه وخدّه وغضايته لابتسم

(١) بستان الشعر: ١٧-١٨.

من يوم جاني وشفته بقلبي وعيني عرفته   قتّال وروموش عينه تنفذ نفوذ السهم

رموش فيها المنايا يا مالها من فدايا   راحت عليهم غليبه ما يرتضيها شهم

قمت اتحلّى قوامه ونعومته في كلامه   وحسّيت ليكن قلبي بين الضلوع انصرم

نويت أنقذ حياتي قطعت منه صِلاتي   خوفي أن قلبي يحبّه والقلب لحم ودم

لكن قلبي مصيبه يقول أن ذا حبيبه   ولا عاد قلبي خصيمي من فيه أنا باحتزم

وقلت يا قلب ويلك تقوم أن ذا حبيبك   وكم من حبيب عرفته، وكم في هواهم وكم

وقلت يا قلب خله لا ترتضي بالمذله   اليوم ترضى الغليبه وبكره بترضى الهضم

يا قلب عزّي لحالك قلبي بعد ويش جرالك   بيّحت خافي السريره واحفيت راس القلم

يا قلب جاتني علومك كل الخلايق تلومك   صاحبك ما تستشيره وانت الرفيق العسم

تكتب سباب وتجنّي وتقول بلواك منّي   وتقول أنا اللي عصيتك وأنّك بذا متّهم

وتقول يا خلتي ما كان ذي هقوتي   ذنبك وبيدك جنيته ويا قلب ما تنرحم

واليوم ما هو بيدك أمرك ولا حد يفيدك   وليت طاغي وظالم وفن القسيم وقسم

هيّا نفارق بلاده وننسى محاسن وداده   يمكن جفانا يغيضه وإلى زعل ما يهم

قال الذليل الرعاعه ما اصبر ولا ربع ساعه   حشاي ما أقوى فراقه وباحلف امية قسم

ويا ابن راشد علامك قسيت حتى كلامك   تبغي تفرق حبايب وفرقا الحبايب اثم

وأنا لزوم أن أطيعك أنا خويّك فزيعك   الأ فراق الظنينه حرام هذا يتم

وقلت يا قلب نايم تصلح لخرس البهايم   ما شفت أنا قلب مثلك إلا قلوب البهم

وقلت يا قلب خاين بيني وبينك ضغاين   قلبي وقدني أعرفك وأنت العدو الخصم

خاين ولا فيك شيمه وذي عادة لك   ذليل ما فيك نوهه وما فيك قوّة عزم

قديمه   وتصير له كالوصيف ومن طايعات الخدم

يا قلب باتركك عنده من جيز حراسه وجنده   ما يفهم الحب مرّه ولا طواه الهيم

وباعتاض فيك المجرّب قلبٍ شجاع مدرّب   صنع المهندس عزومه يثلم ولا ينثلم

اجمل محاسن أوصافه الحب عنده سخافه   حاكم عليك القطيعه وحاكم عليك العدم

وخلك بهمّك وغمّك والزين ماهوب يمك

*****

غالي حبيبي (١)

ومن غزليات الشاعر وحيد الليل من الأردن، قصيدة "غالي حبيبي":

غالي حبيبي ...

غالي حبيبي عشقك الضامي تعبنا	ياما روتني شوفك لكن ضمينا
غالي حبيبي صوتك الدافي سلبنا	كل ما ازداد القسى منك بكينا
فرحة زماني بشوفتك هذا طلبنا	ياما مشينا بدريكم ياما سعينا
روحي وقلبي والقوى لعينك وهبنا	وشدة مشاعر في عشقنا رعشة أيدينا
من دمع عيني الغالية و الـله سكبنا	ومن صدقنا في عشقنا رعشة أيدينا
يا ما تحملت العنا الغالي ظلمنا	هذا عشيقي بالهوى صفحه طوينا
وعن صورته بالفكر و الـله تبنا	هذي نهاية عشقكم منها انتهينا
واليوم يا غالي من الدنيا صعبنا	ما بقا من ذكركم عنه سلينا

*****

---

(١) صمت الأطياف: ٤٣.

الشعر
الوطني والسياسي

يشكل الوطن عند الشاعر أحمد فؤاد نجم هاجساً نادراً ما تخلو منه قصيدة من وطنياته، وقصائده السياسية مصرحاً، أو حين يميل إلى الترميز والتورية وغيرهما من فنون القول، ومن ذلك قصيدة (بهية[1]) التي عرفها كل من عرف أحمد فؤاد نجم، يقول في هذه القصيدة:

مصر يامه يا بهيه
يام طرحه وجلاّبيه

***

الزمن شاب
وأنتي شابه
هو رايح
وأنتي جيّه
جيّه فوق الصعب ماشيه
فات عليكي ليل وميّه
واحتمالك هوَّ هوَّ
وابتسامتك
هَيَّ هيَّ
تضحكي للصبح يصبح
بعد ليله ومغربيه
تطلع الشمس تلاقيكي

(١) ديوان أحمد فؤاد نجم، الأعمال الكاملة: ٢٩-٣٥.

معجبانيه وصبيه

يا بهيه

***

الليل جزاير جزاير

يمد البحر يفنيها

والفجر شعله ح تعلا

***

عمر الموج ما يطويها

الشط باين مداين

عليها الشمس طوافه

ايدك في إيدنا

ساعدنا

بالعزم ساعه جماعه

بالإصرار تخطيها

مصر يامه يا سفينه

مهما كان البحر عاتي

فلاحينك ملاحينك

يزعقوا للريح

يواتي

اللي ع الدفه صنايعي

واللي ع المجداف زناتي

واللي فوق الصاري كاشف

كل ماضي

وكل آتي

عقدتين والتالتة تابتة

تركبي الموجه العفيه

توصل بر السلامه

عبجانية وصبيه؟

يا بهية

يعود كلامنا بسلامنا

طوف ع الصحبه حلواني

عصور محنى

عني على الأفراح

من تاني

يرمي الغناوي تقاوي

تبوس الأرض تتحنى

تفرح وتطرح وتسرح

وترجع تاني تتغنى

اللي بنى مصر كان في الأصل

حلواني

*****

اصحي يا مصر (١)

وفي قصيدة "اصحي يا مصر" يناشد الشاعر الشعب المصري بكل فئاته إلى النهوض والعمل لأجل بناء مصر العربية الحرة المستقلة، وقد تكرر فعل الأمر من الشاعر ليدلل على أن الوضع بحاجة ماسة إلى الصحوة، فبدأ قائلاً:

اصحي يا مصر
اصحي يا مصر
هِزِّي هلالك
هاتي النصر
كوني يا مصر وعيشي يا مصر
مدِّي إدِيكي
وطولي العصر
اصحي وكوني وعيشي يا مصر

***

اصْحي يا عامل مصر يا مَجْدَع
وافهم دورَك
ف الورديّه
مهما بتتعب
مها بتصنع

(١) ديوان أحمد فؤاد نجم، المجموعة الكاملة: ٣١١-٣١٧.

تعبك رايح
"للحراميّه" !
جهدك عملك
رزق عيالك
عرقك مَرَقك
ولا يهْنالَكْ
اصحى يا عامل
غيَّر حالَك
صون المصنع
واصنْع مصر
اصحي وكوني وعيشي يا مصر
اصحي يا زارع مصر الخَضْرَة
قُدْره وخُضْره
ونور وجمال
إبدر غيطك
واحْمي البَدْره
ضِدْ الآفه
والاستغلال
أرضك عَرْضَك
باب الدار

صبحوا مَدَاسَه
للسمسار
نِعطش
ولا نِشْرَبْش عَكار
وصْفَه قالوها الحُكَما يا مصر
اصحي وكوني وعيشي يا مصر
اصحى يا جندي
يا تار الشُهدا
عَمي وخالك
أختي وأخوك
لَجْل ما تهدا وتارك يهْدا
فرَّغ نارك
ف اللّي خانوك
يابن الشعب يا حامي الشعب
أنت أملنا ف يوم الصَّعْب
اصحى يا جندي ودُق الكعب
حرَّر مصر وطهَّر مصر
اصحي وكوني وعيشي يا مصر

*****

موال فلسطيني مصري(١)

وعند الشاعر لا فرق بين قضيته المصرية والقضية الفلسطينية، لأن فلسطين قضية الأمة الكبرى، لذلك كانت قصيدة "موال فلسطيني مصري" تؤكد هذه الحقيقة.

يامّه مُوَيْل الهوى
يامه مويليا
طعن الخناجر ولا
حكم الخَسيسْ فيّا
الصبر حِلْم العواجز
يطرح زهور الأماني
والقهر عدَّى الحواجز
وأنا اللّي واقف مكاني
شايف غيطان البشاير
خايف، وكانِنْ إديّا
حتى الحمام اللّي طاير
ما رضيش يرفرف عليّا
يامه مويل الهوى
يامه مويليا
طعن الخناجر ولا
حكم الخسيس فيّا

(١) ديوان أحمد فؤاد نجم، الأعمال الكاملة: ٣٣١-٣٣٦.

سألت شيخ الطريقه
ما رضيش يجاوِب سؤالي
ودارَى عنّي الحقيقه
وفاتني حاير ف حالي
سألت شيخ الأطِبّا
دوا الجراح اللي بيّا
نَظَرْ لي
نَظْرة مَحَبّه
وقال دوايا بإديّا
يامه مُوَيْل الهوى
يامه مُوَيْليا
طعن الخناجر ولا
حكم الخسيس فيّا
يا مصر
وأنتي الحبيبه
وأنتي اغترابي وشقايا
وأنتي الجراح الرهيبه
وأنتي اللّي
عندك دوايا
علِّمني حبك عِبَاره
سهله
وبسيطه
وعفيّه

شرط المحبّه الجَساره
شَرْع القلوب الوِفيّه
يامّه مُوَيْل الهوى
يامه مويليا
طعن الخناجر
ولا
حكم الخسيس فيّا

*****

وهذه قصيدة وطنية للشاعر الشيخ حمد بن سعود آل ثاني من قطر، التي يدعو فيها الشعب إلى مواصلة النضال، وتحرير الوطن من المحتلين الذين لا يريدون خيراً لأي شعب يتسلطون عليه، ولا خلاص من المحتل إلاّ بالثورة والنضال، حيث يقول:

هكذا التحريرُ ياالشعب البطل[1] ... هكذا ناضِل لدحر الاحتلال
جد في الثورة ولا تبدي كلل ... خط في التاريخ صفحة للنضال
واجب تضحي لتصل الأمل ... دون هذا مبلغ الغاية مُحَال
أربعين الحول مرة بالوجل ... تحت ظلم الغدر ترزح بالغلال
ترتجي من أمتك شيل الحِمَل ... يكشفون الضيم عنك بالسلال
أو بتكتيك السياسة والجَدَل ... يؤثرون الضغط في كل المجال
للأسف ما حققوا حل وبدل ... انتهى الموكب إلى ما لا ينال
مجلس التضليل لو قرر فَشَل ... كم قرار في مصيره للزوال

(١) شيوخ وشعراء: ١/٤٩٣-٤٩٤.

نصرتك تكمن بعزمك والمثل
في نضال شعوبنا عند النزال
شعب مصر والجزائِر لك مثل
سار للتحرير بأفعال الرجال
أرفع الراية وواكِب في العمل
لا تقول الغرب يبدي الاعتدال
لو بدأت منها المرونه لا يَزل
واضع الدستُور أصل الاحتلال
لو نئينا منك يا شعب الأصل
عايش في قلوبنا طول الطوال
بالأصالة والأخوة والملل
شعبنا واحد ولا فيه انفصال
كلمة التوحيد تجمعنا أجل
في ركاب العز صف الإنزال

*****

أهل قطر

وفي قصيدة "أهل قطر" قال الشاعر حمد محسن النعيمي من قطر معتـزاً ومتفـاخراً بقطـر وأهلها[1]:

يا اللـه يا عالم خفيَّات الأكوان
تعز منهو عزّنا في وطنَّا
اللي دعى الدوحه كما وصف بستان
نجني ثمر خيراتها دون منَّا
صرنا بها نقطف زهر كل ما زان
نقطف زهر مازان مِنَّا ومِنَّا
في حكم من لا غيره حكم الأزمان
أميرنا زبن الضعيف المجنَّا
زيزوم قومٍ لادنا الوقت كرمان
في ضفَّهم عالي المقام استكنَّا
في ما مضى واليوم لا حان ماحان
يثنون عند اللي عقاله تثنَّا
وأهل قطر جمعٍ على الخصم عوّان
في المقبله واليوم واللي مضنَّا
قولٍ بفعلٍ والتواري برهان
وياما بها غبر الليالي رمنَّا
وكم وقعةٍ كنَّا على الخصم والآن
نعمه وخيرٍ والحوادث نسنَّا

---

(١) بستان الشعر: ١٤٣.

قفّن بحكمة حامي الدار لاهان — والفضل لله والسنين ادبرنّا
ومن عقب ذكر اللـه سجلّت صفطان — صفطان لأفعالٍ مضايا عدنّا
يوم السعر يذكر بالأبيار وغران — وجارٍ على جاره إلى أقفى يحنّا
وإن جاء نهارٍ فيه تسمر الأوجان — يبرز فعل من في اللقاء ما تدنّا
يبرز فعل من يرخص الروح لاحان — يومٍ تعلاً صوت من يزهمنّا
ليعونهن تطمر على الموت غلمان — وترخص عمار اللي لمثله تمنّا
بسيف ورمحٍ يقصف الروح لازان — وقعه وقفّا الخصم منّه يونّا
وقبٍّ لها في موقف الموت ميدان — يا ما بدار الخصم غصب رعنّا
وقبل الختم يالله بعفوٍ وغفران — لي حموها من خصيمٍ تعنّا
في ما مضى واقفى به الخذل خسران — وزانت لأهل دين الشريعه مغنّا
واختم بذكر اللـه علاّم الأكوان — يعز من هو عزنا في وطنّا

*****

وله أيضاً:

رمز العروبة(١)

افتخر يا رمز ساس العروبه في قطر — يا عزيزٍ عز دارها وعلاّ شانها
عاش من قاد المسيره وعاش اللي حضر — والشجاع اللي رمى الروح في ميدانها
يوم دقت ساعة الحرب والموت الحمر — انتخوا نسل العروبه على عدوانها
من قديمٍ لا دعانا خصيمٍ بالنذر — يبتلش لا ولّعت للخطر نيرانها
جارنا نفديه لا من نخانا بالعمر — لا رعى اللـه دولةٍ ما حمت جيرانها
يشهد الماضي لنا والوسائل والقمر — سجل التاريخ صفحات من سيسانها

---

(١) بستان الشعر: ١٤٤.

من فعايل نجبةٍ ما تهاب من الخطر أكدوا بداية النصر و اللـه عانها
عاش من نال الوسام المزخرف والنصر وعاش من عز العروبه وعلاً شانها

*****

الانتفاضة ومشاعر القلم[1]

وللانتفاضة الفلسطينية حضور في شعر حمد محسن، ومن ذلك قصيدة "الانتفاضة ومشاعر القلم"، التي يبدؤها بقوله:

اشرقت شمس تغشّاها كسوف وانتعش قلبٍ تغشّاه الألم
وِنْسجت صف المعاني والحروف المشاعر والأنامل والقلم
ترجمت ما شفت والعالم تشوف واقعٍ حطّم كيان اللي ظلم
بالعزيمة .. والحجارة .. والكفوف اعتلاً في ساحة الأفق العَلَمْ
بان نور النصر دقّي يا دفوف فاز من قاد المسيرة واستلم
استلم تاج النصر .. حان الوقوف يا حماة العُرْبْ .. والغادر علم
بالنصر وازداد جيش الغدر خوف ما سلم من جور ظلمه ما سلم
ما نفع بطشه ولا صف الصفوف ما حلم بالانتفاضة ما حلم
انتفاضة شعب بالعز معروف كم ثلم من صف صمه كم ثلم
بالرماح وبالخناجر والسيوف انتعش قلبٍ تغشّاه الألم

******

والشاعر سلطان الصديمي من اليمن يؤكد أن الموت من أجل الوطن والقيم النبيلة هو حياة للوطن وأهله، إذ يقول[1]:

---

(١) المصدر السابق: ١٥٠.

الأولهْ:
ما ناشْ ذليلْ
وعمر الخوفْ ما حصّل إلى قلبي طريقْ
أنا اللي .. جعتْ .. اتشردتْ .. اتعذبتْ
ومن دمّي روت كل الكلابْ
وراسي فارقْ الجسمْ المعذبْ ألف مرة
وكلما ميتوني كنتْ أخلق من جديد
ومن موتي عرفتْ أن الحياةْ للذي ما ماتْ مثلي مش حياة
بارزتهمْ
مامت إلا بعد ما بارزتهمْ
ضاربتهمْ
أعطيتهمْ
من دفتر التجويع درسْ
من دفتر التشريدْ درسْ
من دفتر التعذيب درسْ
وبعد الموت كان الدرس، درس الفاصلةْ
لا تحسبو موتى سُهِيل
موتي حياةْ

*****

(١) شعر العامية في اليمن: ٢٩١.

رسالة من مغترب

وهذه قصيدة للشاعر عباس عبد الحسن، تحكي حنين إنسان فرضت عليه أحواله أن يكون غريباً، بعيداً عن أهله ووطنه، فكتب من غربته يخاطب الوطن:

شكَد أحبك يا عراق
شكَد أحبك يا وطن
من ذكرت اسمك حبيبي
عيوني وحدهن بجن
يا حمام عيوني أخذهن
وياك فربيهن سماه
ومرهن بكل الحدايق
خل يشبعن من هواه
ويا حمام شلون أهلنه
شلونهه بيوت المدينة
هم بعد تذكر لعبنه
وهم بعد تسأل علينه
ويا حمام أُمي العزيزه
شلونهه ذيج الحنينه
جيبلي بجنحك عطرهه
لو ردت ترجع علينه
يا حمام عيوني أخذهن
حيل هنداهن حنين
يا حمام الغربة صعبه
تكتل أيام الفراق
كلشي بيّه يكَلي ارجع
روحي هزهه الاشتياق
وروحي تصرخ كافي غربه
شوكت نرجع للعراق
ومن أرد أحلف يمين
ما بعد أغلط وأسافر
الدنيه ما بدلهه كلهه
بشبر من كَاع الجوادر

******

العديله

قصيدة للشاعر عباس عبد الحسن من العراق، يقول فيها:

مظلومين .. وخلصنه العمر من كلشي محرومين
لا فرحه التكحل بابنه المسكين ..
ولا ردو عليه الراحوا من سنين
وحنه اركابنه صارت جسر للموت
ويوميه عليهن تعبر السجين ...
وكلهم عدنه ظلت ناس
يوميه يجدم تنداس
وهنيا لك بكبرك حي تنام الليل
مو مثلي أخاف تبوكني الحراس ... !
وهنيا لك متت صدگني وارتاحيت
مو مثل البقو بالدنيه محتارين
تعبانين، جوعانين، مكسورين
ما يدرون ماتو همه من الخوف
والماتو صدگك عدلين
ويفلسطين ولدج بالصبر والغيره ملغومين
(وطالعلك يعدوي طالع ... من كل بيت وحاره وشارع)
ومات الشارع .. ويا تابوت يلم الشارع

وناس هواي بخوف تباوع

داسو فوگك الشارع خاطر

يمشون يشيعون الشارع

*****

القدس قدسي(١)

يؤكد الشاعر عبد الباسط الرويني أن القدس عربية، وهي قضية الأمة، ولـذلك جـاء عنـوان قصيدته "القدس قدسي"، ليدلل على انتمائه لها كونه عربياً، وبذلك يقول:

الـلـه انسي والحياة بانسه	يا مؤنسي يا رب فانصر أهلها
فالقدس قدسي بل وبيت المقدس	من غير لبس كلنا أشبالها
مهما تغطرس واعتدى متغطرس	فالقدس قدسي والفلسطيني لها
نسنس نسيم هواجسي في يفرس	من أرض بلقيس العروبة أصلها
وتلمسي للنرجس لا ينتسي	حسي ونفسي استنشقت لورودها
ترسي برأسي أمسيات وساوسي	أمسي أقاسي من مآسي ليلها
هل لي بكرسي من كراسي الأطلسي	ليفك حبسي والقيود رجالها
حرمي وقدسي باليهود يدنس	قد دنسوا الأقصى وصدوا أهلها
والناس ناسي هل أرى متنفس	أنسي المآسي في صرير حجارها
فهي السلام وبندقي ومسدسي	سحقاً لأعدائي وإسرائيلها
لابد ما تكسر كؤوس المحتسي	وأذوق كاسي مسعداً بنضالها

---

(١) مفتاح فلسطين والحكمة اليمانية: ٩-١٠.

وبيوم عرسي يا عروستنا اعرسي ان العروسة تفتخر بجمالها
مهما تغطرس واعتدى متغطرس فالقدس قدسي والفلسطيني لها
فتضامني والاتحاد مؤسس بأساسه بأساً شديداً حولها
ثم الصلاة على النبي محمد خير الورى من قد سرى ليلالها
رب السماء أسرى به من مكه إلى القدس ثم إلى السماء للمنتهى

*****

مفتاح فلسطين[(١)]

والشاعر لا يرى طريقاً لتحرير فلسطين السليبة إلاّ عن طريق وحدة العرب، وقوتهم، فهو يقول في قصيدة "مفتاح فلسطين":

يا أمة الدين والإسلام وحدتكم هي الطريق لفتح القدس والسبب
والمجد يبقى لوحدة شعبنا علم على سماء بلادي يجمع العرب
من مهبط الوحي للأحجار معركة وفوهة النصر كالبركان تلتهب
على اليهود لحتى يرجع الأقصى لأهله والأعادي منه تنسحب
بقدرة اللـه يأتي النصر والفرج ويجمع الشمل وعد الفتح يقترب
سنفتح القدس والأقصى يعود لنا نصر من اللـه نطرد كل مغتصب
عروبة القدس تعنيني أنا يمني من نسل عدنان من قحطان منتخب
الإيمان يمان والحكمة يمانية قوله "إلى خير خلق اللـه" ينتسب
لابد من عودة الأقصى الشريف لنا نبني مناراته ونشيد القبب
إلى الجهاد استعيدوا مجد أمتكم فرض الجهاد علينا كلنا يجب
لا تحسبوا الغرب يحمي الحق في زمن به الأعادي على الإسلام تكتلب

(١) مفتاح فلسطين والحكمة اليمانية: ١٥.

كالحوت في البحر من يقوى يعيش به والقوش يقضي على الأسماك والجلب
والذئب في البر للأغنام مفترس والصقر بالجو للعصفور يرتقب
عداوة الدين والإسلام مبدؤهم وفي صدور اليهود الحقد يلتهب
صفاتهم في كتاب اللـه قد نزلت وبينت وصفهم بالاسم واللقب
تحذر المصطفى منهم مبينة شدة عداواتهم للدين والكتب
والختم صلوا على المختار سيدنا محمد سيد الأعجام والعرب

*****

العاشق الوحدوي(١)

ومن قصائد الرويني الوطنية قصيدة "العاشق الوحدوي"، التي يقول فيها:

بلادي أنا العاشق الوحدوي وقلبي يحبك في كل حال
أنا الشعب والجيش درع الوطن وخيلي وسيفي ليوم القتال
فبالروح أفديك يا موطني وبالدم أروي حقول الرمال
على كل شبر لنا تضحيات على رمل أرضي وصخر الجبال
أنا الشعب ابني صروح السلام وأهدم أسوار أهل الضلال
عشقت اللقاء والعناق الجميل بأرض السعيدة ذات الجمال
ومايو له كان خير الشهود ويد الوفاء بالوفاء لا تزال
كما صنعت مجدنا واصلت صيانته من دعاة الزوال
غرسنا المحبة في أرضنا وأشجارها الباسقات الطوال
بخير المواسم سبتمبر ومن خير تشرين صافي زلال

(١) مفتاح فلسطين والحكمة اليمانية: ٩٢-٩٣.

بذلنا الدماء وأرواحنا	روينا بها زرعنا والرمال
ومايو أتانا بأثمارها	جمعنا محاصيلها الغلال
هنيئاً لشعبي بخيراته	وأثمارها الطيبات الحلال
هنيئاً لشعب بأعياده	وقائده الفذ رمز النضال
أعبر بالشعر تهنئة	أردد أنشودة الاحتفال
فيا شعب ردد معي لحنها	بعزف عدن وغناء ازال
لما حقق الـلـه من حلمنا	وقد كان حلما بعيد المنال
ارادت شعب سعى للعلى	ووفق سعيه رب الجلال
وسجل تاريخ أمجادنا	مراحل ثوراتنا والنضال
بأحرف من نور وحدتنا	وحرية الرأي صاغت مقال
من أعلى المنارات نادى عليا	واذان للشعب مثل بلال
فكان لوحدتنا موكب	على الدرب يمشي بعزم الرجال
سعينا جميعاً لتحقيقها	رفضنا التفرق والانفصال
سيمضي بها الشعب في دربها	رغم التحدي ورغم الجدال
ويرفض كل عدو لها	ومن يفسدون الفساد العضال
ننادي القيادة بضبط الأمور	وشد القيود وشد الحبال
مع الوحدويين نبني الوطن	بصدق الإرادة والامتثال
ولقائدنا الرمز يمضي بنا	على دربه لبلوغ المعال
وبالصبر لابد ما ننتصر	رويداً رويداً تسير الجمال
مع الوحدويين نبني الوطن	وهذا جوابا لكل سؤال
لكي نعتلي سر بنا يا علي	فنحن على عهدنا لا نزال
سنحمي مكاسب ثوراتنا	بكل مكان وكل مجال
ونقضي على كل فيروسه	مسببه للمرض والسعال

مع الصبر لابد ما تنجلي وتذهب جميع الهموم الثقال
فهيا لقد حان وقت الصلاح يعود إلى الحق من عنه مال
كفى عبثاً أيها الغارقون بأعماق بحر الهوى والخيال
فلا تتمادون في غيكم وتنتهجوا المكر والاحتيال
وأزكى الصلاة وأزكى السلام على المصطفى حميد الخصال

*****

لا يُذكر الشعر الشعبي في مصر، بل وفي الوطن العربي إلاّ وللشاعر عبد الرحمن الأبنودي حضور متميز، فهو يمتلك تجربة شعرية غنية في معطياتها، وله مجموعات شعرية عديدة، وهو شاعر وطني كتب عن الوطن في مراحل عديدة من تاريخه، وقد شغلته هموم الناس، ومن ذلك ما جاء في قصيدته:

الجزر والمدّ(١)

خرج الشتا وهلِّت روايح الصيف
والسجن دلوقتي يرُدَّ الكيف!!
مانتيش غريبه يا بلدي ومانيش ضيف
لو كان يا مصر بتفهمي الأصول
لتوقَّفي سير الشموس
وتعطَّلي الفصول ..

(١) الأحزان العادية: ١٣-٢١.

وتنشّفي النيل في الضفاف السُّود
وتدودّي العنقود
وتُطْرشي الرغيف !!
ما عُدْتي متمتعة وانتي في ناب الغُول
بتندُغى الذِّلّة وتجترّي الخمول
وتئنّي تحت الحمول
وتزيّفي في القول
وبأيّ صورة ما عادْش شكلِك ظريف

***

دوس يا دوّاس
ما عليك مِن باس
واكتم كل الأنفاس
الظاهر مليئ بالناس
إللي حبيتهم دون ما يبادلوني الإحساس
وأنا عارف إني ما باملكهُمْش
لأني ما مضيتهمشي في الكراس!!
الناس اللي دمغْها الباطل دمْغ
إللي بتنضح كدب وتطفح صمْغ
إللي بتحشش
وما بتحسّش
واللّي بتضحك كل ما تنداس !!

***

قلت لنفسي – وأنا آسف ..
ياما لنفسي باقول
هل ينفعوا دُول ..
لنشيد معدول؟
واضح في العرض ووافي الطول؟
في هذا الغيط الموبوء بديدان الهم
هل حتفتَّح من تاني أزهار الدم؟
هل من تاني
حترجع صورة الشعلة للبرواز؟
والقمصان .. تِتْعاص في الجاز ..؟
والطرابيش
حتواجه الجيش
وتعود تتفسّر كل الألغاز
في بساطة .. وإعجاز ؟؟
والاّ حتفضل دكاكين الدنيا تسلّمنا
من كفّ لكفّ؟
وتعرضنا فْ نفس الرف؟
وترمينا تحت الرجلين
في آخرْ الصفّ ..؟؟
هل ..

ينفعوا دوُل قوّات سنوات الجمر؟
ينفعوا ياخدوا أمْر ويدٌّوا أمر..؟
هل دول يرفعوا راية ..؟
يوْصلوا غاية..؟
هل دي نهاية..؟
هل تَصْلُح تبقى بداية؟
وينخْ العجز بزَهَقِ الناس
أَزهق م الناس ..!!
فُوحى يا روايْح المدن اللي..
بترمي الأوجاع
فُوِحي ...
الاستمتاع بيكي .. مَشاع
وانتي هابَّة من جورنان
أو وجهٍ .. عابر ..
أو .. مذياع ..!!
الظُّهر ...
وسيف الصيف السَّاطي
والناس الدُّود
الزاحفين في الواطي
حارساهم ..

بدلة ظبّاطي !!

***

يا . . . . . هذا اللون
اللي متشبِّح في أرجاء الكون !!
عروض الأعداء الأندال
وموافقات الحكّام الدُّون
بحر الجثث الطافح
جايّ ورايح
بروايح نِتْنَه ..
وفضايح
ويعلا ف برلماناتنا / الموت ..
أوسخ صوت
تِتْعبَّى شعوبنا في صفايح
تتْحزم الأوطان في بالات
تِندك فْ شوالات
تترمى في موانى المدن الماصَّة
وتخْطفها القطورات
تتباع
والعالم سوق
لا يسمع للشعب المخنوق
لا تسمح أصواته لأصوات !!

***

قلت لُه: "قدّ ما تبقى حقير
يحتفل العالم بيك
يكسيك..
شهادات تقدير.!!"
جِّفت الرقصة الحبيسة
وعادت الأمة التعيسة
للسُّبات.!!
وانقلب لون الأماكن ..
كلُّه ساكن ..
والهدير الحلو ..
مات ..!!

***

إبتسم صاحبي وقاللّي:
"لسَّه نايم ...؟"
قُمت قايم
واتَّجهْت معاه لحيث الاتساع:
كوبرى عباس .. اللي كان.
ثُكنات الإنجليز .. آخر الميدان
الحرايق في اللَّوارى
الدِّما ع الأرصفة

والجموع الهادرة زاحفة من الحواري
الغبار .. خلَق الصَّفا. !!
مصر رعد
نور غضب
وتِتْرهَبْ ..
كل لحظة ..
تِتْكتَبْ..!!

***

الجامعة طالعة رايتها ظِلّها
هدّارة
جبّارة
صادقة في نيّتها
بِتِّتجه ..
يمّ الوطن والموت.
و"شُبرا" زاحفة تأكِّد التهديد
وتجْمع التبديد
وصلت ميدان الفجر ..
في المواعيد ..!!
النهر .. والضفَّة.
نَبتْ هلال العيد

ومالت الكفّة
وصحيت الرجْفة.
مصر اللي لا لحظة ولا صدفة
ثوره ف ضمير النور .. بتتكوِّن
رايات..
بدمْ البسطا .. تتلون ..
سدُّوا الطُرق ..
كيف المؤامرة تفوت!؟
"فلتسقط الخيانة
والقيادات الجبانة
ندّاغة الإهانة
كريهة الريحة
كريْهة الصوت.!!"

***

الغضب ..
بيوالى إنشاد البيان
الوجوده الصامدة في وشْ الزمان.
والرَّحابة..
في الصدور.. وفي الليمان ..!!
غابت الأُسر الصغيرة في الوطن.
استوى ع الأرض وعْىْ

صحْيت الأمّة ف هدير السَّعْى.

الوطن .. مفهوم

وحلو ..

ويتحضن ..!!

*****

العنكبوتة(١)

وفي قصيدة رمزية "العنكبوتة" راح الشاعر يصف حال العرب، وما آلت عليه دولة الصهاينة في أرضنا العربية، فبدأ الشاعر يخاطب العنكبوتة بقول:

يا عنكبوتة .. كمِّلي عِشِّك

لاحدّ حيزيحك ولا يْهشِّك

لِمِّي مُهاجرينِك

وثبِّتي دينِك

إتمطَّعي .. وخُدينا في وشِّك

*****

بلاد .. بلا .. عِزه

ممكن تجيبي أجَلْها من هَزَّة

بلا ضفَّه .. بلا غَزّه

بلا مصر .. بلا أردنّ

---

(١) الأحزان العادية: ٩٥-٩٨.

بالدمّ رشيِّ اللي بماءْ رَشِّك ..
وكمَّلي عشِّك !!

******

لِمِّي مهاجرينك ولوْ ملايين
يا عنكبوتة .. إحنا مش فاضيين
مِدِّي الخيوط .. خيط خيط
وإكسِي كلّ الحيط
نامي ف أمان واتمطَّعي فْ فَرْشِك
من وَشِّنا
ما بنسمعوش وَشِّك..!!

******

لِّمي مهاجرينك .. وتعاليلي
لا تهمّ تباريري .. وتعاليلي
أنا في الخلا بانفُخ شعاليلي
وانظم قوافيّا .. وتفاعيلي
وما تلقينيش ساعة يعوزني الفعْل.
اغشّ نفسي .. وعمري ما أغشِّك.
واحشّ رُوس أهلي ولا أحشِّك
حتعيشي أبد الدهر
حتوحدّيها إنتي نهر ونهر
نِشِّي اللي ما قدروش على نشِّك ..!!

*****

أنا زيّ ما بعت السنين الخُرس
ورضيت برُبْع الرُبع خُمْس الخُمس
مَجّاني حاوهب لِك عيون القُدسْ
مين اللي سألِك تتركي عرشك؟

*****

طبْ ده إحنا .. خُدّامِك
في النوم بنوحي لِكْ بأحلامِك
واحنا اللي بنحققها قُدّامِك
آسف ..
سكوتي ربما داوْشِكْ.!!

******

فاتربَّصي بينا .. ولا يهمَّك
دمانا فِدا دمِّك
وتبعترينا .. واحنا بنلمِّك
ولو تحاصرك الأمم
ويكتفوكي بالتُّهمْ..
إحنا سبيلك للخلاص في الكون
لمَّا يضيق الحال ..
دايماً بيطلع منِّنا مجنون
يهتف: "يعيش صهيون"

ونغشّ بعضينا ولا نغشِّك

بالعكس .. بندلّع .. وبنهشِّك

ناكل في بعض فيتملى كرشِك

وقِرْشِنا ف ثانية يصر قرشِك

*****

يا عنكبوتة .. إنسي أصواتنا

وزعيقنا .. وصوْاتنا

ودمٍ أحياءنا وأمواتنا

هِدِّي عشوشنا وكمِّلي عشِّك

لاحدّ حيزيحِك .. ولا يهشِّك.!!

في ديوانه "الموت على الأسفلت" كتب الشاعر عبد الرحمن الأبنودي على أسفلت الشاعر قصيدة تحكي عن ثورة الطفل الفلسطيني الثائر والحجارة ... فقال:

على أسفلت الشارع شهيد[1]

على أسفلت الزنازين مساجين

يا فجر أرضع من دم الطفل

يا سجن أوسع كسَّرنا القفل

بدأت حكايتنا ومش راجعين

مش راجعين

مش راجعين

(١) الموت على الإسفلت: ٢٤-٣٣.

***

على قدّ فَرَحي الشديد .. على قدّ خوفي الشديد
أحمل إيماني الأكيد .. يحملني شكّي الأكيد
وقدّ ما قريبْ يا بكره قدّ ماانت بعيد
أنا المُسيَّس .. خفيف الظل .. أنا الصامت
راقص في قلب العَزا .. باكي في صبح العيد

***

من كتر ما شُفت .. ما باصدّقش إيماني
أنا شاعر الشمس .. وادي الشمس ناكراني
تنساني في فرحْها، في الحزن فاكراني
وأبنى طوبه .. في قلبي تهدّ ميت طوبة
منين تجي التوبة عن همِّك يا أوطاني.؟!

***

ويا موت يا مدفوع في شُرياني بريح سودا
الهمّ .. دايما بيرحل .. بس ليه عودة
ماتت جناحاتي لكن لسّه مَفْرودة
ويا قلب .. يا كلبْ .. تَنَّك صاحي وبتنبح
بطَّل تِعَدّد .. فلسطين لسّه موجودة

***

يا وطني .. أفصُمني .. ولاّ رُدّ فيّا الفَصْم
خلّيني واحد .. ولو .. لطختني .. بالوصْم
لو الخرايط بتُصْدُق .. كنت أعيشها .. رسم
وَانقُش خريطتي .. عبيطتي .. فوق جدار قلبي

سِلك المخيَّم إبَر .. يا قدس .. وانتي الوشم

منين أجيب ناس لمعناة الكلام يتلوه
إذا كنت باجي أقوله نصّ عقلي يتوه؟

***

الكلام مش مُستْجيب .. والصمت عار
والمسافة بعيدة بين الفعل والقول البليد
لكن نحاول.
ولا القصيدة حتجرى ع الأسفلت
ولا ترمي حجر.

***

ولا فوق أكتافها راح تحمل شهيد
ولا حتبعّد خطر
ولا حاتقرَّب بعيد
الكلام -آخر المطاف- هوه الكلام
والدم دم
القصيدة توصف الدم الذكي
ماتشيلْش نقطة.
توْصِف الأم اللّي ماتت بنتها قدام عينيها
بس وصف

وصف جيّد .. وصف خايب
وصف صادق .. وصف كاذب
في النهاية .. كُلّه وصف
كل شعر الوصف
ما يساويش في سوق الحق صرْخَة
الكلام عن كل ده
شيء م التطاول.
إنّما .. لازم نحاول
الحجارة اللي ف رفح وف غزة
وف بيت لحم
وف بير زيت
ويافا
والخليل
والمدن كلّتها
مش هيّه الحجارة
الحجارة اللي ف إيدين ثوار فلسطين الصغار
ما هيش حجارة
أنا باعرف الحجارة
ياما طوّحنا حجارة
حجارتكم .. مش حجارة

ع الأقلّ ..
بتختلف عنه الحجارة اللي ف شارعنا
زي ما شارعكم بيفرِقْ عن شارعنا
الحجارة اللي ف شارعْكُم ..
كائِنات نابْضَة وحيَّة
كائِنات مش جامِدة ولا ثابِتَة
والحجارة اللي فَ شارعنا ..
مَيِّتَة
لا .. تئِنّ الصيف من لسْع الحرارة
ولا يرعش جلدها مرور الشتا
عمرها ما تغنّى غنوة
ولا بتردّد هُتاف
لو نشيّعها .. تخاف
عمرها ماتئن ولا تحتجّ من ضرب المعاوِل
الحجارة الميتّه الباهته الكسيحه
الحجاره إللّي ألأْم م المقاوِل.
والحجارة اللي ف شارعكو فلسطينية
زي ما انتو فلسطينية
في قلبها نبض القضيّة
زي ما انتو فلسطينية

مشاعرها .. إنسانيّة
عارفه أصحابها وأعداءها وذكية عن القنابل
والقصيده ..
مشكلتها في التناوُل
مشكلتها في البداية والنهاية
مضامينها وشكلها
وعديد من المسائل
القصيدة قصيدة
بس الفعل فعل.
هل نكفّ عن المحاولة ..؟
أو نحاول ..؟
لو سكتْنا .. يقولوا: ضاعوا
لو وقفنا .. يقولوا: باعوا
وإذا قلنا ..
يقولوا فين الكلمة من رَمْيةْ حجر؟
صرخة قتيل؟
ثورة الأطفال
تخلّي الشعر لو كان عبقري ..
وزنه قليل..
يا رفاقه .. شعرنا ما هوش يخيل

أعذروا الشعرا إذا خرسوا النهارده
وأعذروا الكلمة إذا احتارت ودرات
النهاردة .. الغنوة للأفعال
وأعذروا العواجيز إذا صمتوا النهاردة
واستكانوا للرقاد في الصمت مُدَّة
النهارده .. الصرخة للأطفال
الكلام ما يشيلش جُثّه
الكلام .. ما فيهش دمْ
الكلام فيهوش هجوم ولا تراجُع
الكلام .. مالولش لجان
الكلام .. ما هوش محاصَرّ بالمدافع
لا دكاكينه بتقفل
ولا تتْسمّم غيطانُه
ولا قطاعين عنُّهَ نورُه أو مياهه
ولا ممنوع م العمل
ولا مشلول بالحصار الاقتصادي
ولا بالغاز المسيّل للدموع
ولا بيعاني عطش ويعاني جوع
زي أصغر طفل في الوطن المقاتل ..
نسكتوا .؟ وإلا نحاول؟

لأ نحاول!!

*****

والشاعر عبد القادر الوهداني من الجزائر أرّخ في قصيدة له احتلال مدينة الجزائر من قبل الفرنسيين وبين ما حلّ بالمدينة وأهلها بعد أن نزل جيش المحتلين بها:

بالحمد نبتد ذا القصة ونعيدها	استغفروا وتوبوا يا مسلمين[1]
نوصي على صلاة أحمد لا تنساوها	تفك من القصائص ونصب الوازنين
هو يفك من جهنم وأهوالها	سيد الرجال شفيع المذنبين
سيد الأنس والجن وسيد أسيادنا	محمد التهامي مصباح الدين
صلو عليه قد الدنيا بتمامها	صلو عليه ألف يا مذنبين
كثرو بالصلاة على الأمجد طه	يوم الخميس والجمعة والاثنين
في ليلة القبر كيف يموت يصيبها	ينال النعايم وحورت العين
الفائزون راهم نالوا بسبابها	بصلاة سيد الأمة جد الحسنين
صلو عليه قد الدنيا وامحانها	ما دمنا نشوفوا واحنا حيين

توبوا استغفروا للمولا	هذا آخر الزمان أدركناه
فيه المحاين وكل بلا	منا لفوق ما كان الهنا
التعب لطم كل قبيلا	ما جا إلا زمان الفتنا
من عاش حالته لا حالا	واللي مات ذاك تهنا
هذا الكلام للعقلا	والعارفين هذا المعنا

---

(١) المقاومة الجزائرية في الشعر الملحون: ٣٥-٣٩.

أمن درى يا فضلا حسراه وين هي مزغنا
ولات للنصارى شينين الدين

الأيام يا أخواني تبدل ساعاتها والدهر ينقلب ويولي في الحين
بعد كل سنجاق البهجة ووجاقها الأجناس تخافها في البر وبحرين
امنين راد ربي ووفى ميجالها وإعطاؤها أهل الله الصالحين
الفرانسيس حرك لها وخذاها لا هي مياه مركب لا هي ميتين
بسفاينه يفرص البحر قبالها كي جا من البحر بجنود قويين
غاب الحساب وأدرك وتلف حسابها الروم جاوا للبهجة مشتدين
راني على الجزائر يا ناس حزين

الكلب غير رقب للمرسي شافها شاف المدافع لوجهه منصوبين
من جهة البحر فاع الناس تخافها برج الفنار منه كي مذعورين
برم سفاينه وتقدم قدامها في سيدي فرج نزل ذا اللعين
سواحل البحر تحكي لك عطوها الأوطان والسهل ثم شعاب آخرين
لم المحال في يوم السبت وجابها والسبت ماتوا شي من المسلمين
المؤمنين فزعت هي وصغرها الأبراج والطابن بالمومنين
هبطت الصبايحية تنشد في باسها الإسلام كان شي من المجاهدين
هنا الناس تظهر وتبان أخبارها موت الجهاد خير من اللي حيين
حور الجنان راها تزغرت بأصواتها أبواب النعيم للأمة مفتوحين
الموت لازمتنا واحنايا زادها والصبر لا تكونوا شي خيفانين
ظل الطراد بالأحد والاثنين

انطلقت المحارق ظلت في اتخاذها وتفرقوا مكاحلهم في اليدين
النونية تسيب وقراطس في يدها والدوبلي يسيب يا مسلمين

ماذا ابطال ماتت واخلات ديارها
لاغا إبراهيم ركب وفزع في شمالها
للشط وصلوها وأخذوا عقابها
ماذا من الريوس جابوهم أسيادها
اتخذت الجزائر وأوفى ميجالها

راحوا تزوجوا مع حورات العين
والباي والخليفة خذوا اليمين
ماذا من العساكر جاوا مسعيين
ماذا من الفرايس إلا منشورين
زال الكلام عنها يا مسلمين

زال الكلام ودرق عنا
ماشي هكذا ظنينا
تحسبنا على مزغنه
في الحفاير والجبانه
على موالها تتفانا
لكن بالحزن حزنا
حتى اليهود فرحوا لينا
أعلاش شايعة مزغنه

وافترقت الفزوع وراحت
في المؤمنين هذا فايت
خلق كثير يبقى ميت
شبان للبلا تتفاوت
يبقى الدم غير مفلت
من بعد عزها وانهانت
ونساهم الكلاب تزغرت
حتى النسا معنا حزنت

سعى بلا طراد هذا الكلب خذاها
كيف جاز على سطوالي وخذوها
زادوا أخذوا قهوة الأبيار وديارها
قدام الصنوبر نزل امحلها
في الليل راحت الروم ضربت طنبورها
البعض راح والبعض صبر لطرادها
المؤمنين هامت خلات أوطانها
الصبر يا أمة محمد لأيامها
من درى على الجزائر وعلى تحصانها
حسرتاه وين دار السلطان وناسها

وأدى أموالها إخوان الشياطين
ابطبول والعساكر والسنجاقين
وتشبطوا البوزريعة في الحين
وأخذوا برج سيدي مولاي حسين
والمؤمنين تبكي يا مسلمين
شدونه في الجناين نحو اليومين
وافترقوا على البلدان مساكين
هذا ما قضى رب العالمين
وعلى وجاقها نزلت فيه العين
صدوا وجاوا ليها أوجوه آخرين

يا من درى على ذوك القصباجيين	حسراه وين بايات مع قيادها
من ذوك النوباجيين	من درى على ذوك العصات متاعها
وعلى مواضع الحكم المعزوزين	حسراه على السراية وعلى حكامها
حسراه وين الأتراك النصناصين	حسراه على ذوك الشواش طغيانها
أعطوا ماينة وانغلبوا	حسراه على رجال البهجة
من كل جيه جانا يدبوا	الفرانسيس ولد العلجة
وألواد كي يجي بشعابه	كي البحر فايض على الموجة
معلوم كل شي بسبابه	والوقت كيف قرب وجا
وجا على الثنية عقبوا	عم على وطن متيجة
والناس من الجناين هربوا	هبط على طريق المرجة
حتى الصغار منها شابوا	والمؤمنين ضجت ضجة
هذا البلا ربي جابه	نسوان بايتين هراجة
الإسلام بالدعاء يطلبوا	يا سامع الدعاء في الدجا
ويزول ذا الظلم على المسلمين	تتهنى العباد وتزول فاع أحزانها
علمات البلاد مصابح الدين	حسراه على المفاته وعلى قضاتها
ومنابر الرخام اللي مرفوعين	حسراه على الجوامع وعلى خطبائها
وعلى دروسها ثم الحزابين	خسراه على الصوامع وعلى اذانها
ضحاوا اليوم يا سيدي منسيين	حسراه على المساجد غلقت بيبانها
وين البيوت وغرف المحصنين	حسراه وين تحافتها وين ديارها
ماذا يغير المنكر اللعين	ولات غير وطية ومشات أرسامها
شهدت غير ذوك اللي منجوسين	سكنوا الروم فيها وتبدل حالها
قلعوا الرخام ودرابز منقوشين	دار القشايرية هدوا حيطانها

نجروهم الخوارج عديان الدين	شبابك الحديد اللي في طيقانها
بعد الكتب فيها والسفارين	ثاني بلانصة القصارية سماوها
هدوه غير نقمة في المسلمين	الجامع العظيم اللي كان قدامها
خليوا ذا الأمر يصرف	يا سامعين هذا القصة
وغنايم الفهاوى وملف	حسراه وين ذلك المرصه
بسناجق الحرير ترفرف	أكثر مات بهم رصى
قداش من يسير مكتف	قرصان داخلة للمرسى
الأجناس فاع فيها تحلف	للكافرين كانت بخصه
من جا يطل يمشي زاعف	منها الجنوس ولات نساء
والي رجيل منها خايف	بفال يا بني للدرسة
	شاعوا أخبارها في الأيام الفايتين
رب وجيب ليها سلطان حنين	يا خالق العباد نتوسل بطه
يحكم بالشرع والحق المبين	ويعود في السراية هو سلطانها
والساجدين لله والراكعين	بجاه الكتوب وجميع يقراوها
والواو ياك تكونوا فاطنين	من بعد ألف يا الفاهمين تورخناها
واغفر ذنوب عبد القادر مسكين	يا غافر الذنب أغفر للي قالها
تعفو عليه يا رب العالمين	ماذا من المعاصي والسية دارها
والغايبين وأهلي والحاضرين	تغفر ذنوب أمي وأبي وأشياخها
بجاه سيد الأمة جد الحسنين	تجعل مقامهم في الجنة وجنانها
	راني على الجزائر يا ناس حزين

*****

وشاعر جزائري مجهول كتب قصيدة في الأحداث التي أدّت إلى احتلال الجزائر، قال[1]:

يا نفسي ثبتي أقدامك	توبي لله وارجعي وخطي الأوعار
يا نفسي وين راه رايك	راه الداك الغرور ادعي باستغفار
هنيني وصلحي فسادك	نفسي بركاني من هبالك
للمقبرة إياي نغدو شاو انهار	وتشوفي واش هي أعقابك
تسمعي وتفهمي إذا كنتي عيار	من في جوف التراب بارك
سألتك بمن أبقاك عاش بين أحجار	حشمتك بالآله ربك
نفسي راهي زايده ليا تحيار	عيد ليها أسباب هولك
لا تجحدشي قصيتك بوح بالأسرار	أحكي ليها على زمانك
بفرحك ومحاينك زهوك والتغيار	وكل ما عملت في حياتك

لمـن أنـت ومنيـن نسـلك

عيد علينا دخيل عرضك	أوقات الزهو والمحافيل
فكرنا في أيام سعدك	بين الصدقان والشمايل
أرزاق مشتة يمينك	وانتايا مثل صيد صايل
سمحوا فيك الأقارب وأهلك	مظلوم وإلا جنيت قاتل
خانتك الصحة جفاتك	والرزق امشا بقيت عاطل
لمن في ذا الأعراب نسلك	وطنك والا غريب جايل
عيد علينا أسباب موتك	قتلوك والا وفاء الأجل

والا أنـت درتهـا بيـدك

---

(١) المقاومة الجزائرية في الشعر الملحون: ٤٠-٤١.

عيد علينا قصيتك نعرف الأخبار
نستوصي ونستفاد منك
الموعظة تنفع وتفتح الأبصار
بها تنجا هنا في قبرك
يـا ذا الفـاني أحكـي بأمرك

اتكلملي وقال زدتوني تحيار
لياه في خاطري تهلك
نفسي هي السبب في كل ما صار
لا تسعفهاش لا تغرك
لعبت بيا وجرعتني كم مرار
زخنا والزوخ ما يسلك
قول بلا فعل صاحبه سوى هدار
والكذب يورث المهالك
أصغـى لقصيـة انفيـدك

كنا وأهلي أشراف نجع ملوك كبار
شجعان وبحرنا مهلك
كم من أمير سلطنه ورجال أغزار
خليناها إلا مهتك
ملكناها فجوج وفيافي وبحار
خضعت لن جاتنا تبارك
إحنا بايات من قبيل أهلي جيدار
الأتراك الطايقه التايك
في ذا الرابعـة كنـت نمـلك

أصلي تركي شجيع باين
اسمي حسان داي حاكم
في البهجة مدينة الحاسن
حصراه اقبيل كنت باسم
قصوري شامخة محصن
وطبولي صائلة ترنم
بمحافل زايخة مزين
بين بشاوتها وعالم
وسلوع مضيقة السفاين
وأموالي ياسرين ناعم
وجاقي طوع السلاطن
عديانه ما تروح سالم
متحـربي للعلـوم دارك

*****

الأقصى[(١)]

هذه القصيدة للشاعر عبد اللـه بن سعد المسند المهندي من قطر في المسجد الأقصى:

الأقصى عساك من الإله مثاب ... لبيك يا ثالث حرم ومجاب
الأقصى بحول اللـه نجهد بثارك ... ولا عندنا غير الجهاد جواب
دعواك تدمي كل قلبٍ يهمه ... فجيعة ضحى شوّاع دخانك شاب
ماجور جار اللـه من جبر خاطرك ... من أعلن على حراقتك حرّاب
لك الحق ما عنّك توني ولا بطا ... يكون الجواري والقضا غلاّب
و اللـه يا سمعة إحراقك عظيمه ... علينا ولا نخصي عليك خراب
فِجَعْنا عليك الضيم واحرق قلوبنا ... حزانى ونرجي للقضا نبّاب
نوّه بها حاكم قطر طيب النظر ... زير الزِّحام إن داركت الأنشاب
أحمد صليب الراي والباسل الذي ... بعالي مقامه للعلى كسّاب
ونشرها ولي العهد في شعب داره ... خليفه على شعبه خلف من غاب
وهزّت قطرنا نخوته بالحماسه ... شهامة مناعيت الأشبال نجاب
وأعلن به الفيصل هو صاحب النبا ... خطاب تكلّم به على المحراب
ينادي هل التوحيد يا أمة الهدى ... هلمّوا على داعي الفلاح أحزاب
هلموا عباد اللـه في نصر دينه ... مناديك يا اللي للوفا طرّاب
دعونا يقولون الجهاد واجهدوا به ... بالمال وايّا غاليات الأرقاب
سمعنا وطعنا وامتثلنا فعالهم ... بنخوة شجاعٍ للقضا طلاّب

---

(١) ديوان الشاعر: ١/٤٨-٥٥.

الأقصى فداه المال والحال لا غلى ... بالأرواح تبذل في سماه ذهاب
عليها هل التوحيد سماعة الندا ... عليها دعونا ثايرين أحزاب
تصاعد نخاوينا تطارخ أعلامنا ... نشيل الحداوي شايب وشاب
ترى نجدة البيت المقدس تخصنا ... من اتِّباع هادينا لكل صواب
فهل كيف نرضى مهبط الوحي يمتحي ... تشب بشريفه ثايرات الألهاب
وهو منّه معراج النبي سيد الملا ... ظهر به دليلٍ ما حواه كتاب
و الـلـه ما يرضى بها قلب مسلم ... ولا مومنٍ في طاعته حبّاب
هل الملة الغرا هل الدين لا خفى ... ولا دون نشر البيِّنات حجاب
رعى الـلـه يومٍ فيه تزحف جموعنا ... بمدرعاتٍ حاملات أطواب
وأمّات زنجيلين ترجف رعودها ... وطارت محاذيات السحاب أسراب
غشى الجو حايمها تتابع أفواجها ... تلاحق ندبها قصفها نحّاب
وفي الأرض صوت أحزابنا صاعد الصدى ... كراديس موجات زعجها الهاب
تدافع شباب الدين حبّابة اللقا ... لخوض المعارك حاسبين حساب
القصد تطهير البقاع الشريفه ... هل البغي نفجاهم بسوط عذاب
طمس جوهم غيمٍ من الغضب ماطر ... هجدهم سوٍّ بدون سحاب
توقد عليهم من تل أبيب خدَّها ... من الناصر الناظر رجاهم خاب
أحدٍ هلك وأحدٍ ما ثبّت الجدا ... دخلهم من القصف المصيب ارعاب
فلا عاش ثايرهم ولا سلم ناير ... كما الجول حاطت به جياع ذياب
وكبّر منادينا بنصر ومثابه ... ورفعنا الثنا للواحد الوهاب
والختم صلى الـلـه على سيد الملا ... عدد ما بدا نجم الصباح وغاب

*****

بشراك الهنا[1]

وقال عبد الـلـه بن سعد في الاستقلال:

الحمد للي في سماه مٌعبودي ... الواحد المعطي العطايا الجزيله
وآمر بها الهادي ركوع وسجودي ... خمسٍ بها تسبيحةٍ تْهليله
والخالق أجود من لخلقه يجودي ... والرازق اللي سامع من يسيله
الـلـه عساها كل يوم تعودي ... نحضى النجاحِ بْكل صبحٍ وأصيله
يا دار بشراك الهنا والسعودي ... هذا أوان ادراكنا للفضيله
الأفراح عمتنا صغيرٍ وعودي ... ما به زميل إلاّ يهنّي زميله
عيدٍ على الشعب الكريم امعدودي ... جاه الدور باستقلالنا وتحصيله
عطوا بها من سابع السبع نودي ... للي تملكها بعدله وهي له
ملكٍ على سابق كريم الجدودي ... اللّي حموها بالسنين الطويله
آلت إلى من بالولات محمودي ... خليفه اللي مال شعبه مثيله
شيخٍ به أدركنا بعيد القصودي ... كم به طرح متكاود الحمل شيله
هذا وعفى مستقيم اللهودي ... يا طال ما عاشر زمانه يغيله
يفوق ما يحيي هشيم الخدودي ... ناشي القنوف اللّي حقوقٍ مخيله
بالعز نوّفنا على رأس طودي ... شامخ تعاوده النواظر كليله
وأعوانه اللّيّ يرغمون الحسودي ... اللّيّ جهدهم للوطن وتعديله
من كل مقدامٍ صدوق الوعودي ... شقر الحرار اللّيّ تصيد الفصيله
آل ثاني اللي جعلهم بالوجودي ... صفوة تميم مْشرّفين القبيله
كل من بكسب الطايلاتٍ مْعدودي ... عاشوا عليها كاسبين النفيله

---

(١) ديوان الشاعر: ١٧/٣-١٩.

هودها وما عاد هم بالمهودي ... من كل ذاته صفاته جميله
بالعدل عمّتنا العداله تسودي ... شعبٍ يوفّي له من العدل كيله
قامت تنحرنا بعيد الوفودي ... واحنا لهم في طايل المستطيله
مسقا روان مذكرات العدودي ... يسعد بنا القاصد نهاره وليله
دومٍ لْقطّاع التنايف رصودي ... ما ياصل إلاّ راقبه معتبي له
حفاوة اللّيّ للغرايب يعودي ... من خاطره همّ المتاعب يزيله
عند الأسود أشبال فطم الأسودي ... يبلغ قصوده دون لامح وسيله
يعطون ما لا تحتصيه الحدودي ... وإيمانهم ما هي تمد القليله
قلة وتكثر به نواطِق شْهودي ... الحق نورٍ وضّح اللـه دليله

******

دفاع مجهز[(١)]

نظم الشاعر علي بن سعيد بن سبيت المنصوري قصيدته هذه بمناسبة عيد الاستقلال القطري، وقال فيها:

دار الغرام وهيّض القول مزمله ... تماثيل قافٍ جا طلبها ودورها
على عايد الأعياد والزي والفرح ... دارٍ بيوم العيد تطرخ نْشورها
دار الشرف دار الكرم ديرة العرب ... على الدين والإيمان بنيان سورها
ديرة هل العليا على عصر جدّهم ... حموها من العدوان في حر فورها
واليوم قامت مثل بنتٍ تزخرفت ... تعلّت مبانيها وشاعت بِنْورها
تكفّل بها حضرة الأميرِ المفدّى ... خليفه خلف حكّامها في عصورها
فتّال حلاّل المشاكل يحلّها ... أبو حمد حلاّل صعبات أمورها

---

(١) ديوان ابن سبيت: ١٥٢-١٥٣.

ما يقهر الخيل العزوم يعنّها
إلاّ بطلها لي يلاوي خطورها

نشوا له عيال السعد والسعد وافقه
علي نيّةٍ ما تندغل في صدورها

نشا له حمد صبي الطلق والي العهد
تحمّل ثقيل حمولها في عبورها

مع اخوانه اللي في البلد دار دورهم
تلقّوا لوازمها وزانت سرورها

مع أسرة ابن ثاني هل المجد والثنا
حرارٍ تناسل من معالي وكورها

مع شعبها الباسل أعدا من يضدّها
دفاعٍ مجهّز من فدايا نذورها

على حدودها غرب وشمالٍ وشرق
وجنوبٍ مِرْسِيَه في نحايا برورها

تهني بأمان الـلـه يا دار وامّني
لي خالق الدنيا وعنده دبورها

عليك بالفرح بالعيد الورق يلعي
على أشجار بستانٍ تشكّل زهورها

عساها الحيا ديرة قطر رايح المطر
على شان من ضده زمانه يزورها

أنا أقولها واختمها مثل ما ابتدت
تماثيل قافٍ جا طلبها ودورها

****

يا قدس(١)

للشاعر علي عبيد الساعي وقال فيها:

يا الـلـه يا والي على العالمين
يا خالق الدنيا ورافع سماها

يا ناصب الميزان للمومنيني
وكلٍ أعماله في كتابه لقاها

يا خالقي بعض الملا مذنبيني
ذنوب الفتَى فِكْرَ الخطا ما يحصاها

تشفق على اللّي مثل حالي حزيني
ضعيف حال وزاهْدٍ من غثاها

يا مالك التدبير في كل حيني
ترحمنا يا رب الملا بجْاه طه

طلبة عزيزٍ ما طلبْ فايِنيني
أنت الكريم تْفك كربٍ غشاها

(١) شجون صحراوية: ١٦-١٨.

البارحه والنوم عَيّا يجيني		متفكرٍ بالنفس وش هو دواها
تقول مكويٍ على موق عيني		ليا غمضتْ عيني تِزايَدْ بلاها
كني يتيم أوْ وِليته مبغضيني		يصبر ويكمي عِلّتهْ في حشاها
وبأقصى حشايا موجسٍ جمرتيني		نارٍ على نارٍ تِواقَد سناها
القلب يكمي ويفضحنْ دمع عيني		ولا دامت عيونن تُبوحِ بخفاها
صبرت وِنّ اللهْ مع الصابريني		عسى طبيبَ النْفس يلقا دواها
الصبرْ مثل الصبرْ مرٍ وشيني		وراعيه كِلّ أكثَر أموره قضاها
إعلومكم يا ناس متخاذليني		وِنْتَمْ هَلَ الطُولات عسمٍ لقاها
تاريخكم يشهد بعزٍ متيني		وأمجادُكُم حَدَّ المُصقَّل بناها
يا حيف تغصب ديرةَ المسلمين		مذلةٍ يا ناسْ محدٍ رِضاها
مِضَتْ سنينْ أوعدكم نايميني		أما المعادي حربته ما جواها
الصخرة تنادي وين يا مسلمين		يا سامعين الصوت لبّوا نداها
ما عِدّكَمْ لصياحها سامعيني		وأقسى قلوبٍ تنفطر من بكاها
لمن خليتوا أول القبلتيني		وذيكْ البلاد اللي عذيٍ هواها
لو أن فيكم عزّةَ المسلميني		كان الردي فيكم يلبي نداها
يا قدسْ إنتي في فؤادي وعيني		يا طفلةٍ مستكرهه في صباها
يا قدس يا مسرى النبي الأميني		يا ظل نفسٍ تشتكي من أذاها
ما ينفسك يا قدسْ كثر الحنيني		ولا عيونٍ دامعه من بكاها
إلا النشاما ليامشوا فاتحيني		يشفون غِلٍّ قلوبنا من غثاها

******

وفي فلسطين قال عمر الزعني في قصيدته:

حيا الله فلسطين (١)

حيا الله فلسطين

والأبطال الأكرمين

والأحرار الميامين

والشهداء الخالدين

في جميع الميادين

******

ثاروا للحق المغصوب

والاستقلال المسلوب

لخلاص الوطن المنهوب

من يد الخصم المغضوب

مهللين مكبرين

******

تركوا بلادهم وربوعهم

وجمعوا صفوفهم وجموعهم

ولبسوا قلوبهم وضلوعهم

بدل تروسهم ودروعهم

وبصدورهم ردوا المارتين

******

---

(١) حكاية شعب: ٣٧٦.

هبّوا للموت الزؤام
وساروا في جنح الظلام
رافعين أكفانهم أعلام
نصارى ودروز وإسلام
بحبل اللـه معتصمين

٭٭٭٭٭٭

إسلام ودروز ونصارى
صدّوا القوه الجباره
والجيوش الجراره
والنفوس الغدّاره
بالإيمان المتين

٭٭٭٭٭٭

يللي ماتوا في الجهاد
عالمشانق والأعواد
أو بسيف الجلاد
من جنود أو قوّاد
استشهدوا مستبسلين

٭٭٭٭٭٭

يللي ماتوا من الشباب
بالبنادق والحراب
أجسامهم تحت التراب
وأرواحهم فوق السحاب

في أعلا عليين

******

وهذه مقطوعات شعرية تتضمّن روحاً وطنية للشاعر عمر الزعني:

أكتم أسرارك[(١)]

اكتم أسرارك
ولو زادت نارك
ومهما طال الليل
بيطلع نهارك

******

مهما بتحرج

مهما بتحرج
في إلها مخرج
بتدور في الدنيا
والأزمة بتفرج

وله أيضاً:

(١) حكاية شعب: ١٨٦.

على أيام الانتداب[1]

على أيام الانتداب
عهد الظلم والإرهاب
ما كنت خاف ولا هاب
لا حكومة ولا نوّاب
أما اليوم ألف حساب
صرت احسب للأذناب

٭٭٭٭٭

على أيام الأجانب
كنّا نشكي ونعاتب
كنّا نحتج ونطالب
أما اليوم أكبر كاتب
ما فيه يناغش ويداعب
لا وزير ولا نايب

٭٭٭٭٭

حاربت بخصوص القمار والاستعمار
لما تمّ الانتصار، والمقدر صار
عملوا أشرارهم أنصار

---

(١) حكاية شعب: ١٨٧-١٨٨.

وسلاح وحشيش وقمار ..

*****

حاربت أكبر جنرال
أعظم قايد وماريشال
أكبر راس كنت طال
أما اليوم، البطّال
والعطّال صاروا أبطال
ما فيك تحاكي (العتّال)

*****

بسكت بيقولوا قابض
بحكي بيقولوا معارض
لا مريض ولا متمارض
قاعد في بيتي ورابض
والمالي بإيدي فايض
وعايش من علمي وفنّي

*****

ويروي الشاعر الجزائري ولد عمر قصة هجوم أسطول الدنمارك على الجزائر سنة ١٧٧٠م، فيقول:

بسم الـلـه نبدى على وفا ذا القصة تعيانا[1]
قصة ذا البونبة المتلفة كيف جابوها أعدانا
واضحاوا على البعد واقفا ما قرب لحذانا
يا رب يا عالم الخفا أهزم جيش أعدانا

يا رب يا عالم الخفا

استمع يا قوم ما طرا في هذه القصة نعيده
قصة ذا الكفار ظاهرا الدانمارك أخزيو جده
حين امشات لهم بلا كره غنموها الإسلام كثيره

فازوا بغنيمة مزخرفة بالأزراقي أملانا
جات بنين الروم حالفة أن يسعوا انتاعنا
حلف بأمانات كفرهم حتى أن يعطيوا ما نشا
والا نهدم بلادهم جاو بذا الطمعة محرشة
الكفار إبليس غرهم ظنوا في البهجة مشوشة
أخذلهم ربي وذلهم لإصلاح الإسلام كيف شاء
أكرمنا ربي على عفا للجهادات عانا
وأجرنا محسوب بالوفا واحنايا من أبلادنا

---

(١) المقاومة الجزائرية في الشعر الملحون: ٢٩-٣٤.

وكيف لحق الكفار يفارصوا
أرسوا على البعد كلهم
وبعد ما أرسوا وربصوا
ينتظروا فيما يفيدهم
جا لهم مرسول قنصول
من عند السلطان ما لهم
قا لهم جيت تقرصنوا
وإلا تبغوا الصلح منهم

قالوا جينا مكلفا
لطراد وتعيانا
ولا نصطلح بلا جفا
يعطيونا أرزاقنا

كيف أسمع السلطان ذا الخبر
اغتاض ولا أبالي كلامهم
قال لهم نعطيهم الكور
و الـلـه يا لو يجوا كلهم
ما نرضى نعطيهم الحجر
يحرق باباهم وجدهم
أمر في الساعة بالفتى
جات رجال الحرب كلهم

سلطان البهجة المضيفا
من نصر مولانا
عذاب الكفار كافة
بجيوش الفتانا

كيف شاف السلطان ذا العدو
نادى لأهل الحرب كلهم
قال لهم اهيوا
وجدوا في الأبراج اللي يخصهم
وأملاهم برجال يوكدوا
من كل صنايع من أهلهم
والمدافع نيران يوقد يضيوا
إلي جا قبالهم

يرميوا على كل شايفة
من برج وطوبانه
والرجال على الحرب واقفة
كالسبوع غضبانه

ولت البهجة كما الجمر
ترمي الموت بنار شاعله
تحرق من الأبعاد من كفر
بانقاض أسبوع مقابله
وعدوها لو جار ينكسر
وجيوشه يضحاو فاشله

البهجة من حازت النصر
ظنوا الخزيان ساهله
جاو لها بسفون عاجفة
تحسابهم جبانة
لن ولت ترمي مرادفة
بصواعق نيران
أما يدري الكفار كلهم
بأن البهجة هي عذابهم
دايم تخل في بلادهم
بهيات القراصنة
عسكرها معلوم عندهم
يزدم بسيوف أخشانة

جاو بنين الروم
يحسب بلد الجير بقات سايبة
أعياو الكفار يكذبوا
بالمدافع يرموا بونبه
ما لحق فيما تعذبوا
وامشات الخزيان خايبه
و اللـه يا لو كان قربوا
لصاروا حيطان رايبة

لكن قوم الروم خايفة
شافوا الموت عيانا
ما صابوا للملح سعفة
وامشاوا في إهانا

كيف شافوا كما يصدر
العسكر ذا الكفار ظنهم
صار في حيرة يدبر
في ذا الراي وضاق أمرهم
ما صابوا من هو يتشاور
للصلح ولا من يفيدهم
بعد ما كانوا تناصروا
أخذلهم ربي وذلهم

والسلطان الله ينصره
عازم للزدمه بشرهم

وصلصال أعجب
ما نفع للإسلام إعانه
بمدافع فوته مكلفا
يهزم به أعدانا

يوما به ابغاوا يزدم
الإسلام بلا شك عازمين
عرفوا الكفار عوموا
ذاك اليوم أمشاوا هاربين
و الله يا لو كان داموا
لكانوا الكفار حاصلين
يا رب أبجاه من اسمه
محمد الصادق الأمين

أحمى مزغنة من الآفات
واجعلها مطمان
ابجاه اللي فيها من أهل
العفة الرجال العيان
اتفقت الإسلام للجهاد
وصار بالفرح يخدم
في المتارز خادمين عناد
بلا سيف القوم يعزم

تبات الرياس واقفة
تربط من الميزانه
بقلوب على الحرب لاهفة
ما هم شي شبعانه

كيفاش الكفار يطمع
في البهجة سلطانة المدن
من فيها رجال يدفعوا
عنها كل بلا من الفتن
كل ولي يرمي بمدفع
ما يخطي من قابلوا مكان
بعد ما كانوا فزعوا
واتفق نصر لها ذا الوطن
ورجال البهجة مساعفة
ما تغفل سهران

انتبه في الخلق رايفه	بالأطاف والإحسان

أولهم سيد الثعالبي	هو السيف وصور حرمها
بحر العلم خليفة النبي	صاحب الأسرار والبها
بحديثه نفجي كرايبي	نوار الحضرة وسرها
غاية مقصدي ومطلبي	سلطان أهل السر كلها

في حماها البهجة مشرفة	وبجاه مطمانا
صاحب الأسرار والبها	حاشا لله أن ينساها
سيدي بوجمعة ساعفة	شيخه ما يبغي يكلفه
ابن عبد الله صيد نعرف	جاب في يده زانه
من ضرب بها يتلف	ما يظهر للان
سيدي الكتابي نحقق	دايما مدفع ما لحقه
والرجال السبعة اتفقوا	جاو في غيظ أشحان

سيدي السعدي ما يفارقوا	سيف لأهل الجوان
هذو هما صور حرمها	والي فيها رجال قايمه
سيدي الفاسي ما يهونها	والجودي بحماه سالته
ولي داده صيد فداها واسا	للكافر معظمه

جات بنين الروم قبلها	جا للبحر وقال له أطما
هاج البحر كسر سفونهم	وابقات غير ألواح عايمة
عبد القادر أحرمها الكفا	هو الي يرعاها

وأهل اللي فيها مجاوفا
حاشا تلقا الإهانة

جازت نزهة في بلادنا
والأبراج تبات زاهيا
باكياتر ومضارب الغنا
والرجال على الحرب ماضيا

الاغا وأصحابه مشحان
نيران على الحرب قويا
والخزناجي صيد كامنا
وأصحابه أسود ثانيا
زيدوا الوكيل خرج
في الثنا سلطان المرسمة المساويا
والخوجة من فاز بالهنا
واغنم مر الجود والحيا
هذو هما أهل السلطنة
لطراد الكفار هاويا

تبات الرياس واقفا
ما تغفل سهران
بقلوب على الحرب
لاهفا تخنق كالعقبان
بالحمد نختم ذا القصة
بالفرح والطرب
والصلاة على الذي اسمه
مفتاح الجنة أوفر العرب
محمد من فيه نغنم
رضوان المولى بلا كذب
صلوا يا الامة وسلموا
والتزموا بالصلاة والأدب
صلاة دايما مضايفة
ما دامت الأقران
على آله كافه
وأصحابه العيان
تمت هذه القصة الموافقة
في شهر المولود عن يقين

بعد المابة والألف لاحقة
من الرابع من الثمانين
تاريخ البونبة المحققة
سقط ظاهرا يا سامعين

ولد عمر يبغي كما شفى
تدعوا له بدعا صالح زين
مداح الهادي المصطفى
يبغي يا الإخوان
في حما سيد الخلق يعتفى
والحضار معان
وجميع الإسلام كافة
في الجنة مساوين

*****

شعر

المساجلات

بنت الجهراء وشنوف[1]

أرسلت الشاعرة الكويتية بنت الجهراء إلى الشاعر شنوف الهرشاني تشكو إليه حالها في قصيدة "بنت الجهراء وشنوف"، فخاطبته قائلة:

شنوف أنا قلبي من العام منصاب — والعين عيت لا تنام الشقيه
أسد باب الهم وتفتحلي أبواب — حضي معومس والمساند رديه
ياما رجيت الشور من كل الأصحاب — واللي نصحني قالي وأ عليه
واليوم أنا يمك توجهت بكتاب — حيثك صويب الرأي راعي حميه
مانيب أعرفك مير عندي لك إعجاب — صيتك وصلني في معانٍ قويه
ولا أحتمل شنوف شرهات وعتاب — الشور منكم يالسنافي شريه
خطى وصلك ولا يوقف على الباب — وترى مرد الخط أكبر خطيه
وأنا بشعري ما بعد صرت كذاب — الكذب و اللـه ما تخطه أيديه
قلبي تولع في مقاطين الأجناب — وخلى سعي بالوصل والحظ عيه
عيو هلي شنوف مع كل الأقراب — وقالوا بعيد الجد ماله عطيه
وتقاطعوني بين بندق ومشعاب — والكل منهم فازعٍ مع خويّه
من سبته صارت حزازات وحراب — والناس غيره ما لهم غابليه
ليل العنا يسهر وذاك القمر غاب — ومن عقبهم ما شفت لحظة هنيه
أنا شرحت الحال مع ذكر الأسباب — ورد الخبر شنوف حل القضيه
تراك من ربعن يفكون الأنشاب — ومني لك التقدير وازكا تحيه

*****

---

(١) ديوان شنوف جاسم الهرشاني: ١٠٧-١٠٩.

وأجاب الشاعر الكويتي شنوف جاسم الهرشاني بنت الجهراء بقصيدة "شنوف وبنت الجهراء"، فقال[1]:

البارحة جفني لحلو الكرى ساب — من هاجسٍ يقفي ويقبل عليه
من واحد قلبه من الحب منذاب — شكواه لله ثم شكواه ليه
يشكي عليه من تفاريق الأحباب — ويقول من بين أجنبي وأجنبيه
أمر الولي يطلق عسيرات الأنشاب — ويحلها ما بين صبح وعشيه
بيديه دولاب الليالي والأسباب — ما بين كاف ونون يعطي العطيه
اللي نصر عبده على حكم الأحزاب — وزاح الظلام وجاب دعوة نبيه
ولا لفانا يا مخضب الخمس بخضاب — أعطيك رأيي واجتهد بالوصيه
لا نيب متحيل ولا نيب نصاب — ولا نيب منصوبٍ واحكم القضيه
لا شك ذا رأيي وخذ منه ما صاب — وأمسك رجاء راع الحبال القويه
أمسك رجا اللي من ترجاه ما خاب — يفتح لك البيبان رب البريه
وترى الفلك يندار والوقت غلاب — وثم تبدل نيتن غير نيه
والصبر مفتاح الفرج عند الأصعاب — ولا بد ماحيٍ يواجه الحيه
وما في عيال آدم تفرق بالأنساب — إلا بحكم مصدره جاهليه
أقولها وأنا بعد توني شاب — وتغرني بعض الأمور الخفيه
وما قل دل وزبدة الهرج ما طاب — وهاذي وصاتي لك وخذها هديه
وختامها مني سلامٍ وترحاب — للي فراق الولف بيح كميه

******

(١) ديوان شنوف جاسم: ١١٠-١١٢.

أكابد من العبرات[1]

وأرسل الشاعر بنيان بن فهد الدوسري من قطر قصيدة تحمل مكابدات عاشق، وأرسلها إلى الشاعر علي بن سبيت المنصوري، وكتب يقول:

أنا البارحة سهران النوم ما جالي — أكابد همومٍ داخل القلب تجتالي
أكابد من العبرات والهم ما خفى — كما كابد المظيوم هم وغربالي
تغربلت واللّي صابني من عنا الهوى — ولأسباب وقتٍ فرّق الحي عزّالي
ويا ليت قلبي يا شفوقي يطيعني — وليته مريحٍ مّن الهوى دالهٍ سالي
ولا شك كيف أنسى حبيبٍ يودّني — وحبّه سطا من داخل القلب نزّالي
سطا حب خلي في ضميري وصابني — برمحٍ خطيرٍ شفت أنا منه الأهوالي
ولا به صديقٍ لا نخيته يثيبني — يا كون القلم لا من بغيته تهيّا لي
وأنا من جميع النّاس كنّيت ونّتي — ولا ابغي حدٍ يطلع على السين والدالي
ويا اللـه يا المعبود يا سامع الدعا — ويا اللي على خلقه رقيبٍ ومتعالي
يا سامح الزلاّت يا منتهى الرجا — ويا غافرٍ زلات الأوّل مع التالي
وبشكي على اللـه ثم بشكي مصايبي — على حامي العيرات ومزبّن الجالي
ولا ابغي حدٍ يطلع على اللي لجابي — يا كون الذي يعرف عن اللي وطى الحالي
ويا أبو سعيد القرم يا مزبن الذي — صابه زمانه بالعنا والتمشكالي
عليك اشتكي من ما جرى لي وصابني — يا منتهى شكواي يا ذرب الأفعالي
ألا يا علي يا معدن الجود والصخا — تغانم دوا جرحي ترى الحب قتّالي
تمكّن صوابي بين الأنجاف يا علي — من اللّي سبى قلبي بزين التبهلالي
ذبحني بعينٍ لا شبح كنٍّ وْصوفها — كما عين وحشٍ ما كره نايف الجالي

---

(١) ديوان ابن سبيت: ١٠٣-١٠٧.

وكن الجدايل ذيل شقراٍ تشعشعه
لا سمعت الصايح مع طارف المالي

ونهدٍ يشيل الثوب في زمّة الصبا
صغيرٍ يشادي بالتواصيف فنجالي

وخدٍ يشادي بارقٍ في مخيله
يشابه لبرقٍ في الدجى يشعل أشعالي

وعودٍ نعيمٍ بالوصايف يشوقني
كما غصن موزٍ منبته كنٍّ واظلالي

وباقي الوصايف ما حصينا نعدّها
وأنا أظن و اللـه يا علي ماله أمثالي

سنّه ثمانٍ واربعٍ مع أربع
ستة عشر عامٍ سنْينه بالأكمالي

الا يا الشلي هذا السبب واغنم الدوا
وترى العين عقبه تذرف الدمع همّالي

ترى أول عذابي حب منهوبة الحشا
وأنا ما تمنّى يا علي ليته تهيّالي

ويا ليبت من يدري عن الخط صوبها
ولاّ اتريّح من الهوى كوده اشلالي

وانا باتمنّى والتمنّي محالٍ تفيدني
وكم واحدٍ قبلي تمنّى ولا نالي

ترى قبلنا عنتر وعبله تعذّبوا
في الحب لين أنّه لحق الأوّل التالي

وعليا وأبو زيد ومجنون ليلى
هواهم خطيرٍ قد وطى كل الأجيالي

تعاهدت أنا واللّي أحبّه على الوفا
كما قبلنا سن الهوى كل رجّالي

ألا يا علي دونه عدوني قرابته
ومن دون خلّي حايلٍ اشهب اللالي

وانا اظن ما و اللـه يصبر على العنا
يا كون الذي لا له صديقٍ ولا والي

واختم كلامي بالصلاة على النبي
صلاةٍ وتسليمٍ عدد رمل الإسهالي

*****

يحسب أنها قريبة[1]

وهذا ما قاله علي بن سعيد بن سبيت المنصوري مجاوباً بنيان بن فهد الدوسري:

---

(١) ديوان ابن سبيت: ١٠٨-١١١.

سمّيت بسم الـلـه صلاتي على النبي   عدد ما بدا نجمٍ وما زايلٍ زالي
أقول المثايل في عنا ما ينوبها   وإلى زان مزملها لها ينشرح بالي
هلا بالمسيّر عد ما ذعذع الهوا   واعداد ما نفنف من السب همّالي
تقدّم علينا في سلام وتحيّه   واحنا ابتدينا في ترحّب وسهّالي
تريّح وناولني من أيده رسالته   ودار الفكر بي مثل ما دار محّالي
قلت أقرا عليّ ما قلت يا طيّب النبا   عسى ما حدث بك حادثٍ يشغل البالي
وأنا أقرا بسطر القلب ما كتب في الورق   تنوّع عليّ العنوان من حيث ما قالي
يا أبو فهد وش فيك تعزا وتشتكي   شكواك الـلـه عالم السّرْ والحالي
فإن كان تشكي من عدوٍ مْضدك   أرقى سنود وبشّره باشهب اللالي
وإن كان تشكي يالزيمي من الهوى   هذا الهوى قد له مقرٍ ومدهالي
هذا الهوى ما له دواً يذكرونه   على عصر الأوّل له دعايات وأفعالي
لو الهوى نلقاه ببيع ومشترى   يا أبو فهد خذناه بالجاه والمالي
ولو الهوى يوخذ بنهب وغصايب   وردنا بربعٍ فعلهم يطرب البالي
ربعٍ هل العادات في حزّة اللقا   يوم المثارى وأشهت البخش يجتالي
ومن عقب ذا باوصيك واسمع وصيتّي   نصيحه ترى حب الأجانيب قتّالي
كما قالها الوهّاب في ما جرى له   يعزى وينخى وين حمّاية التالي
دنابه غريم الموت وأسباب علّته   فتاةٍ على قلبه تمشكل له أشكالي
تقود الهوى ويقودها رايح الهوا   تشادي لريمٍ روّحت عقب مقيالي
حبيبه لبيبه يحسب أنها قريبه   وهي عليه أبعد من الجاه منزالي
وباقي الهوى باعلمك وش باقي الهوى   كلّه مطبّات ومدافيع وانزالي
وباقي قليل القول يكفي كثيره   وقولٍ بلا فعلٍ كلامٍ على الخالي
تمّت وصلّوا يا حضور على النبي   نبيٍّ شفيعٍ لامّته يوم الأهوالي

******

وهذه قصيدة للشاعر حمد عبد اللطيف المغلوث من الكويت يرسلها إلى شاعر الإحساء سليم بن عبد الحي[1]:

آه واعزاه من مثلي دهاه ... من حلا نوم الملاهم ثقيل
حاير متكاير متكدر ... من قدر خمسة عشر عام عليل
عيشتي ماي القراح ومهنتي ... معتلي روس النوابي بالعويل
سابح ببحار فكري داله ... في سراهيد التماني مستطيل
لي ضوى ليلي تمنيت النهار ... والنهار أقول ليت الناس ليل
ضايع متبايع متصدع ... سابع متخلع كني هبيل
النواظر ما يلوذ ابها الكرى ... والضماير ويلها من النار ويل
والمدامع هاتفات ذارفات ... فوق خدي كنها الوبل المخيل
والمواطي حافيات تالفات ... داميات من كثر ممشاي حيل
كن دق الجاش من شد الغرام ... تقل دك الريل وإلا رجد خيل
ما ونيسي والملا عندي رقود ... كود مامون يلوذابه الديل
ذاب حيلي عقب ذا ثم اعتنيت ... لي عصاتين لعضدين تشيل
ما اروم امشي ولا مقدار باع ... من ردى حيلي عقب ماني بفيل
آهٍ واعزاه واجرحاه آه ... للذي مثلي كذا حاله نحيل
لا نديم أو لا رفيق أو لا صديق ... يحتمل شكواي بالعلم الجميل
يبتصر في حالتي يقوم لي ... من فضل حسناه بذراع طويل
ما لقيت أحد يساعدني أبد ... غير منهو دوم ظني به جميل

---

(١) ديوان حمد بن عبد اللطيف: ١٦-١٨.

حيث من عزمه لمن ينخاه دوم ... ينثني ويقوم بالحمل الثقيل
ما خفى بسمه سليم المستجار ... بن عبد الحي مزبان الدخيل
عيد أهل هجن عنوا له من بعيد ... بالسخا يا مامن الفعل الجميل
اشتكي لك ما جرى لي يا فتي ... من عنا يا مسندي صد الخليل
صاحبي سن الهفا لي والجفا ... يا سليم اخلاف ما هولي يميل
ملني عقب الوداد وعافني ... باعني بيعة غلط ابلا ذبيل
ليت من يقوى العزى يا مسندي ... عنه لو مقدار تعميل السبيل
كلما عزيت نفسي واعتزيت ... وانتحيت وشمت زاد الويل ويل
لي ذكرت أيام وصله رامعي ... فز فزة فرخ ربد من مقيل
من فراق اللي جعوده حشوهن ... دهن عود وخالطه مسك وهيل
هايف الخصرين قنديل الظلام ... ساهي العينين نقاض الثليل
كن عنقه عنق ريمي الحزوم ... والترايب كنها صين صقيل
والخدود اللي كما ورد مطل ... والنهود اللي تشيل الثوب شيل
والثنايا اللي كما وصف البرد ... والردوف اللي كما طعوس الرميل
ليت من يالاه قبل الموت يوم ... في مكان ما يرى له من يزيل
كان من عقب المشاره بيننا ... احتظي به والتوى مثل الدخيل
ثم أتله بالجعود الضافيات ... والتهي وياه في حط وشيل
باشتياقٍ باعتناقٍ باشتفاق ... بالتمام ورد جيش أو عن خيل
والحشا يحيا عقب ما هو محيل ... حيث لم الخل يجلي كل هم
ما حلا رص النهود ما حلا شم الجعود ... ما حلا مص الخدود ما تل حلا الثليل
ما حلا حل الحلل ما حلا رشف وعل ... من ثنايا كالعسل مزهن كالسلسبيل
في قضا شفي وغاية طربتي ... يا فتى حتيش لو عمري يزيل
آه واعزاه لي يا جبرتي ... قوم لي فيمن بوصله لي بخيل

يا سليم المستمي بأعلى مقام
يا سليم الصاحب من كل دغيل
يا سليم افزع لمن حاله برى
صد خل بالعزا رايي جزيل
المراد الرد منك أبلا عطال
كود ينعش يا فتى قلب عليل
ثم صلى اللـه على سيد قريش
ما لعى ورق على روس النخيل
وألف ترحيب ولكين احتفاي
مع تحيات بتسليم فضيل

*****

وأجابه الشاعر سليم بن عبد الحي المولود في الإحساء، والمتوفى في البحرين بهذه القصيدة[1]:

مرحباً ما روج القمري غناه
واعتلى بالصوت في دوح ظليل
أو عدد منجبال مرتكب السحاب
واستمر وما هطل وبل هميل
من سليم مسلم قلبه سليم
لي جميل يندب الفعل الجميل
يا هلا يا مرحبا يا مسهلا
بالكتاب ومن لفاني به بليل
حين مده لي وقربت السراج
وبتديت أقراه أنويت الرحيل
بارتحل ونصاه مع ربع قروم
في نهار الكون يشفون الغليل
فازع لك يوم تنخاني تقول
يا سليم أنخاك يا زبن الدخيل
فازع لك بالبيارق والجموع
فوق هجن كالنعام أو فوق خيل
فازع لك بالحلال أو بالرجال
لأبةٍ بالكون ما فيهم ذليل
يوم فقت وشفت مضمون الجواب
تشتكي لي من عنا صد الخليل
يا حمد هانت علي مصيبتي
يوم صار القصد نقاض التليل
ما تفكر ما تناظر ما تشوف
ما نفطن ما تباصر بالدليل
ما تناظر معشر العشاق ذاك
شفت ترى وشحالهم حال نحيل

---

(١) ديوان حمد بن عبد اللطيف: ١٨-٢٠.

وين محسن وين عبدا الـلـه الفرج   وين ابن لعبون بيطار المثيل
دوك وشسوى بهم غض الشباب   كل منهم راح مغلول عليل
قلبهم يا صاح أنا راعي حلال   يوم أفكر لا حلال ولا ذبيل
والحلال أرخصت به في شفهن   يوم طحت بغيهم بعت النخيل
عادة الخفرات فعلن ذا السوات   خافقات الذات ما فيهم جميل
يوم يمشن بالرضا لك والوصال   حين تاعي وأنت في حال ذليل
مغويات مولعات منكفات   ساحرات بسحرهن قلب الخليل
يبلشن الجاش في حب عظيم   ويخلفن الشوق بالهجر الطويل
يا حمد لا تشتكي حر الفراق   واصطبر وفالهم لابد يزيل
كن صبور لا تضجر ثم قول   المستعان الـلـه والصبر الجميل
أنت يمكن صابيك منهم صواب   الحكي بللي كذا مثلي قتيل
لا يهمك يا حمد صد الحبيب   وأنت ناسي قبل جيلك بعد جيل
عاف من عافك عفه وقلع مداه   مثل ما قال البريمي بالمثيل
ذا جوابي يوم أنا عذل عليك   من شمات الواش وعن قول وقيل
حيث أنا يا صاح قبلك من زمان   شايف ما شفت من ضافي الجديل
كل طيبي واجتهادي ذاك ضاع   مثل زراع الدشاش بلا ذبيل
يا حمدان كان ما تقوى العزا   عنه لو مقدار تعمير السبيل
ابشر أن الشوق لازم لك يطيع   بالرضا أو عقب بذراع طويل
وابشر أني لك عوين بكل حال   مثل سلة صيرمي سيف صقيل
ثم صلي الـلـه على طاها الرسول   ما ضوى بجنح الدجى برق مخيل

*****

للشاعر الشيخ خالد بن عبد الـلـه آل خليفة من البحرين، القصيدة قالها حين زار الشاعر محمد السديري البحرين[1]:

علم لفاني بالظهر وقت الآذان | واستر قلبي يوم جاني بشيره
هل الهلال وشافته كل الأعيان | من قو نوره هل وقت الظهيره
بدر تلالا واكتمل عقب ما بان | ومن زود نوره صار بالقلب نيره
يا مرحبا باللي لفى مثل هتان | غيث ومن عقب المحل صاب ديره
ترحيبة من مدنف القلب ولهان | من عقب طول البعد وافي عشيره
أحلى حلا من ذر خلفات اسمان | ما حررن أخلافها بالصريره
لا روحن من خايع فيه حوذان | واسقاه من نور السماك المطيره
أحن من ريح من الروض فتان | إلى هبت الغربي سرى لك عبيره
وأعلى من الدانات غالية الأثمان | اللي جوف أصدافها مستجيره
هلليت يا محمد وزينت الأوطان | يا مرحبا عد النجوم المنيره
عد البشر عد الحجر عد ما كان | وإعداد فجر لاح ضوى سفيره
حبك ملى قلبي على طول الأزمان | هل كيف صرت اليوم وسط العشيره
انت الذيما يعسره بدع الأفنان | عذال معوج الشعر في مسيره
قرم ويشرى المرجله بأغلى الأثمان | وذكراك مع العالم غشى كل ديره
وأبوك أجود من وطا ترب الأوطان | عيد الركاب اللي لفت عقب غيره
وربعك ودو جار من جدار قد كان | أنا أشهد أن جيرانهم مستجيره
ولا بنى خيك أعلى الـلـه لهم شان | شيخاننا وأن حيرتنا الكبيره
يا سيد كل اللي بدع نظم فنان | حنا جنود الشعر وإلا أنت اميره
نغضى إلى شفناك بالروس واعيان | ونسير خلفك يا إمام المسيره

---

(١) الأمير الفارس: ٦٣-٦٤.

أميرنا من غير زور وبهتان ولا خير في من لا يقرر لاميره
وصلوا عدد ما غرب الطير بافنان على نبي حاز كل البريره

*****

وأجاب الشاعر السديري بهذه القصيدة الشاعر خالد بن عبد اللـه قائلاً[1]:

يقول من رد الثنا سر وإعلان باسم الذي بالكون محدٍ خشيره
أهلا عدد ما غرب الورق بالحان وعد الجراد اللي تزايد نشيره
أهلاً بدر غاص حص ومرجان من ماجد حاض البحور الغزيره
عبر بحور الشعر مع كل الأركان عقله يصور ما خفى من ضميره
أبيات بأفكاره وزنهن بميزان وأضفى عليهن هالة مستديره
من نور عقله له دلايل وبرهان ذكاه من مولاه ما يستعيره
خالد سنام المجد من نسل عدنان يسلب فؤاد مخاطبه بتعبيره
ربعه بني وايل بروغات الأذهان للمجد ساروا بالدروب العسيره
في معركة ذي قار ذربين الإيمان اروو مراهيف السيوف الشطيره
صانوا شرف عذار تسمى قحطان وراحت على فرسان فارس كسيره
بجيوش كسرى فعلهم للملا بان كم طاح عند وجيههم من عقيره
واهتز عرشه من عطيبين الأكوان من حس رجد خيولهم بالمغيره
ساروا بدرب المجد شيب وشبان وسادوا بضرب سيوفهم الجزيره
القلب لك يا خالد الذكر ميدان مودتك صارت لقلبي خشيره
محبتك تمكنت بين ليحان بالقلب مني واستجلت صغيره
منساك لا منساك لو كان ما كان مدام جسمي فيه عقل وبصيره

---

(١) الأمير الفارسي: ٦٤-٦٥.

ياهل الفخر يا هل المروة والإحسان وانتم دليل الخير وانتم بشيره
بالسلم سامين وبالحرب فرسان والطيب أخذتوا كوثره من غثيره
من دوحة بظلالها عز وأمان وللملتجي فيها حنان وخيره
يا خالد أودعتك سلام ابن بدران للشيخ زبن المنهزم بالكسيره
وقل له ترى قلبي من الحب مليان و الـلـه يعرف البنيه والسريره
محبة لبست من المجد تيجان تهدى لشبلن ما يذيّر قصيره
حمد سنام المجد للجود عنوان اللي لكم عند الشدايد ذخيره
عليه من ثوب السعد ضاف الأردان ثوب من البيضا نسج من حريره
فتى بني وايل وما كاد له هان بعزم يهد جبال راس الوعيره
أبوه عيسى وجده الشيخ سلمان الـلـه خلقهم للفضايل بريره

******

يضرب بوري[1]

كتب هذه القصيدة الشاعر سيف بن فريجوه المنصوري من قطر.

أنا كما ريل محمّل قشاره يضرب بوري ويخبر إلى سار
إلى فرٍّ ويله وكتّم غْباره يا كيف الـلـه كيف هذاك ما طار
وإلاّ كما كَنْوَرٍ جاي من شراره راعيه تتان وعقب التتن خمّار
ياما اهبلك يا دايسٍ في الخباره يوم ارقط الجنحان منخشّ في الغار
رقطٍ جناحينه سريعٍ طْياره وله أسبقٍ مثل حد مسمار
لا من ضرب له بعيرٍ في فقاره هذاك مبركه ما زيد ثار
وهو الذي منارته في المحطّا ومن جا يبي منّه مرورٍ ونوّخ

(١) ديوان خالد معجب الهاجري: ٧٨-٧٩.

يكتب له المكتوب منّه بخطّا | ويكتب عليه اسناد لازيد يجلخ
وهو اللي لاجاله طويلٍ توطّى | لو كان فيه مسهم الريش فرّخ
وهو الذي يعطي ولا بيتعطّى | لاش يبلاه الذي ما معه مخ
وهو كما كوكب قليبٍ مغطّى | وحتى الصفا لا حط فوقه تصلّخ

*****

ياقف على سيده(1)

ونظم الشاعر خالد بن معجب الهاجري قصيدة "ياقف على سيده"، وأرسلها إلى الشاعر سيف المنصوري جواباً على قصيدته:

يا سيف ما انتِ بصاري من عياره | ما انت بصريّ من عياه ومكّار
من شاف درب الريل يعطي الإشاره | ياقف على سيده إلى عاد مرّار
الريل مكتوبٍ كثيرٍ خطاره | من سرعته مكتوبةٍ كثر الأخطار
لا فيه لا نمره ولا فيه استماره | إلاّ على اللوحات تكتب الأقدار

*****

هذه قصيدة للشاعر صحن جويان العنزي يسندها إلى الشاعر جزاء صالح سند الحربي، يشكو إليه ما يعاني من حبه العذري، إذ يقول(2):

قال الذي يلعب على كل طاروق | يازن كلامه ما يجيبه إعيوني
القاف وإن قلته عن الشك ماثوق | وأنا على بدع المثايل طروبي
هيهات يا قلبٍ بداءٍ فيه حاروق | أسباب خلٍ بالمحبة لعوبي
أبعد وخلاني من العقل مسروق | وعيني سهيره والعرب ما درو بي

---

(1) ديوان الهاجري: ٧٩.
(2) ديوان الشاعر صحن جويان: ٦١-٦٢.

علمي بها يوم انتوافق مع السوق رحنا شمال وصاحبي بالجنوبي
قالت بإمان اللـه ترفع يده فوق ودموع عينه فوق خده سكوبي
وأصبحت أنا ما بين صافق ومصفوق ولا ضنتي ترجع عليه إذهوبي
وجتني رسالة يا جزاء هزت الشوق هز الغصون المايلة بالهبوبي
حزت قريت الخط لاكل ولا ذوق وحاربت أنا الماكول ولذة شروبي
جسمي نحل والقلب بانت به افتوق وحتى الأطباء جيتهم وأبحلوبي
قالوا علامك قلت عاشق ومعشوق قالو تتوب وقلت و اللـه ما توبي
قالوا ترقد قلت يالربع برفوق داروا عليه قبل روحي تذوبي
خلوني أشوفه تراء القلب محروق ما قدر على فرقاه لو عذبوني
شخصاً معوقني وأنا صرتله عوق ومنين ما جينه تسدد إدروبي
اللي صفا لي بالفلا ما نوى البوق و اللـه عليه ما يتغير إسلوبي
وأنا على هل الحال مغرم ومرهوق حسبي على اللي دونها شيبوبي
دونه بني عمه على سلم واحقوق الكل منهم باللوازم ينوبي
تطاليبا دوُنه وأنا صرت مفهوق أحق مني بالغزال العجوبي
تجمعوا دونه قرابات وعروق وش حيلتي كان الغزال مغصوبي
أشكي على اللي يفتهم كل منطوق جزاء نهار الضيق ياقف بصوبي
عطني جوابك يا بعد كل مطفوق افزع لنا يوم الأحبة سطوبي
جعلك يا بو صالح موفق ومرزوق وربك يخففلك جميع الذنوبي
وسلاماً أحلى من حليت اشقح النوق ليصار توه بالغضار محلوبي
وصلاة ربي عد ما حج مخلوق على رسولاً للعباد محبوبي

*****

رد الشاعر جزاء صالح سند الحربي من الكويت على الشاعر صحن جوبان بقوله:

البارحة قلب العنا تقل محروق ... وهموم قلبي بالحشاء حرقوبي[1]
يقفي ويقبلبه من الهم خافوق ... لما غداء صندوق قلبي يهوبي
وإن قلت هذا الدرب ملزوماً إيتوق ... كنه على عسر الدروب مغصوبي
كله سبب راعِ التماثيل والذوق ... اللي على بعض الأمور مغلوبي
يشكي هوى غرواً زها الخد بدقوق ... اللي نهوده مزقاً الجيوبي
وصاروا قراباته سبب كل عايوق ... ويقول عقب المعرفة برقوبي
حدوه لونه على التراف مشفوق ... وتصككت دنياه من كل صوبي
واسند علي وقال تلحقهم إلحوق ... لكن طريق الغصب صعباً صعوبي
ولقيتلي حل وعلى الحل مسبوق ... لا شك مالي في خفايا القلوبي
أبي أبذل المجهود ما فيه مفهوق ... حاضر بحاضر والكذوب مهزوبي
والناس قالوا كل مطرود ملحوق ... والطارد أرها من نوى بالهروبي
كانتها بالمال حنا لها نسوق ... وأدفع من أموالي بليا محسوبي
لو في مهرها قالوا الطاق مطبوق ... أقوم في واجبك لو به إتعوبي
كله على شانك لو الدرب ميلوق ... لو إن عقال العرب شمتو بي
وأمشي ولوني على الموت مسيوق ... خصاً ليا من النشا ما أعتزوبي
لا شك لا عنتر ولاني بفاروق ... يا صحن صلطاتي على قد نوبي
واليوم أباً نخالك هل الجاه من فوق ... أبا عتزي وأنا جميع الحروبي
ربعي بني سالم تعوق العدو عوق ... ليصار في وسط الملاقى شبوبي
اللي لميع سيوفهم كنها بروق ... ويطوعون الضد حتى يتوبي
يعل باب الحظ ما يصير مقلوق ... ويعل حظك ما يجيبه نشوبي
وقبلك تراء قلبي من البيض مفتوق ... بنار المحبة يا صحن ولعوبي

---

(١) ديوان الشاعر صحن جوبان: ٦٣-٦٤.

وتقطع بالقلب شريان وعروق ومن الهزل عجزت لا شيل ثوبي
واليوم شفني كن بالحال ساروق وطالت عليه من سبهن عزوبي

*****

ذبيت مشذوب[(١)]

نظم الشاعر عبد الـلـه بن سعد المسند هذه القصيدة وبعث بها إلى الشاعر الكويتي مفرح بن قاعد الضمني:

ذّبيت مشذوبٍ أشرافه محنّي خطرٍ أشرافه ليتني جزت منّه
جرّيت ونّاب الضحى وِجْرحنّي من جرّ ونّات الضحى يِجْرجنّه
هاجن هواجيس الجفا مزّعنّي والقلب من هيجاتهن حرّقنّه
ذا حال مجروح الهوى لو يغنّي إلى جرّ فنّه يلحق الفنّ ونّه
يا روح روحي يا ليالٍ عدنّي راحات قلبي ليتهن ما عدنّه
يا ليت ما سود الليال أبعدنّي من سيد غضّات الصبا وابعدنّه
أوّاه لو هو بالهوى والتمنّي عيني حبيب القلب ما فارقنّه
أبكي على ما فات منّه ومنّي كنّي وغض النهد في خلد جنّه
ليت الليالي يا ابن قاعدِ تْثَنّي ويرجّعن لي كل ما بددّنه
يوم الهوى طوعي بشقّي وفنّي في جابتي وأنا على حسن ظنّه
يا مفرّح اجهرت الخوافي اكْمنّي قلبي صواهيد الجفا صدّعنّه
يا هشم قلبي هشم محذوف شنّي من حول حايل والسمايم شونّه
طاويه مطفوق طفقٍ مْجني خبل قليل الميز ما به محَنّه
إلى ذكرت أوقاتنا اللي مضنّي وكيف الجواري رسم وصلي مَحَنّه

---

(١) ديوان الشاعر: ١٣٣-١٣٧.

من بعد ماني مثل هيلٍ وبني　　وايّا الحبيِّب كيف هيلٍ وبنّه
في سجّةٍ ساعاتها ربّحنّي　　وان زارني خشف المها ربّحنّه
واليوم كيف أعصافهن زعزعنّي　　غب الفراق وخاطري غبثرنّه

*****

ما دون الأيام ما رجعنه(١)

الشاعر مفرح بن قاعد الضمني من الكويت ردّ على الشاعر عبد الله المسند بهذه القصيدة، قال فيها:

قم يا نديبي لا تصير متوني　　دنّ القلم مع صافي الحبر دَنّه
واكتب جوابٍ من هجوسٍ دهنّي　　لا دكدكن حلو الجوابِ صْخرنّه
للي كتابه من بعيدٍ وْصلنّي　　شاعر وغضات النهود اتعبنّه
مثايلك يا أبو سعد هيّضنّي　　واللي سمع ما ضوعهن هّيضنّه
تقول وين ايّامك اللي غدنّي　　أيام طرّاد الهوى يعجبنّه
ما ظنّتي يا أبو سعد يرجعنّي　　ما ودن الأيام ما رجعنّه
ما جاك جاني يوم ربي فتنّي　　قلبي طفيلات المها لوعنّه
ياما خذن قلبي وياما رمنّي　　وياما رمن قلبي فوق نيرانهنّه
ياما بخافي سدودهن فرجنّي　　وياما اخلفن عنّي مواعيدهنّه
وياما وياما من عِسِلْهِنْ سقنّي　　وياما سِقنّي من غرابيلهنّه
وياما بشقرِ جْعودهن لّحفنّي　　وياما صفقت الكف مع دربهنه
الله يجازيهن على ما جزنّي　　خانن عهودي والجميل جحدنّه
مسكين يا راعي الهوى لو تونّي　　ما ينفعك لو تلحق الصوت ونّه

---

(١) ديوان الشاعر: ١٣٨-١٤٠.

ما ينفع المفجوع كثر التمنّي
كم عاشقٍ سود الليالي كونه
أصبر عسى قلب الهوي يرجهنّي
والصبر محمود للأجواد سنه
صلاة ربي عد سحب نشنّي
على محمد عد هملولهنّه

*****

لا غضوا الدلهين(١)

نظم الشاعر علي بن سعيد بن سبيت المنصوري هذه القصيدة وأرسلها إلى الشاعر حامد بن علي بن مايقة الحبابي:

يا أبو علي حالي كسيفٍ تغيّر
والنفس عند الـلـه تلايا مداها
لاغضّوا الدلهين قمت اتفكّر
والعين من فوق الوجن هل ماها
اذكر ربوعٍ ما تبقّى لهم ثرّ
غير المنازل ما بقى إلا حصاها
من فعل عذراً تلبس الثور الأخضرّ
ولا شمت لَنّها تقاصر خطاها
لا خير في دنياً بها الحي يفترّ
يمشي ولا يدري متى منتهاها
يا حامد اللّي للتماثيل مكسرّ
عندك مناصي فهمها ومِعْناها
يا ولد عودٍ لا سرى ما تحيّر
دليل هجنٍ ما يتيهِ مْغزاها
أشكي من الدنيا ولا أشكي لك بشرّ
في نعمةٍ دامت من الـلـه عطاها
يا عيد هل هجنٍ حفايا وضمرّ
يا ملتقى اللّي وجّهت من خلاها
جنوبٍ من الدوحه على الدرب من مرّ
ضوٌّ على الذاري يسفّر سناها
بيوت الحباب اللّي لهم البيض تنشرّ
يلقى مراديم الشحم من نصاها
ويلقى تراحيب النشامى ويسترّ
صلب قحطان اللّي عزيزٍ نباها
وأنا اقول هذا القول ماني بمغترّ
كل السراير ما غترني خفاها

---

(١) ديوان ابن سبيت: ١١٢-١١٤.

واثني لهم عندي سلامٍ مكررّ … عدد ما هطل وبل المطر من سماها
وصلّوا على من عزّ دينه وبشّرْ … على محمد المبعوث في منتهاها

*****

حي الكتاب[1]

وحملت هذه القصيدة رد الشاعر حامد بن علي بن مايقة الحبابي من قطر على قصيدة الشاعر علي بن سبيت المنصوري، وهذا ردّه:

هلا عدد ما ينشي النّوّ وامطر … وعدّ الهبوب وما يحرّك هواها
وعدّ الشجر وعداد ما نبت واثمر … ووسط الرياض وما ظهر من ثراها
ترحيبةٍ كثر المخاليق واكثر … من ما حَوَتْ كتب البشر من حكاها
أنودّ من الريحان وأحلى من الدّر … من خلفةٍ عشب الصحاري غْذاها
واخنّ من ريح الزباد المعطّرْ … وألطف من الورده وريحة شذاها
من خاطرٍ هزّ الضمير وتفجرّ … مكنون مخزون الضماير فضاها
حي الكتاب اللّي لفانِي مسْطّر … من شاعرٍ زين المثايل نقاها
لا طبّ في سوق المثايل تخيّر … جواهرٍ ما كلّ من جا شراها
حييّت يا راعي الكلام المجوهر … اللّي بيوته خضّني مبتداها
بالشاعر اللّي بالمثل يوم عبّر … من فكرته صاغ البيوت وحماها
يا راكب اللّي سيرها يقطع البر … من ظُمّرٍ قطع الفيافي مناها
عمليةٍ لا طوّل الدرب تدجر … صقها السماري ما شكت من حفاها
من صنعة الرحمن ما هي بتحترّ … سبحان من صوّر مفاصل عضاها
تسرح صلاة الصبح والفجر منطر … من روضةٍ جعل يِتْلاحق حياها

---

(١) ديوان ابن سبيت: ١١٥-١١٨.

عِلّ السحابِ يْغرّها ذا الشهر غرّ ويشلّ من بعض المزارعِ غْثاها
يا طارشٍ من عندنا فوقها زرْ نصّ الذلول اللّي يثمّن خطاها
أنشد عن ابن سبيت والرجل يذكر وعطه البيوت ويفتهم لْمعناها
يا أبو سعيد أيام ذا الوقت الأقشرّ تخطي علينا لو تزايد رخاها
ودروبها فيها مطبّات وِحْفرّ ولذّاتها يقضي عليها جفاها
دنياً يخرّب فعلها عامرِ دْيرّ ياما عطتنا واستردّت عطاها
ما هي تفرّق زيد وعبيد وِعْمرّ يرسي على كل الموارد رشاها
واليوم فيها صاحب العقل يضطّر لإخضاع راسه خشيةٍ من جزاها
جتنا من الدنيا تجاريب وِعْبرّ ومرّ الليالي يشترك في حلاها
دنيا كفى اللـه شرّها قودها جرّ ومن قادته في دربها ما عصاها
صرنا بها كنّا تماثيل وِصْوَرّ ومن كيفها تصدر علينا قضاها
واليوم يا ابن سبيت قلبي تحيّر من شوفي الرجل السفيه ايتباها
أجرب وفي الصاحين لا سار يعترّ وإن قلت له خل الغرور ايتساها
يمشي وكنّه في سما الجو يفترّ كنّه وكيلٍ بالنجومِ يْحماها
خبشٍ يقارت قوّة الفيل والذرّ ما يدري أن نفسه ضعيفٍ جداها
والطيّبينِ لْهم تواريخ وِسْيَرّ وأفعالهم طول الدهر ما غطاها

******

اظفر بذات الدين(١)

هذه قصيدة أرسلها الشاعر علي عبيد الساعي إلى الشاعر محمد الحجايا من الأردن:

(١) شجون صحراوية: ٧٠-٧٢.

هلا بخطٍ جد لفا في جرايده		مثل العسل في حكمته ألف فايده
ألذ من شرب المصفى على العطش		وألذ من مزن إنطلق من رعايده
جلبني لنظم القاف من عقب طولتي		بهرج تنقا كامله عن زهايده
ولا حرك إحساسي وهبط مشاعري		سوى صوت أبو تامر وطيب قصايده
الشعر يا شعار يلبق إلى الذي		لا قال قول ما إحتار بمدايده
ذا مثل أبو تامر لياشد قافيه		جته البيات مزخرفات نضايده
للقلب ضماده عن القهر والضجر		وللفكر بستان وللروح مايده
والشعر يا هل العرف يحتاج معرفه		ومن قال "لا" عليه يقدم شهايده
أما مواضيع المهر يا محمد		أظن خظ ألماً عديم فوايده
أنا أقول مثل اللي يقوله نبينا		ودستورنا القرآن ما حلى عقايده
إن جاك من ترضى بدينه ومسلكه		زوج ولا تسأل وشنهي عوايده
للي يخاف الـلـه يراعي أمانته		حمول سموح واسعات بدايده
أيراعي الـلـه في منامه ويقظته		يخاف من نار تصالي وقايده
ولو كان مهر البنت قنطار فضه		ولا ذهب أو ماس صوغة قلايه
ما هو بمنقود ولا هي زريه		العيب جيزتها على غير رايده
هذي أمور نزله خالق الملا		محكوم به وموضحات سنايده
أمر يخص البنت والرأي رايه		وش لك بقانون الشعيرة وعوايده
أظفر بذات الدين سلمت يمينك		هي جنة الدنيا وأسعد سعايده
هذيك لونك تدفع العمر مهرها		وما حاشت اليمنى يسارك تزايده
ربحان ياللي تدور الستر والرضا		هي لك ظلال وأنت أيضاً سنايده
واللي قنص "ظبي" عفر يستحقه		ومن صاد جربوع فهو وقم صايده
كل عرمة كيالها ينتظرها		وكل حي مقسومة يوفي وعايده
والطيبة للطيب اللي سعالها		والحر دايم طيباتٍ طرايده

هذا الكلام اللي منقاعن الزلل ما قل دل وكل هرج بفوايده
وختامها صلاة ربي على النبي ما ناح طير في مراقي جرايده

*****

وقد أجاب الشاعر محمد قناطل الحجايا على قصيدة علي الساعي بهذه القصيدة[1]:

حي أبو طارق يومن القاف شايقه وأرسل أبيوتن جوهرية ولايقه
جاوب على ونات قلبي بونته وعسى أجوائه كل الأيام رايقه
مثايلن تطربك لو كان بك زعل وتطفي عن القلب المولع حرايقه
أبيات من لون الجواهر أمنظمه تنظم أفكارن على الفن وايقه
شراب للقلب المعنا عن الضما وأحلا من السكر على كبد ذايقه
من أجمل رياض الشعر قاطف زهرها زين الورود وقطعه من حدايقه
أبيات في زبن المعالي أمضمنه ما هي كما ثوبن كثيرة بنايقه
كاتب على صفحات شيحان موعضه نصيحة المخلص وينصح صدايقه
أظفر بذات الدين عنوان ما كتب عنوان لايق أول القاف سايقه
نصيحة نحتاجها والنصيحة على كثير الناس يا علي فايقه
يا علي ما قلته حقيقه مؤكده والناس في ما قلت لا شك ضايقه
ما يسألوا عن دين من يطلبوها أهم ما يبغون بالزين فايقه
أخلاقها آخر قضية تهمهم يمشوا ورا المظهر وينسوا حقايقه
وأنا أقول ان البنت توخذ لدينها والزين مظهر زايفاتن زوايقه

(١) شجون صحراوية: ٧٣-٧٥.

والبنت تعطي للذي يستحقها شهمن وصاحب دين سمحه خلايقه
وما هو مهم المال المال يا علي ما يرفع اللي هابطاتن طرايقه
كم واحدن هايم بريما يحبها لكن غلا الأمهار يا علي عايقه
وغير المهر كلايفن يطلبوها أعجاز محدن صار يا علي طايقه
بعظهم حب المال أعماه يا علي من فيدها يريد يملا علايقه
أسمعت لو ناديت أحياء يسمعوا تصرخ بأرضن خالية من خلايقه
أحيا كالأموات ما تسمع النداء وناس ورا الدينار تتبع برايقه
ويا علي قافك بلسم الجرح والدواء نرجوك في شيحان كثر بطايقه
وأقبل تحية بالمحبة معطره بعداد أيام الشهر مع دقايقه
وصلات ربي كثر ما ينزل المطر على رسولن شرف الـلـه رفايقه

*****

هذه قصيدة للإمام فيصل بن تركي من السعودية، يقول فيها[١]:

الحمد لله جت على حسن الاوفاق وتبدلت حال العمر بالتياسير
جتنا من المعبود قسام الأرزاق رغم على الحساد هم والطوابير
هبت هبوب النصر من سبع الأطباق للدين عز ونقمه للخنازير
زان الكلام ودن لي بعض الأوراق اكتب ثنا لله على حِسن تدبير
من ماي عيني حين ما دمعها راق قام يتزايد حر وجده بتزفير
من عظم خطبٍ بين البار والعاق ومن لابةٍ عرفت من فيه لي خير
مفهوم قلبي للرعَابيب ما اشتاق ليضا ولا همه لجمع الدنانير

---

(١) شيوخ وأمراء: ١/٧١-٧٥.

لكن من قوم عليها الردى ساق   عِقبَ الجِمايل أنكروا نِية الخير
مأكولهم عندي عناقيد واشناق   ومشروبهم در البكار الخواوير
ملبوسهم من طيب الجوخ ما لاق   ونقلتهم بمصقلاتٍ بواتير
مركوبهم عندي طويلات الأعناق   من الخيل هي واليعملات المصاطير
قصري لهم عن لافح البرد مشراق   وفي القيظ ظل من سموم الهواجير
كِنى لهم أبو من الأهل مشفاق   وهم عيالٍ لي صغار مقاصير
ما نيب باغيهم إلى التفت الساق   يا قونني من حَادثاتٍ المقادير
لكني أبغيهم إلى خاطري ضاق   نخيتهم جُوني حفاةٍ مشاهير
باروا بحقي ذا تنكر وذا باق   وذا قاعدٍ عني وذا له مِعاذير
وذا تبين في الردى فوق ما طاق   وذا تبين بالحكايا الخماكير
وأنا أحمد اللي بالعقوبه لهم عاق   وأنزل لهم باسه سريعٍ لهم زير
وأطلب من اللي له يصلون الإشراق   واللي تسطر بالقراطيس تسطير
عسى يشوفوني على حسن الآفاق   بيوم اذكرهُم بما صار تذكير
وأنظر مجالسهم معا ذيك الأسواق   يجي بوجه طالب العفو يامير
أحد أصافي له على الصبح واعتاق   واحد أصافي له بحد البواتير
قولي لخير اللـه ترى المكر به حاق   وإخوانه اللي أنكروا شر تنكير
جيتكم عبيد اللـه تقفا على ساق   اختصهم و اللـه عليه التدابير
وزويد عزه على الأثر لحاق   بعوص النضَا ومعسكراتِ المسامِير
حنا حمينا نجد عن كل فساق   من حمر مصر والنفوس المناكير
واليوم نجازيهم على حسن خلاق   فينا وفيهم له مقال وتدبير
أول نراسلهم بتسجيلٍ وأوراق   واليوم بأطراف الرماح السماهير
أقول ذا قولي وبالرب وثاق   امدح رجالٍ من تميمٍ مناعير
حاموا على المله وقاموا على ساق   دون المحارم والغروس المباكير

وخلاف ذا يا راكب فوق سباق
هميلع مرباه دار المناصير
بَشّر هل العارض ترى حظهم باق
وحميرهم حالت عليها المقادير
ما بين حصان وما بين تفاق
راحت فوات بين ذِيك الدعاثير
ناروا مع الصفره نشيفين الأرياق
ولا لقوا عن نقمة الـلـه مصادير
صم الرزايا ساق مزنٍ على ساق
متحدرٍ سيله وجوله محادير
يا ضبعةٍ بالخرج من كل قساق
اكلِي ونادي كل عوج المناقير
ضفتي على العارض وعشوك بأشناق
وأهل القِرى عشوك روس الطوابير
كله لعينا دعوة الـلـه بلا الحاق
وغرايسٍ خضرٍ وبيضٍ غنادير
صلاة ربي بالعشية والاشرق
على النبي مظهر الحق تظهير

*****

وهذه قصيدة للشاعر الشيخ محمد بن خليفة من البحرين يرد بها على قصيدة الإمام فيصل بن تركي[1]:

ضاق المجال وخاطري بات ماراق
والقلب كِن النار تِصلاه بسعير
دمع على دمع تحرق بالأمواق
للدمع مني فوق الأوجان تنثير
جفني قزا عن لذة النوم ما طاق
ما همته عفر البني المعاطير
ولاني لجمع المال و الـلـه مشتاق
وحياة من عالم بالمقادير
إلا الكتاب اللي لفا وقت الإشراق
وهيض غرامي بالبيوت المفاخير
جواب من يثني إلى ضك بلحاق
فرز الوغا فيصل كعام المشاهير
أعليت يا مروي مَداهيم الأعراق
تَارد بك الشقرا بجمع المناعير
وأعليت يا سلطان نجد والإشراق
ياللي بجوده نايطيع المشاوير

(١) شيوخ وشعراء: ٥٥٦/١-٥٥٨.

يا سد ذا القرنين صيتك بالآفاق ناحيت ترك الروم قوم الطوابير
من خان بك جعله بالإسراع ينعاق وعساك تلحق بالطغاة المناكير
وخلاف ذا يا راكب وقت الأشفاق من فوق هِجنٍ كالنعام المذابير
حيل كما ربد عن الزول تنساق عقب المساري والصلف والهواجير
إلى لفيتوا دار من بالكرم فاق فيصل إمام الدين ملفا الخطاطير
فاقروا سلامي عد ما لاح براق في جنح مرتكم السحاب المماطير
سلام أحلى من حليب بترياق وألذ من در البكار المصاغِير
الـلـه يعينك يا زبن كل مِرهاق ياستر بيض محصناتٍ غنادير
فيصل إمام الدين يا حَميً الساق ياللي عداه بزود ذل وتذاعير
هَلَ الفرع درع ضفا لك بلا حلاق درع ذرى لك من سموم الهواجير
وأنا حياة اللي سمك سبع الأطباق ودي اجِي لك مع قروم مناعير
لاشك مخلفني من الوقت صفاق عوق نُوبني في تعوس المقادير
وأنا صديق لك على البعد صدّاق واعذر عشيرك يا ربيع المِعاسِير
لكنني مثلك على الدين شَفاق وإلا قُبل ذا ما بنيت المصاطير
وصلاة ربي عد ما خط بأوراق على النبي ما هب ذاري الهواجير

*****

حيّ الجواب اللي معانيه توصف(١)

هذه قصيدة للشاعر الشيخ محمد بن راشد عقب فيها على قصيدة فتاة الخليج بعد أن ردّ التحية:

(١) الديوان: ١٠٣-١٠٦.

حيّ الجواب الّلي معانيه توصَفْ ... منقاي مثل الجوهر الّلي صفيفي
من عند شخصٍ عارفٍ ما يعرَّفْ ... ويَعْرِفْ معاني القول فَطْنٍ عريفي
ردَ التَحيّه بالرساله وشرّف ... منظوم شعرٍ بالإحساس الرّهيفي
ألذّ من شهد الرّحيقين وألطف ... عَلَيْ وِانْ هبّت مسانيف ريفي
اشتاق أنا له في ضميري تلهّف ... شوق الظّوامي حَرّها وقت صيفي
وهو الذي في الشّعر دستور يعرف ... كريمْ مرحابٍ ودمّه خفيفي
حذراك يا عذّال حنّا ترى شف ... أنا حليفٍ له وِهَوّه حلِيفي
أوّاه من حقه غدا راح واتلف ... راحت به الأيام كحلم طيفي
قلبي على ذكراه كالطّير لي رفْ ... شاف الهدد ومعارضات الخطيفي
أنا بْحبّهْ بين حدّين وارهف ... بين الرّجا والياس خطرٍ تليفي
مخصّرٍ م الوسط ومعزّلْ أهيف ... والعود يشكي نابيات الرّديفي
رابي رتوعٍ في رياضه تتقف ... حَذْرٍ حذورٍ دايمٍ مستخيفي
ايلومني سالي من الحب مِطْرِفْ ... قلبه خِليٍّ كِلْ وقته مريفي
إلاّ الذي قلبه على راحة الكف ... وقد زاد من حر السّمايم هفيفي
من دون وصله قاطع البين وقَّفْ ... وأنا جوادي من عضاده جتيفي
يا ليت في شرع الهوى حكم ينصف ... مَا تَرى العداله حكمها بالنّصيفي
على قريض الشعر مغرم وموِلفْ ... نظم القوافي وآتِعَلَّمْ واضيفي
يعل الحيا يسقي وطنّا وما ظف ... تسعين يومٍ والليالي رضيفي
السَّيْل يبطي في مغانيه ما حَفْ ... رفيف برّاقه ومزنه دنيفي
سَيْح الْحِفِيتْ العين تِرْوَى مع الطّف ... وتسيل بطحا يَا رِيَاتْ الغريفي
والضّيتْ يِرْوى ياخذ اشهور ما جَفْ ... ويسقي المحاضر والدّيار السّليفي
والختم صَلّوا عد من حَجّ واعكف ... على الرّسول الّلي هدانا شريفي

*****

صفح صافي في الخد المصفى عن الصفا[1]

مشكاة من الشيخ محمد بن راشد المكتوم إلى الأمير خالد الفيصل:

صِفَحْ صافي الخدّ المصفّى عن الصفا وصفا ما صفا ممّا صفا غير لانصافي
صفاني وصافاني ولكن ما صفا وفيٍّ معي لكنّ ما يوفي الوافي
بغيت الوفا لكن حبلي من الوفا تقصّر وريده منهل المنبع الصّافي
وطيت الحفا وامشي على حافي الحفا مصاهيرها وامشي عليها وأنا حافي
لمست الجوى في خافي الرُّوح والْتِوَى جحيمٍ يشب ابخافي الخافق الخافي
يا تَلّ قلبي تَل حرٍّ من العلا تنحّى وسبّق شارد اليول متقافي
وعزّي لروحٍ عسّها عاسف الهوى عسيفٍ يعسّفها مَعَا سِيْف عسّافي
تواقد لظاها شبّها موقد الغضا نُسيما تزاغيها نسانيس هفّافي
عِسَفْها على غير الهوى عاسف النّوى وكلفها على صوع المكاليف كلاّفي
أَلاَ يا شفا نفسٍ مشفّاه للشّفا تشافَى شفاها مِنْك وانت شفا الشّافي
أَلاَ يا غزالٍ يرتعي فايع الخلا ربيب الْمَهَا لَيْ يرتعن برّ لَاطْرافي
دمانيةٍّ متقافْ عن شمّة الهوى لفحها الذّعير وحَاوزَتْ صوت لكشافي
مصافيفْ عِقْدٍ صِفّ من لؤلؤ الصّفا جواهر مِنَقّايه كما صفوة الصّافي
كم قانصٍ للصّيد في قانص الخلا تعذّر عليه الصيد لو كان تقّافي
شكيّهْ لكم (يا ديام السّيف) في النّيا لزيمٍ وفي كلّ المعاريف عرّافي
شِقَايْ الونين وحالتي بالشّقا لِوَى غزير الجروح بْشَقّها ما رِفَا الرّافي

*****

---

(١) إن هذه القصيدة بما تحمله من ترميز وانزياحات لدلالات بعض ألفاظها، قد أثارت تساؤلات عدد من القراء، وقد تعددت القراءات عليها تأويلاً واعتراضاً الديوان: ٧٥-٧٧.

وللأمير خالد الفيصل مساجلات شعرية مع الشيخ محمد بن راشد آل مكتوم ومنها هذه القصيدة التي كانت رداً على قصيدة للشيخ محمد، قال فيها[1]:

عفا الـلـه عن قلبٍ من الحب ما عفا / تحده عيون الشيخ والقلب ميلافا
ينام الملا والشيخ سهران ما غفا / ولا هو بممروض ولا هو بمتعافا
يقنب قنيب الذيب بالليل وان عوى / ترد النجوم عواه من هول ما شافِ
والصبح يسرح هايم القلب لامشا / ومن راس مشرافٍ على راس مشرافِ
صويب الخفوق ولا لقى للخفوق دوا / يقدر عليه السير قدام وخلافِ
صحيح الهوى قتال في حالة الجفا / فلا شك من يسلي عن الغالي الجافِ
تعرض جميلة صيد في مرتع الظبي / تقود الجميلة ناهية كل الأوصافِ
عنودِ تِتل القلب من سابق المها / لها في خفوق الشيخ مربع ومصيافِ
رمته العيون السود من قبل ما رمى / وعود خبير الصيد مصيود ياكافي
وذي عادة القناص يصبر على القصا / يشيل الحمول اللي ثقيلاتٍ واخفافِ
ولابد للطلاب ياصل على المدا / ولو عارضه عذال وإن جاه حسافِ
ومن يطلب المثمون يشريه لو غَلا / ومن يطلب العليا يجنب عن الهَافي
ولولا اتلافِ الراي تساووا الملا / ولا بين القاصر ولا بين أسنافي
تشاكيت يا محمد عقب كل ما جرا / ولك بالخير ثوبٍ من المعرفة ضافا
ومثلك سديد الراي يستهدي الهدى / ولك عملةٍ تصرف مع كل صرافا
تكرمت يا محمد على أخوك بالنبا / وأنا مع صدوُق الود روحت لك قافي

*****

(١) شيوخ وأمراء: ١/١٥٣-١٥٥.

وله أيضاً في الرد على الشيخ محمد بن راشد هذه القصيدة(١):

انتشى حرفي على المعنى وغرد والقوافي ناغمت بيت القصيده
والزمان اللي مضى للشعر عود من رياض الفكر نستلهم جديده
كل غصنٍ مورقٍ بالحب ورد والشذا عطر بساتينه وبيده

*****

وللشاعر الشيخ محمد بن راشد المكتوم رد على الشاعر العتيبة في قصيدة:

بن عتيبة خذهم ابدُوبي(٢)

قال مخاطباً العتيبة:

حي من عَنَّا المثل صوبي أوعاد نَشرَه في جِريداتِه
مرحِباً ترحيب محبوبي لي مِطَوِّل في مِغيباتِه
أو عدد ما خَطّ مَكتُوبي طِرق حِبرٍ في سِجِلاتِه
أوعد ما قِد هبَّت اينُوبي والنِسيم الجَدي نَسماتِه
كَم شِكا ما الوِّد مَصيُوبي والهوى اسقاه حَسراتِه
بن عتيبه خِذهُم ابدُوبي مِثل خيطٍ في مِياراتِه
الهوى غالِب ومَغلُوبي اسأل اللي ذاق حرّاته
حاضرٍ لِك وقطي النُّوبي يالخوي لِك في عِسيراتِه
فُوق نَقو الهِين واركُوبي لو على لَجدام حَفيَاتِه

(١) شيوخ وشعراء: ١/ ١٥٥.

(٢) واحات من الصحراء: ٦٧-٧٠.

هِجر خِلّك شَيّد اطنوبي
اومَتلِك قَلبك ابراحَاتِه

انت لي طالِب أو مَطلوُبي
واتّنَقا في مُوديلاتِه

م الشِمال ومزره اينوبي
اَظلم وغطًّا مسَاحاتِه

شِفت انا ما البيض رَعبُوبي
ما الخليج اوفي إمَاراتِه

خافجِ المِضمر عَن الثُوبي
ونطِوا لِك من حِسِن ذاتِه

والصَدِر له هوب مَسلُوبي
صابِني برماح قواتِه

نرو خَدِه شمس لِغيُوبي
لو قِمَر في خَمس عَشراتِه

******

وهذه قصيدة اللغز الخامس، للشاعر الشيخ محمد بن راشد آل مكتوم التي يقول في مقدمتها:

يا خاليين البال حالي ترى حال
بي ليعةٍ مكتومةٍ في فؤادي

وعندي من أشواقي تباريح وآمال
منها جواري عبرتي في ازديادِ

في ليلتي وجه القمر بات باقبال
كنّه يذكّرني بغاية مرادي

حلو عليها سال مِ العين ما سال
ذكرى لها دايم شرابي وزادي

عَنْهَا أنا ما اسْمَعْ مقالات عِذّال
طالب رضاها صادقٍ في ودادي

ولا نفَعْني في الهوى قول من قال
مِنْه النصيحه مثل نَفْخ الرّمادِ

ولو أنّي باصبر ولو كنت باحتال
ما تنفَعْ الحيله ولا الصبر فادِ

مالي دوا من علّة الشوق قتّال
أبات ليلي ما أذوق الرّقادِ

كنّه في قلبي من ضنا الحب زلزال
متجدِّدْ الحسره طويل السّهَادِ

باشكي غرامي والهيام الذي طال
وليعات وجدي دايمه ما تزادِ

لولا العناد وعزّة النفس بانال
عَطْشَان واهجِرْ موردي من عنادي

والحب جَنّه كلها خوف وأهوال
وما تقهَرْ الحب القلوب الشِّدادِ

ولا جنود وكم دهى الحب ألابطال
عايا بفرسانٍ تِذِلّ المعادي

يا ناظمين الشِّعر طارت بي أحوال
صوب الذي حَلّ وسكن في الفؤادِ

شِفْت بْغَرامه لي يقرِّب بالآجال
وابْلَيت في حبّه ثيابٍ جدادِ

واللي يواسيني يجاوِبْ وفي الحال
جواب شافي قاطِعٍ بالوكادِ

ألغاز الطيور

سألت عن طيرٍ وله إسم رَجّال
وِبْلا جناح يْطير رايح وغادي

وإذا يغنّي مِ الفَرَحْ جَرّ مَوّال
حتى ولو هو في القفَصْ ذاك عادي

وعن طير دوم يْطيرِ في لونه أشكال
ما ينقبض أو ينشبك أو يصادِ

وعن طير عاينته مْربَّطْ بِالْحِبَال
محبوب دوم وْينْحمِلْ بالأيادي

وعن طيرٍ لي مضروب للنَّاس بامْثَال
في آيةٍ مذكورةٍ للعبادِ

وعن طير زاهي لون في النَّاس يختال
وصف المهاد وناعمين المهادِ

وعن طيرٍ ما به ريش موصوف لازال
مثبّت جْناحه لحاضر وبادي

وعن طيرٍ اسْوَد لي مع الوقت رَحَّال
بينه وبين البين لون السوادِ

وعن الجبال الطايره وشبه ألْجِبَال
فْبحر وسما تنفَحْ عباد وْبلادِ

وعن الحمامه إن دهى وف واوجال
طارَتْ وهي مَعْ خوفها في جلادِ

******

اللغز

حَكّم زماني والدهر دوم عَيّال
والزَمْ عليّه بالوفا والسدادِ

وْدَبَّرْ مودِّي عقب ما زاد الأحمال
على الفؤاد اللي لطيفه ينادي

كنّي من أحكام الليالي بمدهال
أسِدّ درب السيل والسيل بادي

يظنّني الغافل مريح بمنزال
ما فيه غير الإنس رايح وغادي

ما يدري أنّي أحمِلْ هُموم ثْقال
واجالِدْ الدنيا طويل الجلادِ

بين الفراق وبين ساعات الوصال
نَفْسٍ حداها من عنا البعد حادي

خَلّيتها في اللّغزْ مَخْرَجْ ومدخال
واركضت في الحلبه خِيَار الجِيَادِ

وْلغْزي لمن فاهم وللّغزْ حَلاّل
بين وبينه دوم عِسم الأيادي

له مِ السّمَا إن غَيَّمْ الجو منزال
شِبْه الحيا بالفٍ إذا الحظ زادِ

إن كان قدّامك تلاقيه بآمال
وإذا وراك اصبر ليوم المعادِ

يا كم ظَهَرْ مِ الغيم والغيم هَمَّال
عليه تِتْوَلّه قلوب العبادِ

لَمْع البروق ومشبه البرق شَعَّالْ
وإذا نزل رب البريّات هادي

بين السَّهَمْ والقوس ما كل نَبّال
يصيب لو أنّك تظنّه مجادي

لغز تفرَّعْ مثلما الغصن مَيَّال
والأصل واحد للفروع البعادِ

يا أهل الشّعر هذي جديدات الأقوال
و اللـه يوفّقكم لدرب الرّشادِ

******

أصبحت قصيدة اللغز للشاعر الشيخ محمد بن راشد المكتوم ظاهرة شعرية في منطقة الخليج العربي، أثارت شهية الشعراء للرد عليها، وقد كثرت القصائد التي أجابت تلك القصيدة محاولة حلَّ ألغازها، ومن تلك اخترنا ما يأتي:

قصيدة للشاعر خلف راشد حمود الكعبي من الإمارات، يقول فيها[1]

من عادة الشاعر يشارك بالأمثال
ويشارك الشعّار في كل بادي

لا تاخِذْ فْوادي وتنوي بترحال
عندك أمانه يا محبّي فؤادي

(١) اللغز، قصائد الردود، العدد الأول: ٦٣.

لا تقرب الدخّان يا طيّب الفال يا زين خِذْ عنّه مسافةٍ بعادِ
ريت الطبل محمول مربوط بحبال محمول يا العربان فوق الأيادي
لغراب حقّه دور في الوقت فعّال الـلـه يضرب مثل للعبادِ
الأطفال كم وكم بالعين تختال مشكور لي هيّض مثايل جدادِ
بالطايره فكري إلى الحل ميال جناحه مثبت وعندي وكادِ
والشعر يلّلى لي مع الوقت رحّال الأمثال أحللها في شف الجوادِ
يا الـلـه بسحايب منّها المطر همّال تعشب مفالينا ومغاني البوادي
النفس لي في اللغز مخرج ومدخال حلّيتها من صادقات الوكادِ
ع البعد أشوف الدرب واتخيّله لال والصيف توّه باللواهيب بادي

*****

معاني (١)

للشاعر سعيد بن سهيل بن مبارك الراشد من عمان، وهذه القصيدة ضمن قصائد الرد على قصيدة اللغز:

جرّت هواجيسي معاني من البال واشرحت من قاصي ضمير الفؤادِ
ولازمت أنا التفكير والصمت بي طال وتفسّرت حولي معاني عدادِ
وبعد النظر والشوف قرّرت حلاّل وابديت حلّي في حروف النشادِ
وهلّيت بمحمّد وهلّيت هلاّل وباللّغز لي سيّس بالأفكار بادي
سألت عن طيرٍ وله اسمٍ رجّال وفي ظنتي سَيْفٍ تسلّه وكادِ
وعن طير دوم يطير في لونه أشكال الشهر في سيره حساب وعدادِ

(١) اللغز: ١١/٨.

وعن طير عاينته مرِبّط بالحبال | هذا العَلَمْ رمز الكرامه ينادي
ونعن طير لي مضروب للناس بأمثال | هذي بعوضه ذكرها للعبادِ
وعن طير زاهي لون في الناس يختال | العين في حلّي نظرها شهادِ
وعن طير ما به ريش موصوف لا زال | تاريخ معروفٍ بكل المبادي
وعن طيرٍ أسود لي مع الوقت رحّال | ليل سواده عاتمٍ بالرقادِ
وعن الجبال الطايره وشبه الجبال | الغيم وسحابه بروق ورعادِ
وأمّا الحمامه إن دهى خوف واوجال | هذي السفينه عابره باعتقادي
واللّغز في حَلّه وعدّه بالآمال | بنيت له ساسٍ قوي العمادِ
ونزّلت شَدّي عقب ما كنت رحّال | فوق العدود الصافيه للورادِ
اللّغز هو شيب اللحى يوم ما زال | سود الشَّعَرْ منّه وْعَيَّا يعادِ
وصلّوا على المختار في كل الأحوال | شفيعنا في وقت يوم المعادِ

******

آمال وآمال[1]

وهذه قصيدة للشاعر سلطان بن صبيح الكعبي من عمان، حاول فيها

الوصول إلى مشكل الرمز:

يا مرحبا مليون باعداد ما سال | سيلٍ على أرض محيله وجادِ
رحّبت باللغز الذي فيه الأمثال | لي يرتجيه الخلق رجوى بمعادِ
الطير لي إسمه على إسم رجّال | ما غير قلب ذاك باسم الفؤادِ

(١) الرمز: ٤٢/٨.

أمّا الخيال أنواع وألوان وأشكال ... ما ينقبض أو ينشبك أو يصادِ
والطّفل في صغره يربّط بالحبال ... محبوب دوم وينحمل بالأيادي
وتليت في القرآن آياتٍ ثقال ... فيها البعوضه مثّلت للعبادِ
ومن دون عين كيف بتكون الأحوال ... يللي بها الإنسان جاب البوادي
ناس بها تبصر علينا وتختال ... وصف المهاد وناعمين المهادِ
والظرف مثل الطير موصوف لازال ... مثبّت جناحه لحاضر وبادي
وشفت الشّعر الأسود مع الوقت رحّال ... بينه وبين الليّل لون السوادِ
وشفت المزون الطايره وشبه الجبال ... فـ بحر وسما تنفع عباد وبلادِ
أمّا الحمامه إن دهى خوف واوجال ... طارت فتلك النفس وسط الشّداد
وعدت للغز الذي فيه الأقوال ... وأشوف حظّي كان بالحل جادِ
هذا المطار يكون للنّاس نقال ... من كل جنسٍ فيه رايح وغادِ

*****

أمير الشعر[1]

للشاعر سهيل بن بخيت سعيد كتبها من سلطنة عُمان، يخاطب بها

---

(١) اللغز: ٨/١٠.

الشاعر راشد المكتوم قائلاً:

خلّيت اسم (دبي) ساطع وشعّال
نوّر جزيرتنا وزاح السوادِ

رجلٍ كريمٍ للصّعيبات حلاّل
وأنا على ما أقول عندي وكادِ

أنته أميرٍ الشّعر والحق ينقال
صغت البيوت الواضحات الجدادِ

منها يجف النهر لو كان شلاّل
تصبح بعيد بروجها والرعادِ

يا من وضعت اللّغز وتريد حلاّل
وعسى يكون الحظ قسمي ومرادِ

القلب هو طيرٍ وله اسمْ رجّال
بين الضلوع الصدر سكان فؤادي

والحلم اللّي به نرى كل الأشكال
ما ينقبض أو ينشبك أو يصادِ

وأمّا العَلَمْ طيرٍ مربّط بالحبال
محبوب دوم وينحمل بالأيادي

وطير البعوض مذكور مضروب بأمثال
في آيةٍ مذكورةٍ للعبادِ

والطاووس طيرٍ زاهيٍ دوم يختال
وصف المهاد وناعمين المهادِ

وشراع السفن طير وموصوف لا زال
ومثبّتْ جْناحه لحاضر وبادي

والظل هو طيرٍ مع الوقت رحّال
بينه وبين البين لون السوادِ

وغيوم مزنٍ طايره شبه الجبال
في بحر وسما تنفع عباد وبلادِ

والروح إن طارت بها خوف واوجال
دايم وهي من خوفها في جلادِ

والوقت يجري ويمضي العمر رحّال
راح الشباب وتوّه (الشّيب) بادي

وصار راسي يشتعل (شيب) شعّال
نبلي ولا فيها تحقق مرادِ

وبعد الطموح تحطّمت كل الآمال
هم على صدري يزلزل فؤادِ

يا الـلـه تهدينا على خير الأعمال
وعفوك لنا يا من كرمت العبادِ

******

كاسب البطولات[1]

للشاعر طارش سعيد محمد الكعبي من عُمان، شارك فيها للوصول إلى دلالات قصيدة

الرمز:

حي بجديد الشّعر من ذرب الأفعال	بو راشد اللّي للعروبه سنادِ
يا كاسب الطولات محمود الخصال	فيدوم دايم للعلا والأمجادِ
فيه السخا والطّيب مع طولة البال	شهمٍ كريم وفي الكرم ما يزادِ
جتنا البشاره عن جديدات الأقوال	وتريد حلٍ قاطع بالوكادِ
الطّير يللي يطير وله اسم رجّال	القلب في الإنسان عندي وكادِ
والطير لي طاير وفي لونه أشكال	هذا الفكر يا شيخ رايح وغادي
والطير لي شفته مربّط بالحبال	هذا الطفل لي ينحمل بالأيادي
والطّير لي مضروب للنّاس بأمثال	قلت الغراب وقد ذكر للعبادِ
والعين في الإنسان تبصر وتختال	وصف المهاد وناعمين المهادِ
وامّا مظاريفٍ على كل منوال	وسيلة تواصل بين حاضر وبادي
والطّير الأسود لي مع الوقت رجّال	هذا الشعر الأسود مع العمر غادي
وأمّا السحب معروفةٍ شبه الجبال	ف بحر وسما تنفع عباد وبلادِ
وبعض البشر إن صار به خوف واوجال	طارت بلا خوفٍ حمامة فؤادي
وعلى مطار دبي خطّيت الآمال	عسى يبلّغني لغاية مرادي

******

(١) الرمز: ٤٢/٨.

نسيم الصباح[1]

وهي من القصائد التي تطمح إلى حل الرمز، للشاعر عبد الجبار محسن الكبيسي من الإمارات:

يا سائلٍ احلى السؤالات باقفال   عشرٍ عن طيورٍ علت في البلادِ
الطير الأول لو نسم طار بالحال   ما احلا نسيمه بالصبح للعبادِ
وإن جا وغنّى صوته تقول موّال   يطرب عليه العاشق بكل وادي
وثاني الطيور اللي على عدّة أشكال   (دخان) لا ما ينمسك بالأيادي
وإن رِدْت ثالثها (صقر) فيه الحبال   تشبك رجوله دايم وللطرادي
وعن طيرٍ لي مضروب للناس بأمثال   (الهدهد) اللي آيةٍ للعبادِ
والخامس (الطاووس) إن نشّ يختال   اللّون زاهي مريّشٍ بازدياد
والسادس (الخفاش) نومه ع الحبال   الليل طاير والنهار بمهادِ
وسابع طيور المسأله (غراب) جوال   أسود وريشه بيّنٍ بالسوادِ
والثامن غيوم بها الخير همّال   من كل سحابه الغيث للناس بادي
والتاسعه طياره تشيل الأحمال   طارت وهي مع خوفها في جلادِ
يا سائلٍ لغزٍ ترى مر بالبال   واظن حلّه حاضرٍ في الفؤادِ
هذي (الجِمَهْ) تكثر لو الغيم هطّال   بأمطار يصحبها هدير العتادِ
ولو كان وسم بالمطر زيد الآمال   تلقاه يكثر بالجبل والبوادي
إن كان بين بالسما برق شعّال   في الأرض تنبت نبتّه للعبادِ
يكثر تراه بأرض العراق أشكال   بيه الزبيدي بالشوي صار زادي
هذا جواب اللغز مني بمرسال   عساه يوصل مسرع الحل غادي

******

---

(١) اللغز: ١٦/٨.

حصابي [(١)]

للشاعر عبد الـلـه بن سهيل بن سالم الشعشعي من عُمان، كانت إحدى قصائد الرد على قصيدة اللغز:

هو جاس فكري خط حلوات الأمثال — من و اقع أفكاره يجمّع حصادِ
ونادت حروفي للبعد صوت ما طال — واسجع بعالي صوت طالب أنجادي
آهات فينا اثْرَتْ هْموم واوجال — وبيّنت أنا ما كان يخفي فؤادي
وزود الشجن والهم خَطِّيت مرسال — لك يا زعيم القوم عبّر مرادِ
الآولى الفؤاد حلّه على البال — وبْلا جناح يطير رايح وغادي
وهذا هلال الشَّهر بألوان وأشكال — ما ينقبض باليد أو هو يصادِ
وهذا العَلَمْ مرفوع دايم ولا زال — محبوب دوم وينحمل بالأيادي
وهذا البعوض مضروب للناس بأمثال — في آيةٍ مذكورةٍ للعبادِ
وفي الحلول أيقنت حلّه بالأقوال — وصف المهاد وناعمين المهادِ
وهذا الزمن سيره كما السيّف قتّال — ثابت جناحه بين حاضر وبادي
وعن طيرٍ أسود لي مع الوقت رحّال — هذاك هوه الليل لونه سوادِ
وعن الجبال الطايره وشبه الجبال — هذي السّحب تنفع عباد وبلادِ
وعن الحمامه لا دهى خوف واوجال — الروح هذي حلنا بالوكادِ
وعن حلول اللغز كم حبر قد سال — ولا وطى حَلّه قريب وبعادي
وكل يحاول حَل عَ قول من قال — اللي زرع لا بد يجني حصادِ
ويا الـلـه عسى توفّق ولي منك الآمال — وعسى نصيبه بالحلول السدادِ

---

(١) اللغز: ١٠/٨.

الحل هوه الأم واضح بالأمثال		الأم هيه اللغز والحل جادي
وصلاة ربّي كثر ما يود همّال		على محمد لي نزل بالرشادِ

******

نوح الطير[1]

للشاعر محمد راشد حمود الكعبي من الإمارات، أجاب مرحباً بصاحب قصيدة اللغز:

يا مرحبا بو جسيم يا حيّ ما قال		يا مرحبا به عد نظم المدادِ
الفؤاد في صدري يغنّي بموّال		ينوح نوح الطير فوق العوادي
واما النظر في ضامري يرّث اوجال		العين كيف النظر فيها يصادِ
ابا رفع أعلامي على كل الأحوال		شاعر وفي شف النشِاما يسادِ
يا اللـه بحسن الخاتمه يوم لاهوال		الكتاب في اليمن نهار الحصادِ
والطفل باجيبه ف منظوم الأمثال		وفكري على شانك يا بو جسيم جادِ
الطايره مرّه في صعود وانزال		ومرّات تسرح في السما بالقصادِ
رْكاب شيبي نوخّن بي ف مسيال		والشَعَر الأسود قلّ والشيب زادِ
واللي تشبهها على شبه الجبال		هذي السحب لي منّها الغيث جادِ
يا نفس لا تبكي على حلو الإقبال		يكفي كفى يا نفس كثر اليهادِ
طارش على نوقي وأنا ارقب اللال		ومن الظما ضيعت نبع الورادي

*****

(١) اللغز، قصائد الردود: ١-٦٣.

حلم المراد[1]

وعند الشاعر محمد بن سالم بن سعيد غواص من عُمان أن حلّ اللغز بات حلماً يراوده لذلك جاء عنوان قصيدته حلم المراد:

هاضت بي الأفكار وتنوّع الحال ... حتى بقى فكري يجيب المنادي
يطمح إلى العليا وما هو بِخَيَّال ... ويعانق الشيخ المجيد المجادي
محمد المكتوم يا ذرب الأفعال ... يا نسل من نال المعالي وكادِ
وتباشرت كل العرب دون ألجْدال ... يوم اللقا في شِعرْ حلم المرادِ
يصنع من التفكير أحلام الأجيال ... حلم إذا نال الحقيقه مهادِ
الطّير لي اسمه على اسم رجّال ... ذاك الفؤاد اللي برايح وغادي
وإن قلت عن طيرٍ وله عدّة أشكال ... ذاك الخيال اللّي كثير الشرادِ
وإن سِلْت عن محبوب مربوط بحال ... ذاك القَلَمْ لاجله علنّا الجهادِ
وإن سلت في آيه ومن بعد الأمثال ... هذا البعوض ودايم هو معادي
وأمّا الذي بيطير في الناس يختال ... تلك الفلوس الناعمات الودادِ
والطير دون الريش طاير ولا زال ... هذا هو القرآن شامخ وبادي
والطير طير أسود مع الوقت رحّال ... ذاك الظلال اللي عَ لون السوادِ
وأمّا الجبال الطايره وما هي جْبال ... هذي المزون تغيث أرض وعبادِ
وأمّا الحمامه لي على خوف واوجال ... الروح إن طارت ليوم المعادِ
وإن سلتني في اللغز قد صار بي إذهال ... وتناثرت أفكار عقلي سدادِ
وداريت أنا وين العذوبه والازلال ... ولا يعكر نبع صافي رمادي
وأقول إن اللغز نورٍ للآمال ... وإن العلم نورٍ لأهل الرشادِ

******

(١) اللغز: ١٣/٨.

يا النشامى (١)

ومن شعراء حل اللغز الشاعر محمد مطر حمد تغيب الكعبي من الإمارات، ففي قصيدته
هذه حَيّى الشاعر صاحب قصيدة اللغز ثم راح يبحث عن الحل، فقال:

من عارضٍ مزنه كساها السّواد	يا مرحباً بأعداد ما الجود همّال
وأفرح قلوبٍ واستزانت بوادي	هلّ وتهلّل به من القاع الأمحال
والمجد باجداده تفاخر أمجادي	يا مرحبا بليثٍ له العز مدهال
ينهل قراحه ومنه شعره استزاد	بو راشد اللي له على الشعّر منزال
يا ذا النشامى بس فكري يجادي	لغزٍ ملاميحه من الصّعب تتّال
رَبّ هدانا للتقى والرشادِ	واطلب إلهي لي توافيق الامسال
(قلب) ولو هو في القفص ذاك عادي	الطّير يا اللي بالفرح جَرّ موال
(دخّان) صعب ينمسك أو يصاد	والطّير يا اللّي في ملاميحه أشكال
هذا (العَلَم) يا كم حمل بالأيادي	والطّير يا اللّي هو مربّط بالحبال
(هدهد) بآياتٍ ذكر للعباد	والطّير يا مضروب للنّاس بأمثال
هذي (العيون) وكم تعبها السهاد	وعن طير زاهي لون في الناس يختال
مثبّت جناحه لحاضر وبادي	و(الريح) ما به ريش موصوف لا زال
بينه وبين البين لون السّواد	و(الليل) أسرد لي مع الوقت رحّال
فبحر وسما تنفع عباد وبلاد	وتلك (السّحب) في الجو تشبه عَ الجبال
طارت وهي مع خوفها في جلادِ	و(الروح) هذي إن دهى خوف واوجال
لي م السّما نوره سفر للعباد	والاّ اللغز يرمز إلى ذاك (الهلال)

---

(١) اللغز: ١٣/٨.

هذا وْعِذْروا للذي عدّ الأمثال　　　من شاعرٍ يطلب من اللـه ر شادِ

شيخ حكيم[1]

وللشاعرة مريم حميد بن سالم الكعبي من عُمان قصيدة تدعو أن يصيب حل الرمز ما اعتقدته:

بدعت يا شيخ العرب سيد الأبطال　　　نبع الشهامه والحكم والمبادي
شيخٍ حكيمٍ وكلمة الحق تنقال　　　بشهد بها الشعّار حاضر وبادي
في اللّغز طوّعت القلم لين ما سال　　　دمعه على الأوراق سطّر مرادي
يكتب عن اللي دار في الفكر والبال　　　يمكن يصيب اللّي طرى في اعتقادي
القلب ذا الفؤاد له إسم رحّال　　　ويا كم سرى رحّال رايح وغادي
ويا كم يغني ويعزف اللّحن موّال　　　في الصدر مسجونٍ وله ذاك عادي
وظنّيت بالدخان في لونه أشكال　　　دايم يطير ودوم صعبٍ يصادِ
وان العلم شفته مربّط بالحبال　　　خفّاق في وجه العدا والمعادي
دايم نحبّه وللبلد صار تمثال　　　عند الشعوب ونحمله بالأيادي
وبالبعوضه للبشر تضرب أمثال　　　في آية فيها عبر للعبادِ
وشفت الفراش الزين له حق يختال　　　في الناس بالوانه ولو في الحدادِ
والطير ما به ريش موصوف لا زال　　　الطايره لشعب الحضر والبوادي
والطّير الأسود لي مع الوقت رحّال　　　الليل متميّز بلون السوادِ
وانّ السّحاب توقعه شبه الجبال　　　يسقي من أحماله عباد وبلادِ
وحمامة الروح إن دهى خوف واوجال　　　طارت وهي مع خوفها في جلادِ

---

(١) الرمز: ٤٥/٨.

والام حلّي طال شوقي لها طال | أفدي بروحي من سكن في فؤادي
تسعة شهور تحمّلت كل الأهوال | وفي حضنها سنتين عشت بودادِ
تسهر وأنام من التعب حالها حال | ما همّها لو ما تذوق الرقادِ
والختم صلوا ع النبي خير الأجيال | يشفع لنا يوم البعث والمعادِ

*****

رمز(١)

للشاعر مسلم سهيل عطيه جداد من سلطنة عُمان يحاول فيها الشاعر الوصول إلى حل اللغز:

با اسمك بديع الكون يا رب ألكَمْال | الواحد اللي ترتجيه العبادِ
لي خالق الدنيا على بحر ورْمال | وْعالم بما خافي وما كان بادي
أبدي بيوتي والتماثيل تنقال | في رد شيخٍ حاز خير المبادي
أوّل سؤال الطير له اسم رجّال | السيف ردعٍ للخصيم المعادي
والطير زاهي لون في لونه أشكال | الحلم في وقت الكرى والرقادِ
والطير لي ريته مربَّط بالحبال | هذا العَلَمْ رمز لْجميع البلادِ
وعن طير ما به ريش موصوف لا زال | هذي الرساله تنكتب بالمرادِ
وعن طير أسود لي مع الوقت رحّال | الليل يستاصف بلون السوادِ
وعن طير لي مضروب للناس بأمثال | هذي البعوضه آيةٍ للعبادِ
وعن طير زاهي لون في الناس يختال | طاووس لي موصوف مشيه ركادِ
وعن الجبال الطايره وشبه الجبال | هي السحاب وصوتها كالرعادِ
وْعن الحمامه إن دهى خوف واوجال | الروح دايم خوفها في جلادِ
واللغز عبّرته وسجّلت الامثال | حسب العلوم اللّي تبنّت فؤادي

---

(١) اللغز: ١٦/٨.

(الام) حلّي لي لها الطيب وآمال / طالب رضاها صادقٍ في ودادي
هذا وتمّت المعاني والأقوال / وْصلاة ربي عد ما طير شادي

******

من بن مهنّا إلى السديري[1]

نضم الشاعر محمد بن راشد النعيمي من الدوحة هذه القصيدة، وأرسلها إلى الأمير الشاعر محمد السديري، تحية منه إلى السديري على كتاب أهداه إياه، قال:

لاحت سهوم النور بالفجر وانجال / جنح الظلام وفاختنّي نجومه
وقلبي يتلّه من عروايه تلاّل / وأنا بقلبي داري ويش قومه
جاله من الهاجوس ما خبّث البال / والقلب يا الأجواد عرقٍ وثومه
قلب عطوفٍ يم الأجواد ميّال / ومن كان مثلي فالعربْ ما تلومه
لجواد عز الجار وزمول الأحمال / مثل السهل فيه الدمث والنعومه
لجواد وافين العهد قول وأعمال / طبايعٍ ما هيب درسٍ اعلومه
رجّالهم عند الملازيم رجّال / من هيّن الموقف تردّه سلومه
ورجّالهم لو هو فغيرٍ من المال / يفدي بدمّه دون ذمّه ولومه
هات القلم واكتب تحيّات وأمثال / ومعاني بأقصى الضمير محكومه
ما هاوت الهيّن ولا هافي الخال / ولا هيبٍ للي يوهمنّه حلومه
وحاشا ولا يومٍ لها جات لسوال / عليا ومن طاري الزهيد محشومه
تاقت لشغمومٍ ورا بعد الأميال / والبعد ما يثني الفتى من لزومه
قم يا ندبيى دنٍ ما يطوي اللال / إلى أشهب من دون الحبايب ردومه
مكينته نوعٍ من الجور العال / صلب الحديد اللي نضافٍ جرومه
ليكن حفيف بلوفها حث شلاّل / لا هيب ما تسمع ولا بمكتومه

(١) بستان الشعر: ٢١-٢٣.

لونه زهى زلٍ على سيته أشكال ... روعه ومن غالي الحرير مخدومه
اسمر حمر كأنه تحت فيْ وظلال ... وبالشمس لوناً يوهمنّك سهومه
هبّاع قطّاع الريادي والاسهال ... كدلك وتوّه من أمريكا قدومه
من جوبة الدمام يا بدر لا مال ... الفي والصحراء تلاشى سمومه
سربه بتوفيق الولي عالم الحال ... العالي اللي ما نعلم معلومه
يم الرياض العاصمه مهد الأبطال ... جيلٍ على علياه تشهد خصومه
لا حل خلف قطّيهن هوش وكتال ... وشوق الفتية وهقنّه وهمومه
[اخوان نوره] عند تالهين ثقال ... لا خوّع الجيّد وخارت عزومه
ومن الرياض أسرح عسى الرشد لك فال ... سنِّد وقيعان الحفية يمومه
ومنصاك بيتٍ للمراكيب مدهال ... بيت الثنا والمجد من فجر يومه
بيت الحسب بيت النسب بيت من طال ... صيته ورا نجدٍ وجتنا علومه
بيت السديري بيت كسّاب الأنفال ... زبن اللهيف وريف بدّه وقومه
المحتسي للمرجله كار ورجال ... لا جات من يم الشحيح مهزومه
محمدٍ ذرب النبا ذرب الأفعال ... رمز الزمان اللي تنحّوا قرومه
عصرٍ مضى زلّت سنينه ولا زال ... العصر فات وباقياتٍ رسومه
سلّمٍ عليه اعداد ما هل هطّال ... وبلٍ من المنشى ترادف غيومه
غط الوطى ديمه ومن وابله سال ... سيلٍ يغبّي ما نبى من حزومه
وقل له لفانى منه طارش ومرسال ... وهديّةٍ با على الوقار مختومه
هديّةٍ عندي لها كار وإجلال ... هديّة في ذا السنين معدومه
سيرةٍ وفا ما سايرت عصر الأنذال ... وإن جات سذّاج العقول مهضومه
وهاذي بعصر فات يا قرم ومحال ... يرجع لنا الفايت وننسى همومه
وافي وشيمه يوم لجواد عقّال ... يوم النسب ما فيه عيبٍ يشومه
يوم النسب للي يعوجون للتال ... لا جا نهارٍ فيه للموت حومه
والاّ لمن ينزل على بيته انزال ... بيت من المِيره وساعٍ وضومه
ما هيب سلعة واحدٍ عند دلأل ... هذا يبرّق به وهذا يسومه
والحق للّي يفرق السوم بريال ... سلعة حراج ما وراها غنومه

******

من السديري إلى بن مهنا[1]

وهذا جواب الأمير محمد الأحمد السديري على قصيدة الشاعر محمد بن راشد بن مهنّا النعيمي، فقال في قصيدة "من السديري إلى بن مهنا":

يقول: من شرّف على روس الأقذال ... راس الطويل اللي نبا من رجومه
رجمٍ براسه للمشاكيل مدهال ... ميقاع سمح الريش من عقب حومه
فكّرت بالدنيا بلقفا والاقبال ... تضحك وتبكي بالغاتٍ رسومه
وقامت همومي بالصناديق تجتال ... وزفرات بانت بالضماير رقومه
حوّلت منّه خاطري للوفا مال ... يم العزيز اللي فؤادي يرومه
لأبو بدر ساس الوفا مرخص المال ... اللي من المعروف فصّل هدومه
وافي ويلبس له من الطيب سربال ... درعٍ عريض ضافياتٍ اكمومه
خطه لفى في صفحة الطرس سيّال ... قافٍ بصفحة باغةٍ ومختومه
فتحت له بالقلب بابٍ له أقفال ... وفكري صحى لأبو بدر عقب نومه
أهلا عدد ما كان نازلٍ ورحّال ... من سوق نجرانٍ إلى سوق دومه
واعداد ما يسكب من الغيث همّال ... وبلٍ على وبلٍ تسابع اهشومه
عقبه زهور الورد بالعشب تختال ... فيه أم سالمٍ كلٍّ رجمٍ تهومه
تلعب طرب بألحانها تشده البال ... ما هيب من خضر الرياض محرومه
ما سايلت من قول شامت وعذّال ... وما همها نوّاب وفد الحكومه
راعي الوفا له داخل القلب منزال ... لو دونه ديارٍ وساعٍ خرومه
يا بو بدر تبدّلت كل الأحوال ... وحتى أشقرٍ الجنحان بدّل ابومه
وجميع شيمات العرب صارت أطلال ... مثل الهدام اللي وساعٍ ثلومه
دنيا يشيّب هولها روس الأطفال ... ولا عرفنا بدرها من نجومه

---

(١) بستان الشعر: ٢٤-٢٧.

*****

ونضم الشاعر محمد بن عيسى الكبيسي من قطر هذه القصيدة مداعباً أخاه حسين بن راشد الكبيسي قائلاً فيها[1]:

عيني سهيره والكرى ما طرالها ... تشكي على قلبي وقلبي شكالها
سببها زمانٍ ما يجي لي على الهوى ... يحضر لي المكدر ويخفي زلالها
شكينا ولا أحدٍ رد شكواً يثيبنا ... كود التمدّح في مجالس ارجالها
وحضرت أنا فكري من اللي جرى لي ... يشبه كماسيلٍ تجره إسهالها
فلاني بليدٍ والمثايل تكودني ... واصوغ المثايل في معاني عدالها
ولا تحسبون الشعر كلٍ يقوله ... ولا كلمة القيفان كلٍ عبالها
حلاة الفتى لا قال قولٍ يتمه ... وانجاته قويات البيوت ارتكالها
قم يا نديبي فوق ما يقرب البعد ... سيارةٍ تعجبك نظرة أشكالها
سميَّها بالشين لا من طريتها ... والفاء ويًّا الراء توفي كمالها
تنصى ولد عمٍ على الضيق عزوتي ... لجته المثايل ما سعى في اهتمالها
زكيٍ ذكيٍ منقع الجود والندى ... منوة هل العيرات عند اقتبالها
ولدٍ الفهيم اللي لسانه يصونه ... وإن جاته اعلوم من الجهل ما عبالها
احسين ذاك اللي لفيته بعزوتي ... حيثه بخيص وفاهم في حوالها
لك بشتكي يا ولد عمّي من الذي ... ناره وسط قلبي قوي اشتعالها
غراميٍّ دمجني في غرامه وسمنّي ... وخلاني انظر وين ايمّم اخيالها
رسمني على قلبي كما وقرة الصخر ... سألنا ولا أحدٍ ثابنا ش الدواء الها
وان جيتها أبغي وصالا على الرضاء ... تواعد ولا تصدق كثير احتيالها

---

(١) بستان الشعر: ٨١-٨٢.

حبيبٍ لبيبٍ بالموده يحبني وقلبي لكنه يجس الندالها
يغظٍ وأنا نيمٍ تصورت وزلها بين اليقظ والنوم صار اعتزالها
ومن عقب جفوى العذب دنياً تصدنّي وللغير كما عذراً ثري احتفالها
وربع في بمجالسهم يغيبون ربعهم كما ضبعةٍ جاعت وتاكل أعيالها
قومٍ إلى من جيت تبدى لك الرضا وجوهٍ تباشر لك وزين اقتبالها
تظن إلى من غبت مثل امحضورك قلوبهم سود من الحقد كالها
ولا نرتضي بالهون أحد يدوسنا ندور المعالي في شوامخ جبالها
حلاة القبيله بالتكاتف على الرضا وشور الجهل والحقد قصدي ايزالها
ولا خيمة من غير عود يعزها تنصب لها العيدان ويغلظ ظلالها
أوصيك في الدنيا وهذي وصيتي عبينا لها من قبل أحدٍ عبالها
إلاّ وله أزكى صلاةٍ على النبي عدد من يحب وينتصب في إقبالها
والثانية أوصيك بأمك ووالدك تسعة اشهور شلتك في حمالها
والثالثة أوصيك عن غيبة القفى وهتك العذارى في مجالس اجهالها
والرابعة جارك تعزّه وتكرمه ويذكرها في دار بعيد المدالها
والخامسة عز العزيز بمعزّته وجاز الرجال بأقدرها في إقبالها
وأنا بنشدك عن ذيب لقيته مع الغنم ويرعى من السدرة بولمة أصخالها
وياقوتةٍ في كف طيرٍ يشلّها طاحت ولا حصل بديل بدالها
الغازنا تأتي خفيفه بلفظنا خفيف تلفظها وصعب احتلالها
ختمت قيلي بالصلاة على النبي عدد ما نزل وكفٍ من أقوى اخيالها

******

وأرسل الشاعر حسين بن راشد الكبيبسي من قطر هذه القصيدة إلى الشاعر محمد بن عيسى ردأ على قصيدته[1]:

هلا مالعج نجمٍ بحندس لياليها وما لاح برق في غياهب خيالها
وما حن للأوطان من هو بغربه وما رحّبت أمٍ بلقوى عيالها
وأعداد ما حبّوا ولبّوا وكبّروا بذيك الديار اللي سعد من عنالها
لفانا الشفر يا حي من بالخبر حضر لنا بالخبر عد الشجر في مسالها
فلمّا قريت الخط عرفت ما به بطلت أنا صدرٍ للأمثال هالها
فلا نيب أبازي بالشعر من يقوله ولا نيب أقول الشعر في طلب ما لها
ولكن شعري حافظه حق لازمه إلى احتجت ماني جاهلٍ في مقالها
إلى من شكى شروا محمد أجيبه على الفور ركبنا على قاف آلها
لفتنا شكاتك يا بن عيسى وسرّنا أبيات شعر صاحي الفكر قالها
تشكي زمانٍ ما يجي لك على الهوى وذي عادة الدنيا تكدّر زلالها
ولله في تقسيم الأرزاق راده وذي حكمة اللي شرف الرسل وآلها
ولو كان واسى اللـه بأرزاق خلقه لما احتاج من هو يشتغل في أعمالها
فلا صار به عامل ولا به مزارع ولا صاحب التكسي للأغراض شالها
وإن كان تشكي يا محمد من الذي صوابه بقلبك زايدٍ بك وشالها
تذكر غرامك دامج في غرامه وعينيك تنظر وين يمّم خيالها
وقلبك حريقٍ من غرامه وتشتكي تريد الدواء ممن يعرف الدوا لها
وتذكر إلى من ردت وصلٍ تواعد ولكن ما تصدق لكم في مقالها
فصاحبك ذا قصده يعذبك يا فتي حيثه رماك بحربةٍ لين صالها
أو أن قصده يا نديمي ايتغلى عليك وانته باخصٍ في أحوالها
أو أن صده منك تزداد رغبته واللي سواتك راغبٍ في أوصالها
والجنس لا من منع زادت أقيامه ولا كثر ما هو جايب راس مالها

---

(١) بستان الشعر: ٨٣-٨٤.

وذي حصةٍ تزهي جمالٍ ورنق تعيبِ على الطواش صعب منالها
وذي عنز ريمٍ عذّبت كل قانص حذورٍ ذيورٍ نافرٍ من أظلالها
تهيا لمثلك ياً محمد وهي لك ودودٍ ولكن ذيٍ مواري دلالها
من حيثها مربى رفاه ونعمه حوريّة ما كدر الوقت فالها
لها عين وكري إلى حق طلعه ولها عنق لدمي نفر من أزوالها
تغيّر ملابسهاً على كل حزّه كما ريش طاووسٍ كثيرٍ أشكالها
قصدها تعذّب من تصيده بشركها حتى يذوق الويل زايد نكالها
شكى لي محمد من تصاريف حبها ذواه وزواه وزاد نفسه وبالها
وأنا وما أملك حاضرٍ في لازمه في لازمه نبذل نقود وحلالها
طلبتك من رأسك وأنا حاضرٍ لك ولا خير في قولٍ بليّا أفعالها
وحن حاضرين نقوم لك بالوساطه كانه يوقّر عنوة اللي عنا لها
واللي ذكرت انهم يغيبون ربعهم هذا كثير ولا تكشّف أحوالها
ودّي أجيبك في معانيك كلها لكن ودّي قصرها من أطوالها
ولا ذكر ذيب يرتعي له مع غنم والذيب لا ولي الغنم خاب فالها
بالدر سعى أسمه لفو يالزيمي وإن كان بالابجد ترى الخمس أوالها
وإن كان بالريحان سبعٍ مجرّب واللي سواتك فاهمٍ في أحلالها

*****

الشاعر محمد بن عمير الرمزاني النعيمي من قطر قال في أخيه محمد عيسى بن سلوم الكبيسي هذه القصيدة[1]:

قال من هو ما تخجّل في جوابه يبني القيفان بني الفاهميني
من بناء ساسٍ تعهّد في خرابه وكل ساسٍ في ضمان مهندسيني
واتعهّد وافهم اللي احتوابه نظمي اللي بأشهره للسامعيني

---

(١) بستان الشعر: ٨٥-٨٧.

مل قلب جاه منّي ما غدابه نهب من عندي ولا فاد الضميني
لي وليفٍ مبطي بقلبي صوابه واحسب أنّه قد برى واثره دفيني
جرح حب البيض ما فاد الدوابه من قديم جربوه العاشقيني
شفت غرٍ رد قلبي في عذابه يا عنى قلبي وزينه شاب عيني
قلت يالمجمول حالي لك وما به كل مالي لك وما تملك يميني
ما يشالي القلب لاعايا صوابه كون وصلٍ منك يا صافي الجبيني
رد لي وقال ترى زرقه هبابه ما يجود بوصل حق السايليني
محمد بن سلوم حالي وش وزابه يا بن عيسى يا زبون الحاينيني
اشتكي لك وارتجي منك المثابه فزعةٍ بالجاه والا باليديني
ما نبالي بالخساير في اتلابه نرخص الغالي لعينا الطيبيني
واسلم وسلّم على كل القرابه خص به اللي معاكم حاضريني
وألف صلوا لي على سيد الصحابه شافع الثقلين في يومٍ محيني

*****

وقال الشاعر محمد بن عيسى الكبيسي رداً على أخيه محمد بن عمير الرمزاني النعيمي هـذه القصيدة:

حي مكتوبك وحي اللي لفابه عد ما راحو لمكّه زائريني
أو عدد ما خط حبرٍ في كتابه أو عدد ما رحبوا بالهاشليني
أو عدد صوت الجميري لألعابه من على غصنٍ الأرايك به يليني
دار دولاب الفكر وإن فك بابه واتخيّر كل قافٍ فيه زيني
يا علي اركب على اللي شق نابه يطرب الركاب بالدل الحسيني
يقطع تخوت الفيافي في خبابه لا تحسّه بالعصى وأحذر تبيني
نصّه اخواني وهم نعم النسابه الاد نعيّم هم أكعام العايليني
نصّه بن عمير وقّف عند بابه في السعه والضيق حن متشاركيني
يحمسون البن من فوق اللهابه ذي تصب وذي تقفّاها بحيني

عقبه المبرور يلحقها اتلابه
ذي عوايد هم على طول السنيني

لابتى كالسيف حق اللي هوابه
والعظم لو هو قويٍ له يليني

دوك غالي المال حطه لك جلابه
وإن تعرّض للخطر دم وديني

ونأخذ المجمول من ربعه نهابه
وإن بغى بالطيب حنا طيّبيني

اترك اللي ما عطى رزقه هبابه
حاجة المحتاج يفهقها لحيني

واتبع اللي لا عطى عهدٍ وفابه
والوعد أثره عهد للمؤمنيني

أبو جديل اشقر على متنه زهابه
كعرابيد الظلام محذفيني

كنّ خده لا طلع برق السحابه
في ظلام الليل يقدي الساريين

والمبيسم لا حصل كن الدوابه
هو دواء اللي كان به جرح دفيني

عودها كغصن وردٍ وسط سابه
والثمر تلقاه بين الوجنتيني

والولد ان كان ما يحسب حسابه
المراجل فاتته والعمر ديني

الصخى للرجل له عز وجابه
وإن تهرج صدقوه الحاضريني

وإن بنيت البيت قويّنا عتابه
بالقوالب والحديد مثبتيني

ألف صلوا عد ما ينقط سحابه
تبلغ المرسول سيد المؤمنيني

******

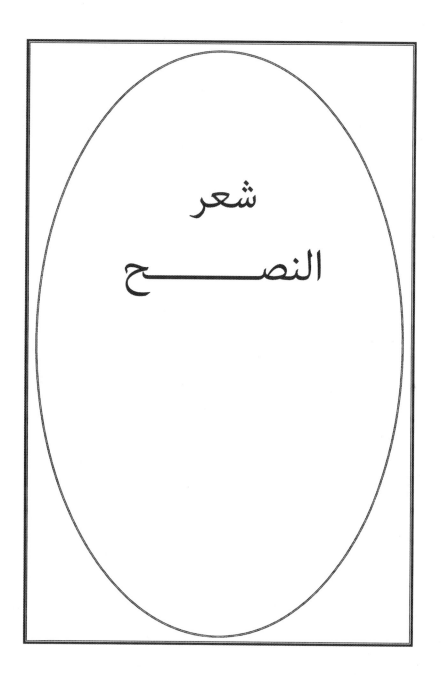

شعر

النصـــــح

للشريف بركات الجودي من السعودية في نصح ابنه مالك هذه القصيدة[1]:

يا مرقبٍ بالصبح ضليت أباديك	ما واحدٍ قبلي خبرته تعلاك
وليت يا ذا الدهر ما أكثر بلاويك	اللـه يزودنا السلامة من اتلاك
يللي على العربان عمَّت شكاويك	وليت يا دهر الخطا ول مقواك
واليوم ها الكانون غادي شبابيك	تلب به الأرياح من كل شباك
يا مالك اسمع جابتي يوم أوصيك	وأعرف ترا يا بوك بآمرك وانهاك
وصية من والدٍ طامعٍ فيك	تسبق على الساقه لسانه العلياك
أوصيك بالتقوى عسى اللـه يهديك	لها وتدركها بتوفيق مولاك
اللـه بحق أجدادك الغر يعطيك	رضاه مع كلما أتمنى من امناك
احفظ دبشك اللي عن الناس مغنيك	اللي إلي بأن الخلل فيك يرفاك
واعرف ترامكه ولا هابنا خيك	ولو تطلبه خمسة دواوين معطاك
اجعل ادروب المرجلة من معاليك	وادراج سيسها على العز مرقاك
لا تنسدح عنها وتبغيني اعطيك	جميع ما يكفيك ما حصل ذاك
احذر أمر ليعات أبيها لتاليك	أيضاً ويرخص عندما قدر مأواك
أدّب ولدك إن كان تبغيه يشفيك	واستسعفه من بعد مرباه با لآك
أما سمجٍ استسمجك عند شانيك	ويفر من فعله صديقك وشرواك
وإلا بعدٍ جهله ترا هو بياذيك	لو زعلت أمه لاتخليه يالاك
واحذر تضيّع كل من هو ذخر فيك	معروفه لا تنساه واوفه العرفاك
ترا الصنايع بين الأجواد تشريك	إلى طمعت بركزها لا اتعداك
واحذر سرورٍ بغبة البحر يرميك	ولا عنده افلس من تجزعك وابكاك

(١) شيوخ وشعراء: ١/٣٣٤-٣٣٧.

واوف الرجال احقوقها قبل تعنيك   لا تعتمد باعفو فالحق يقفاك
وهرج النميمة والقاف لا تجي فيك   وإياك عرض الغافل ايالي وإياك
تبدي حديث للناس فيه تشكيك   وتهيم عند الناس بالكذب واشراك
وإذا نويت احذر تعلم بطاريك   كم واحدٍ تبغي به العرف وأغواك
واحذر شماتة صاحبٍ لك مصافيك   وإلى جرا لك جاري قلت لولاك
ولا تحسبن الـلـه قطوعٍ ايخليك   ولا تفرح إن الـلـه على الخلق بدَّاك
إن اشتهى حطاً الطمع في تواليك   لو ما لقيته يا فتى الجود يلقاك
والضيف قوم له حين يلفيك   مما تنوشه يا فتى الجود يمناك
أكرم اقباله فإنها من شواديك   وأبذل له المجهود ما دام يعناك
أحذر تلاقي الضيف مقرن علابيك   خله محبٍ لك صديقٍ إذا جاك
وأوصيك زلات الصديق إن عثا فيك   ما زال يغطاها الشعر فاحتمل ذاك
راعه ولو ما شفت أنه يراعيك   عساك تكسر نيته عن معاداك
وأحذر عدّوك لو بقا بي يصافيك   عود القنا واطعنه حينما جاك
لا تامنه فاطلب من الـلـه ينجيك   ويكفيك ربك شر ذولا وذولاك
شفني أنا يا بوك بآمرك وأنهاك   عن التعرض بين الاثنين حذراك
إذا حضرت طلايبٍ مع شرابيك   اسع لهم بالصلح واللاش يفداك
ابذل لهم بالطيب ربك ينجيك   ولا تجضع الميزان مع ذا ولا ذاك
أما الشهادة أدّها إن دعو فيك   بين عمود الدين لا عميت ارياك
بالك تماشي واحدٍ لك يرديك   طالع بني جنسك وفكر بممشاك
رابع أصيل في زمانك يشاكيك   وإلى شاف خملاتك عن الناس غطاك
وأحذرك عن طرد المجفي حذاريك   عليك بالمقبل وخل من تعداك
ثم العن الشيطان لياه يغويك   ترا أن تبعته للشرابيك وداك
وأوصيك لا تشكي علينا بلاويك   أنت السبب أخذك عيونك بيمناك

وأعرف ترا اللي وطا الفهر واطيك ولا أنت أعز من الجماعة هذولاك
المسك يا راسي عن الذل واخطيك واحذر تكلم يا لساني حذاراك
وألطف بدارك ثم قم دون عانيك وافطن الما يعنيك عن ربعة أخواك
يا ذيب وان جَتك الغنم في مفاليك فاكمن إلى حيث الرعايا اتعداك
من أول يا ذيب تفرّس أبياديك واليوم جا ذيبٍ عن الفرس عدّاك
يا ذيب عاهدني وأعاهدك مرميك مرميك أنا يا ذيب لو زان مرماك
والنفس خالف رايها قبل ترميك ترا لها الشيطان يرمي بالادراك
ومن بعد ذا لا تصحب النذل يعديك وعن صحبة الأنذال حاشاك حاشاك
ترا العشير النذل يخلف طواريك وأنا أرجّي ما تجي دون آباك
والهقوة أنك ما تجي دون اهاليك ولا ذكر عود الورد يثمر بتنباك
والحرّ مثلك يستحي يصحب الديك وإن صاحبه عاعا معا عات الأدياك
لا تستمع قول الطرف يوم يلفيك بالكذب يقضي حاجته كل ما جاك
من نَم لك نم بك ولا فيه تشكيك والاه قد ازرا رفيقك وازراك
عنك حكا فينا وعندي حكا فيك وأصبحت كارهنا وحنّا كرهناك
أخطاك ما أصابك ولو كان راميك يصيبك لو تتقيت ما أخطاك
مير استمع مني عسى اللـه يهديك النصح يا مالك لك اللـه المولاك
عندي مظنة ما تمثلتها فيك وأطلب لك التوفيق من عند مولاك

*****

هذه القصيدة نصيحة للشاعر الأمير تركي بن عبد الرحمن وهي من أدب الوصايا، قال فيها[1]:

يا فيصل اقبل من عزيزك وصيه وصيتٍ من داخل القلب مهداه

---

(١) شيوخ وشعراء: ١٨٥/١-١٨٦.

افهم كلامي والمعاني خفيه والخير من يبغاه يا خوك ينصاه
وش في الحمامه صارت اليوم حيه وش في الزمن غير على الناس ممشاه
ما شوف قِدامي حياتن هنيه يا حظ قلبٍ هَمَ الأيام ما جاه
غاب الأمل يا خوك ما شوف ضَيه قللي هنا للأيام يا كيف ابلقاه
غلطه بها الإنسان يصبح ضيحه ويصير في خيبة أمل طول دنياه
ويتوه ما يعرف صوابه وخطيه ما تنقذه من قاعت البير يُمناه
ويصير له تسعة وتسعين نيه يحتار في ممشاه تتخالف أخطاه
كم واحدٍ لاقا بدربه أذيه والخير في دنياه يا خوك مَبداه
والهم ما يبغى يقيل بفيه لكن درى حظه بدنياه خفاه

******

الشاعر جحيش السرحاني من السعودية، قيل: إن هذه القصيدة قالها الشاعر بعد حادث وقع له مع ابن ابنه، حينما كان يقوده إلى المسجد -لأنه بصير- فأراد الطفل أن يدفع جدّه في بئر إلا أن السرحاني كان قد عهدها قبل ذهاب بصره، فتراجع عنها ثم قال[1]:

قال الذي يقرا بليا مكاتيب نصيحة تبقى لكم من عماكم
يا عيال أنا ليه عليكم مطاليب عطوني السلفه جزا ما وزاكم
دليت ادوج فوق عوج المذاريب وخطاي قصرت يوم طالت خطاكم
ياما تمسعرت القبايل تقل ذيب من خوفتي يقصر عليكم عشاكم
وياما شريت السمن من عرض ما جيب يفز قلبي يوم يبكي حداكم
يا عيال وإن صرتوا ضيوف ومعازيب سهل النبا يا عيال ملحة قراكم
والمذهب المذهب ترى المذهب الطيب والمذهب الخيب يعطل نساكم

---

(١) من آدابنا في الجزيرة العربية: ١٣٩/٤.

وترى النجاسه من كبار العذاريب　　وفعل البلايس ما يطول لحاكم
دينتكم دين وابي منكم الطيب　　لامت ما افرق طيبكم من رداكم

******

الأعمار تنفذ(١)

للشاعر حامد بن علي بن مايقة التي قال فيها:

الأذكار تبقا والنفوس تزول　　والأعمار تنفذ والسنين تطول
والأيّام تطوينا ولو طوّلت بنا　　رحولٍ من أسباب المقام جفول
جفولٍ بنا من دارنا صوت دارها　　ولابد من بعد الشديد نزول
نريد البقا والاّ البقا ما يريدنا　　خصيمٍ نودّه والخصيم زعول
نودّه ويجري بالمقادير ضدّنا　　والأسباب لصحاب الرحيل تصول
أرى الناس للدنيا ضيوف وهي لهم　　رحولٍ إلى دار المقام تحول
تحوّل بهم من ديرةٍ صوب ديره　　كما حال بدوٍ من ديار محول
مضى اللي بها قدامنا يذكرونهم　　كما حلم ليلٍ والحلام تزول
مضوا ما بقا إلاّ ذكرهم كن ما مضى　　عليهم بها يوم رخا وقبول
والأقدار سفنٍ تصّل الناس للفنى　　والآفات لي جات الوفاة تهول
والأسباب بيبأن المقادير والبلا　　والآجال للراس العنيد تلول
تلولٍ ترد اللي يعاند لشورها　　على ما تريك وللرفيق ملول
إذا زيّنت ليّام بادي قبولها　　تردّت وردّت للقبول اتغول
تزيّن لنا الأيام مقدم عمارنا　　كما نستوي عقب الشباب كهول
فلا خير في دنيا قصارٍ طوالها　　جحودٍ ولا رزاق الكرام اتخول

---

(١) بستان الشعر: ٤٨-٥٠.

تقصر طويل الباع من دون خيرها كذلك ومثبور الذراع يطول
ولا خير في دارٍ إلى عاد مالها مقامٍ عزيزٍ والدروب سهول
ولو كان ينبت طيبها في ترابها كما أن المهادي من قديم يقول
ولا خير في نفسٍ إلى عاد ما بها مرامٍ عزيز لو الطريق وحول
تروم العلى وتجنّب الهون والرداء ولو كان من درب الحياة اتقول
ولا يطلب الطولات من لا يطولها ولا قاصرٍ للطايلات ينول
ولا يركب العسرات من لا يهينها والأخطارٌ لزحول الرجال ذلول
ولا يستلذ الهون والدون بالرجا سوى من تعوّد للهوان وصول
ولا يدخل الغبّات من لا يغوصها ولا ياصل المجد الصعيب كسول
ومن يامن الدنيا كفا الـلـه شرّها لزومٍ يصيبه من الزمان ذهول
تناهيت من وصف الليالي وشاقني علىً الشعر قلبٍ ما يطيع عذول
ضميري يقدّيني ونفسي تسوقني وأنا باب صدري ما عليه قفول
أنا مغرمٍ بالشعر ويفز خاطري لما قيل بالمجلس نشيد فحول
فحول النشيد اللي يعرفون واجبه هم اللي لهم عذب الكلام نهول
جواهر الأدب والمنطق اللي يفيدني ولا نيب للقول الرذيل نقول
ولا أساير الأنذال خوفٍ تصيدني محابيلهم لي جاعليّ خلول
واللي على مجرى التماثيل هاضني تواصيف ناسٍ ما تشل عقول
حداهم غرور النفس وبليس والهوى على ماقفٍ يرِّث وراه خمول
تناسوا عن أخلاقٍ بنتها جدودهم بالأمجاد واضحوا للفساد زمول
تعدوا مباديهم وهانوا نفوسهم وغدوا للرعاع المايعين ذيول
تقدّوا بهم واستوردوا من طبوعهم كما استوردوا منهم شراب كحول
تغطّت أنصاف وجيههم من شعورهم كما سوّروا ذرعانهم بحجول
كما قلّدوا باسماهم اللي تهينهم على ذكر حشراتٍ بست رجول
ألا يا شباب العرب عزوا نفوسكم عن الماقف اللي للعروض قذول

ولا تدّعون بموضةٍ تجلب البلا
ولا تلبسون من الفساد سمول

ولا تجلبوا العار من دار غيركم
على داركم وانتم عيال زحول

إذا كان علم الغرب يهفي عروضنا
غدا العلم في ذاته بلا مفعول

حلات الفتى يبعد من الهون والردا
ولا يقبل العيله ولا بعيول

ولا يستهين براعي الحق والقدا
حليمٍ إذا شاف الخصيم جهول

أرى الجود في الأجواد يملك رقابهم
كذا الطيب عند الطيبين يضول

ولانذال دومٍ قاصراتٍ شبورهم
ترى جارهم لي جا المجال خجول

إذا جدت في الأجود يومٍ وزرتهم
يشلون حملك لو عليك حمول

وإذا جدت في الأنذال واحتجت نفعهم
عطوك الوعايد عقب دور الحول

ختمنا وصلّينا على طيّب النبا
نبي الهدى اللي للجميع رسول

*****

وللشاعر الأمير سعود بن بندر من السعودية هذه القصيدة في نصح الشباب[1]:

يا خوي ودي كل أمورك تساهيل
وأبيك دايم في محل الصداره

خِذ راي من يحتاج لك في المقابيل
ومن حبه لنفسه نصحك بحراره

أريد أشوفك فارقٍ فوق ها الجيل
ولا تضيع أيام عمرك خساره

أبيك حلم وحسنٍ سيرة وتحصيل
وصبرٍ لتحقيق الهدف عن جداره

أبيك تقوي رغبة النفس بالحيل
رغم انها صعبه وفيها مراره

في وقتك اللي كلش أصبح تساهيل
وصارت قِيمنا عيب باسم الحضاره

وصاروا يظنون الحضاره معاويل
تهدم عوايدنا وتبني عماره

*****

(١) شيوخ وشعراء: ١/١٧٩.

وللشاعر الشيخ عامر بن سليمان الشعيبي هذه القصيدة في النصح[1]:

قال المؤلّف في نصايح قصيده سلما دنيّه والدّنيء ما تفيده
ما ينفع الواحد خُوَيّه وعَضيده لَنْ غَلّسَت غدر الليالي العسيره
يا خوك ما ينفعك في زمانك عَمّ ولا خال ولابن ثبانك
ولا ينفعك غير الذي فِهَيْميانك لَنْ بوّروا واحدٍ جبت غيره
إن كنت في ها الدّنا صاحب موال حايوك بالتّرحيب وبطيّب الحال
وقالوا بنشهد إنّه فلان رجّال راعي المعاني والصيّاني الكبيره
لو يكون ما تعرف الضيّف من هين ولا قلت يا ربع من هين لا هين
ولا من خلقت أسخيت شربه لمسكين بعدك انته السيّد وشيخ العشيره
وأيضاً إلَنْ دارت إليك الدّواير واستفرغت كَفّيك وأجزيت حائر
تجزي خلي من شملهم والعشاير كَنّك غريب أبْ كَنّك من أهل ديره
لا يسالموك ولا يردوا سلامك ولا يصدّقوا قولك ولا كلامك
إن صابك حال ما قالوا علامك فوق النغايص لحقّوك الكسيره
قالوا ضعيف الشّور الـلـه يزيده نكّل بروحه وباع ماله عميده
ما قالوا خلاّق والأمر بيده مسكين بندوم عامي بصيره
قايس وفكّر يا خفيف العقول واذهن لنفسك كنت جاهل غفولي
حذرك وحذرك عن بنات الخمولي لا تقول ذي عذرا وبنتٍ صغيره
لَنْ ذيّحت وأرمَتْ ثنون الثنّايا دوّر صحيب والحذر لا تنّايا
صرهن محلّ العيب بيت الغوايا خسران من قال العذارى ذخيره
شَبّهْتَهن جمرةٍ في فتيله في دغش باروتٍ وحزمة كبيْله

*****

---

(١) ديوان الشعيبي: ٢٩.

أخير ما تفعل(١)

ومن القصائد التي تحمل طابع النصح والوعظ هذه القصيدة للشاعر عبد الـلـه بن سـبيل، جاء فيها:

يا العبد قيّس ما طرالك على البال   دنياك لا تلهيك عن تبع دينك
واعرف ترى ما قسم لك ما به أشكال   يجيك لو كل العرب حاسدينك
والمال مثل الفيّ لابد ينزال   مر عليك ومرةٍ عن يمينك
والفرق في تبريق ربك بالأعمال   في ساعةٍ تذهل بها والدينك
وأعرف ترى الدنيا لهاكم ختّال   ولقافةٍ لابد هم صايدينك
تعمل بها أشغال وهي لك بالأشغال   وعقب المعزَّه قل فيها عوينك
فإن ساعفت دنياك بالحال والمال   تحمّد الوالي وباعد قرينك
وإن كان بك عدلات الأيام ميّال   تمسي مقل وغلمةٍ ضاهدينك
لا تشكي أحوالك ولو طقك الجال   إلا على الكاتب بعالي جبينك
اللي إلى منّه حشم عز واجال   تنفعك حشماته ولا أحدٍ يهينك
والاّ رفيقٍ صاحيٍ ماله أمثال   ما اضمرت به لزما تشوفه بعينك
وإيّاك والمرسال ومقربٍ سال   من الراس حيث الراس تبرح قرينك
في حزة اللزبات ما شلت له شال   والى أخلفت يصبر بزينك وشينك
واقرابك اللي تمتنيهم بالأفعال   وهم بحزات اللزب ممتنينك
معهم جمال ومال والعبد عمال   ابنك حتين فلان وابنه حتينك
لو كنت دبوسٍ لهم عوق من عال   تفك مشكلهم وهم خابرينك
تفتل لك الدنيا كتافين وعقال   ويغضون عنك وكنهم جاهلينك
فاشنح لمن مداته جزال وعجال   يمد لك يوم أنهم حاقرينك

---

(١) ديوان ابن السبيل: ١٣٦-١٣٩.

بلكي تذعذع لك على روس الأقذال — وتكيل وافي صاعهم في ثمينك
ولا تستمع في هرج نقّال من قال — خله يقل الحكي بينه وبينك
وسدّك فلا تعطيه عمٍ ولا خال — كم واحدٍ بالهرج يبحث كنينك
مقعدك مع ناس لهمٍ عنك منزال — لا هم براجينك ولا خايفينك
معهم خبرك وكايليناك بمكيال — على العسر والميسرة عارفينك
في مجلس مالك مقامٍ وتفصال — أخير ما تفعل مقامك بحينك

*****

حصة مصالح(١)

وما قاله الشاعر عبد الـلـه بن سعد المهندي في قصيدته هذه ناصحاً:

يقوله اللي قافياته تكنها — معنا يذكر راعين البصاير
خبيرها اللي من زللها حصنها — حصة مصاليح بها الفكر داير
جوايز الأذهان حي فطنها — دليلها يرشد قوى الحضاير
قوارع هاذي بهاذي قرنها — ظم العجوم لعانسات العشاير
ماسك سنيع أجيادها من رسنها — والمّيز جد إبرازها بالتخاير
نوع بها تطويرها وامتحنها — والحر تنجبه الأفكار الحراير
الأيام يأخذ طالب البخص منها — بادى تصاريف تسر السراير
للي على مقياس ذهنه وزنها — كاشف بها ما جارى الفهم عماير
ما يجلب أجناس الثنا من وطنها — إلا الجهاد ومستجد الخساير
بذل على تدعام ثابت اركنها — والصبر لو تلحاك نحت النجاير
ما نفس محمود طناها غبتها — نفح الأفراج بدايرات الدواير

---

(١) ديوان الشاعر: ٣/٣٤-٣٥.

بصيرها اللي في مداها ضمنها	خصص بها فراج عسم العساير
دنياك يا حبها بها لا تظنها	تصفى لمخلقوق على العدل ساير
درع تتقي من طوارق محنها	لزم تشكل به عنيس الجواير
لو تقضى الحاجات تأخذ ثمنها	على الرضا ولا على حكم جاير
فالزين جلى الصاديه من درنها	لجداك لا يثني لك العزم شاير
ناهيك بيبان الشقى منك أسنها	راقب رقيب امغيبات الضماير
ترمن على عاطب وبرها دهنها	غرامه الدارين بالله الستاير
والفانية ما يربح اللي حضنها	مربوحها عاد رضا الـلـه خساير
كم سابق الزلات يوخذ رهنها	ترغم بفوز متلتلات المراير
فالعدل تفصال الشريفه بدنها	الأجناح ما تغنى عن الوقع طاير
حاذرك من تبع الضعيفه وأهنها	تقواك لو تذكا عليك السعاير
حطت بابوك الدانيه واعرف انها	مطاعها يفسد عليك الذخاير
يا طامع الحسنات دارك ضعنها	لابد من تنور الإدراك فاير
كم قبلك أجيال تزخرف زمنها	واتلى مداهم مظلمات الحفاير
جتهم تشن أفوارها في سننها	جهرا ولا ثار بنحا الجند ثاير
جذت رزين الداليه من شطنها	وادعت روان مذكر اليم غاير
هذا كبير إنذار يا من ومنها	معتادها فراق شمل العناير
صلاة ربي عد حي سكنها	على البشير وصادقات النذاير

******

وله أيضاً في النصح قصيدة (أبي فرصة[1])، إذ يقول فيها:

تخالفت أنا ويّاك يا وقت الاعسامي	أبي فرصةٍ وأشياك خلفي وقدّامي

(١) ديوان الشاعر: ٣/٣٦-٣٨.

ولا في تصاريفك طريقٍ لعابر … تبناً لأمواج وغارب الحال مترامي
تزجه دواحيم البحر بازدحامها … ولا فيه هدو والمت منه الاولامي
تمهل لحالك الـلـه مالك تحدني … على حالةٍ يطرى بها جرحي الدامي
وأنا لي معك صدمٍ من البؤس والشقا … وأقاسي أحداثك حاضر الحال والعامي
فلا عتب من هذاً حشى الـلـه ولا جزع … ليال تعودنا بها جدع الإسهامي
على قسمة الرحمن في كل ما يشا … ولا للمد بركون مقضى الأقسامي
ابن آدم مدى الأيام هذي حياته … لو استرحين غالته صك الأعسامي
ولا هي تدوم بحال يسر ولا قسا … تداول بالأيدي لا لسام ولا حامي
ولا المسلم إلا راقب رحمة الذي … رقيب قريب لخافي الغيب علاّمي
تقاديره العليا علينا قبولها … بحمدٍ وشكرٍ ما تقافن الأيامي
أحوال القسا دوّار الأفلاك دونها … تفرج بكافينٍ القضى حتم الأحكامي
يضد العسر يسرين و الـلـه قالها … دليل بألمٍ نشرح نفي هذي الأوهامي
مع الصبر عظم الأجر بالازم التقى … عيونك تنام ورب الأفراج ما نامي
فكن واثق أن الـلـه حلاّل عسرها … تكّفل بك اللي صورك جلد وعظامي
وقال أنني خلاقكم للعباده … من انس وجن وكل مختلف الأنسامي
ولا نجحد العهد الذي سابق لنا … حن المسلمين ابنا هل العهد الإسلامي
حن أمة محمد نحمد اللي رفع بها … مقام الإسلام وحط الإبهام هوّامي
كما التايهين بْلجةٍ لا مدى لها … وعاتٍ على الباطل عن الحق نيّامي
لهم ضاهر الدنيا كما قال ربنا … ولهم غطةٍ من موعد الـلـه بالاحتامي
فيا الـلـه يا من لا آلةٍ به الرجا … يكون أنت فَطار السما السبع بانظامي
وداحي المهاد ومحصي كل ما جرى … بدايم دوامك ما عليها حدٍ دامي
تجاوز عن الزلات يا رب غيبها … سموحة كريمٍ مُجزلٍ مد الأنعامي
بعفوك وغفرانك ترضى عن خطيّتي … وصلاتي وتسليمي على الهادي اختامي

*****

أنسب بيوت القاف[1]

للشاعر علي بن سعيد بن سبيت المنصوري، وابتدأها بـذكر اسم الـلـه تعـالى ثـم استرسـل ناصحاً:

سمّيت باسم اللـه مبتدي ... كريمٍ عطاياه الكريمِ جْزالِ
لي خالق الإنسان موجود من عدم ... خالقٌ وعنده مكتبات الآجال
أقول المثايل فاهمٍ في ورودها ... ولا كل من قال البيوت أمثال
أنا أنسب بيوت القاف نسب الأصايل ... لاجا لها بأقصى الضميرِ مْجال
نصيحةٍ يطرب لها من يودّها ... وعلى قلوب المذنبينِ وْبال
يضحك معاك ويلتوي بك على الردا ... وإن رحت منّه في جنابك قال
والسادسه لا تفتشل في زبينك ... لا جاك زابن ما وراه مجال
فاده بحالك لين تبرد فعوله ... لين آخر الدعوى تجي بسؤال
والسابعة قم للرجالِ بْوقارهم ... إلى اقبلوا قلّط لهم سهّال
قلّط لهم بنٍّ مع الهيل ينعمل ... في مجلسٍ فاخر وصفرِ دلاْل
ونجرٍ إلى من دقّه مولعٍ به ... تجيه النشامى الطيبين ارسال
والثامنه لا تتبع الهون والكسل ... ترى الكسل يرّث عليكِ عْطال
يقصرك من العليا ويرميك سافل ... وتصير مالك في الرجال عدال
والتاسعه دنياك لا تعتني بها ... عليها قبلك من قديم وحال
هذي منازلهم وهذي رسمهم ... لافت بهم بقعا غزير الجال
ياما كلت بقعا بقعها زمانها ... واقفت على شيبانهم وعيال
وبنات حورٍ ما بعد صاح صيبهن ... كساهن من رب العباد جمال
والعاشره فكّر لدنياك وافتكر ... قلّط لنفسك طيبات أعمال

---

(١) ديوان ابن سبيت: ١٥٩-١٦٣.

عليك حج البيت من فرض دينك ... ومن لا يزوره من عباده فال
لا دشّوا الاسلام بارد ظليلها ... خلوك في شمسٍ بغيرِ ظْلال
والحاديه تمت صلاتي على النبي ... ما جود ذكره عندنا ما زال
اعداد ما جات الهبايب وذعذعت ... واعداد ما هلّ السحابِ خْيال

******

وله في النصح أيضاً:

أجامل مع الشعّار[1]

بديت وبدا بي هاجسٍ ذات خاطري ... على راس رجمٍ من الرجوم رجيد
أعالج همومي لين بيّحت ما خفى ... وتنقّيت قافٍ من الضمير جديد
حريصٍ على مجراه واعدّل منسبه ... لا يشد بيتٍ من البيوت وحيد
أجامل مع الشعّار في مجلس الملا ... وأنا ما ادّعي لأهل النشيد عقيد
ترى للشعر له ناس يعرفون منطقه ... هل الدور واللي يسمعون بعيد
ترى الشعر مثل خطوط بحرٍ تلاطمت ... وبحرٍ من هوى غبه يروح بليد
يقولونه اللي قالوا الشعر قبلنا ... كلامٍ إلى مرّ القلوب يفيد
كلامٍ على المعنى كما الوقر في الصفا ... ولاكمٍ بلا معنى ولوف نشيد[2]
عفا الله عن ناسٍ لقينا رسومهم ... لهم في الدياوين العتاق قصيد[3]
أوصيك يا مجهول بالله تنستر ... على طاعة الله لا تصير عنيد
نرى الوقت خوّانٍ ودنياك خاينه ... تلهّم كلامٍ يا الحبيب وكيد
... وبني هلاَل اللي لهم تمجيد

---

(١) ديوان ابن سبيت: ١٦٤-١٦٦.

(٢) الوقر: النقش، الصفا: الحصى أو الحجر.

(٣) لقينا: وجدن، العتاق: مفردها عتيق وهو القديم.

وين الصحابه وين الأشراف الانبيا
تحت الأرض راحوا والمزيد يزيد

وين العباد اللي كثيرٍ غثيرهم
تضحك وتلبس من الهدوم جديد

تحلّت بهم بقعا وحلّت مكانهم
لها الموت عسّاف الخيول رشيد

خذا اللـه بقعا لا ضديدٍ يضدّها
تعالج ولا فيك الطبيب يفيد

تفاجعك لاجاتك مناديب شرّها
ترميك في ذاك المكان وحيد

عليها عوين اللـه بالعزم والصبر
وحدٍّ يوجّه للسعير وقيد

حدٍ على الجنّه طريقه ومنزله

*****

وفي النصح قال الشاعر عمر الزعني:

الولف(١)

قرش القديم إن أمكنك لا تصرفه
بكره بتجي أيام وبتحتاج ليه
والولف يللي من زمان بتعرفه
أحسن إلك من ولف تتعرف عليه

*****

الولف يللي بتعرفه صار زمان
في عشرته بتعيش في راحة وأمان
لو قل بختك أو غدر فيك الزمان
يسقيك ساعات العطش بكفوف إيديه

*****

(١) حكاية شعب: ١٩٣.

الولف يللي بتعرفه أكبر سند
لو بعد عزل صرت في حزن وكمد
أو كان عيونك صابها داء الرمد
بيعطيك كحله ولو حرم منه عينيه

******

الولف يللي بتعرفه بيوم الصفا
لا تتركه مها بدا منه جفا

وقال الشاعر مخلد القثامي العتيبي من السعودية يوصي ابنه، وينصحه[1]:

يقول مخلد رد من طيب البنا ... تماثيل بيطار تنقي عجيبها
من وقت اللي هاض بالي وحسني ... أيام علينا الرب الأكبر رضيبها
احلنا ومدينا الفرع مدها لحيا ... وعزّى النفس ما تحصل قضيبها
تلفت في ربعي أهل الجود والثنا ... عسى حاجة من واحد تقتضيها
تجاوز أهل الأموال بالقرش بينهم ... هذاه يعطيها والآخر يجيبها
وحازوا قليلين المواشي لحالهم ... سوات السباع اللي يروع قنيبها
وأنا احذرك ببنت اللاش يعجبك زينها ... تحني كواعبها وتنسع ذويبها
تراها سواة العشب في دمنة العرب ... حتى حمار الحلس ما يرتعيبها
تجذب خناطيل تصافر عيونهم ... وأخوها وأبوها قاعدين لصيبها
ترى اللاش مثل الليله الخرمسية ... كما ليلة أم قبيس ما ينسريبها
وترى اللاش مثل الليل والنار والمطر ... يوم الهبايب لين يطفي لهيبها
عليك ببنت مجرب عارفينه ... قروم الرجال اللي تنومس نسيبها

(١) من آدابنا الشعبية في الجزيرة العربية: ٦/٨٢-٨٦.

اتعب لها العيرات واتعب لها القدم   وسافر لها لو هو بعيد مغيبها
تراهم يسوقون الكحيلات بالنسب   قحص المهار اللي سريع هذيبها
تجذب حرار من معالي وكورها   حرار صقور من معالي رقيبها
كرام زعانيف جزال نفوسهم   تقضي لوازمها وتأخذ مصيبها
وأنا احذرك عن رأي المرة لا تطاوعه   ترى راية النسوان تملك نصيبها
تغويه عن درب الشاكلات للردى   وتفرس بضرّس ولبّة جوف سيبها
وأنا أوصيك في حرش الوبر شمخ الذرى   كما جوخة شرّايها يكتسيبها
البل عظم المال يا جاهل بها   لكن هي ما كل شيء يجيبها
البل تبغي قرم قوي عزايمه   دايم على طرافها يشتقيبها
يا زينها في وادي عقب غبه   نو السّماك نو الثريا سقيبها
في وادٍ ترى الزهر في جوانبه   وظلت دقايقها تكاسر لشيبها
لكن عند العصر زين اعتلاجها   رطين العساكر في بلاد تصيبها
جلابيت إذا مشت وقرايا إلا مْرَحَت   تملا القدور القادرة من حليبها
يا كم غني جود الـلـه حظايره   يوم الليالي الشهب شبت شبيبها
مذاخير كفة للمرة في زهابها   عسى حلته بمردّف يعتديبها
وكم من صبي ماشي في عزايمه   مداخير كفة في الدهر يبتهيبها
يمسون خطاره على ساخن الشحم   يوم السويدا يجمد الماء لهيبها
أنا أوصيك يا غازي ترى الروح فانية   الأيام تضحك لك ولا يندريبها
تغانم شبابك قبل يلعب بك الجهل   تغانم زهرها قبل يابس رطيبها
زهرها الكرم والدين و الصمت والظفر   وخيار الاريا لا تجنب صليبها
أنا أوصيك بالخطار في هاشل القسي   إلى لفوالك لا تقصر وجيبها
تبدَّهم بالكيف والكن والذري   وقرب معاميل على الـلـه نصيبها
إن كان ما تجد قراهم بحاضر   عسى بيتك حاجة تشتري بها
تلقى كروف الضان حوَّاشة الغنم   زد الثمن عن سومة ما رضيبها

ترى طرات الجود عجل من الفتى ... اردم شفايا راسها مع عصيبها
ترى جارك الأيمن أخيار اللزايم ... وجارتك اعطها حقة تهتنيبها
عليك بامْ القاصر الأجنبية ... اظنك إذا جت كرمة لك تثيبها
ترى مدة القصّار تقربك للفرج ... وتدعى بدعوة ربنا يستجيبها
وعليك بالعاني إذا جاك عاني ... إذا جاك ناصي راكب في نجيبها
وأنا أوصيك في شيمتك ترخص مقامها ... تضحك رجاجيل اتدبّر غبيبها
وأنا أوصيك بخصمك على قطع عرفة ... إذا جات أيام الطلابة طليبها
وترى ربعك الأقصين نصرك على العدا ... وقبيلتك ساعدها وحارب حريبها
وترى ربعك الادنين وسترك من الشقي ... سيوف إذا جات اللقى تقتضيبها
وأنا أوصيك في طنب الردى لا تجاوره ... رذال الرفاقة لا تظلي طنيبها
تنشبك حرمتهم وياكلك كلبهم ... كما النملة الل ما تريح قريبها

*****

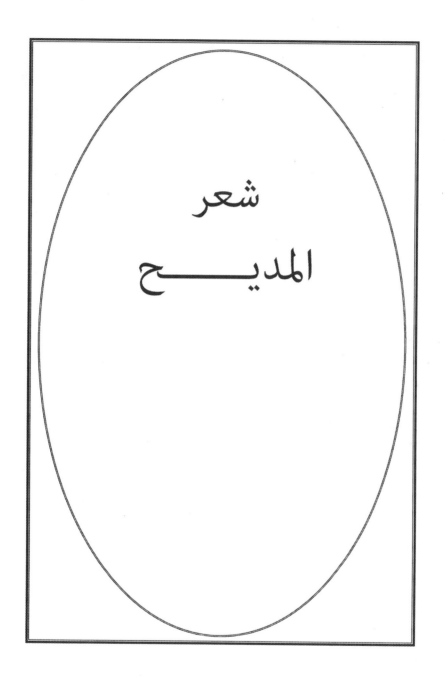

شعر

المديح

قال الأمير خالد الفيصل في عمه الأمير سلطان عبد العزيز آل سعود[1]:

عاش للمجد سلطانٍ به الجُود زايم ... قدمته المكارم في نحور المسيره
ما ينول المراجل كود خصم الخصايم ... مثل أبو خالد السلطان في كل ديره
يا طبيب القلوب مرضها هضايم ... في زمانٍ صغيراته غدت بالكبيره
ويا ظلال الوجيه اللي شوهتها السمايم ... ما لقت بالمظامي مزبنٍ تستجيره
ويا دليل العقول اللي تخبط هوايم ... كنه الجدي في ظلماتها نستشيره
ويا ربيع الهقاوي عقب ما هي هَلايم ... من تعلق جنابك يرتوي من غديره
حاضر بالمراجل مثل ما هي قدايم ... أمسك ويومك وباكر معك له ذخيره

*****

وقال في عمه الأمير سلطان بن عبد العزيز أيضاً[2]:

عند المودادع دمع عيني غلبني ... وطاحت بي الدنيا على كف سلطان
أحب يمنى عمي اللي حشمني ... ومن لامني في حُب سلطان غلطان
شيخ بالأخلاق الكريمه ملكني ... بالمرجله فارس وبالرحمه إنسان
ومن يزرع المعروف لابد يجني ... ومن يفعل الإحسان يجزي بالإحسان
واللي يريد المجد لابد يبني ... في قلوب وعقول المخاليق بنيان
أفاخر بعمي على الناس وأثني ... ويستاهل البيضا سلايل كحيلان
له موقفٍ عند الملمات يثني ... سلطان موقف والتجاريب برهان
الي انتهض يكفي وإلى مد يغني ... واللي تكلم كلٍ شيٍ معه لان

---

(١) شيوخ وشعراء: ١٤٥/١.

(٢) المصدر السابق: ١٤٦/١.

والي وعد يوفي والي قال يعني | والى ارتكا للحمل شاله بليهان

*****

وقال الأمير خالد الفيصل يمدح والده الملك فيصل بن عبد العزيز(١):

لا باس يامن له على ما قسى باس | عداك يا سلطان ربي خطرها
تسلم وتبقى للشرف رافع الراس | يا فرحة المضيوم ساعة كدرها
يدعون كل الناس من كل الأجناس | و اللـه يقبل ما دعي لك باثرها
حبك غدا بقلوبهم ماله قياس | كم واحدٍ نفسه لنفسك نذرها
شوفك وذكرك للرجاجيل نوماس | اللي يدركون الأمور وخبرها
من حبه سخر لحبه الناس | و اللـه يخص بنعمته من شكرها

******

حصّل مراده(٢)

نظمها الشاعر خالد بن معجب الهاجري في مدح السيد زايد الوحيري المنصوري:

أبو ناصر طاب كيفه عقب مسياره | حصّل مراده ونفسه ذي تمانيها
حصّل رجالٍ وبنٍّ كثَّر بهاره | مع شحم مطعماتٍ عند راعيها
يا جعل غرس الوحيري تنبت أثماره | اللي قريبه وجاره خِشرةٍ فيها
سنا في ما بغى في ماله تْجاره | ما غير قطع العذوق والحِيل مفنيها

---

(١) شيوخ وشعراء: ١٤٧/١.

(٢) الديوان: ٥٥-٥٦.

من صلب جدّي هل الناموس نذّاره
الاد منصور حمّاية قوافيها
لاجا نهارٍ شرّير تكثر أشراره
هوى على هويةٍ أبطا وهو فيها
هواجرٍ في اللقاً تنثر القاره
عادة هل الجود ما و اللـه نخليها

******

وله أيضاً في المدح قصيدة:

عليهـــــا[(١)]

يقول الشاعر العود المساني
غبيب الموج مجراته عليها
مديمٍ مرقبي روس البياني
ولي أهداف وأهدافي عليها
الا ياً قلب ويش لك بامتحاني
محنت العين وادكك عليها
مديمٍ نومها خمس الثواني
وطرف العين ما يطرف عليها
ألا ياً راكب اللي ما اداني
ولا اداني العصا تومي عليها
تزوج روجٍ بزوجاني
كما حقّانةٍ يخلى عليها
أنا لي منوةٍ يا أهل التماني
على شقراً نحرها فج يديها
زعوجٍ لا توّحت للغواني
ولا بيغرد الراكب عليها
مع الداير خذت به خط ثاني
وراعي الجمس ما يقدم عليها
تخازر عينها له باخزراني
مخازر طامحٍ عيّوا عليها
وتكتف كتف طيرٍ بكتفاني
وطلع الحبلً ما يرفع عليها
وتنعش نعش زارٍ بنعشاني
وراعي الزار ما نزّل عليها
كما ربداٍ عليها الليل داني
بعيدٍ دوحها واظلم عليها
عليها النادر اللي صيرماني
وهو عبدون مرسولٍ عليها

---

(١) الديوان: ٥٧-٥٩.

وتنصى أبو حمد ذرب المعاني عريب الساس هلا يلتقيها
يهلّي بالذي ياتيه عاني ومحلاتٍ يجي اللآفي عليها
وجعل لهِ هْروفٍ في صياني وقريب البيت يدعونه عليها
مع هيل الحبش والزعفراني وضو النار مركاةٍ عليها
وعاده في مكانه معشراني ومن له حاجةٍ به يقتضيها
حماه اللـه من صرف الزماني ونفسه جعل ماشيٍّ يجيها
مهيمٍ فاهمٍ كل المعاني أسباب أن المراجل يعتليها
أنا لي رغبةٍ في البهبهاني وهو لا من صفط يقدر عليها

*****

وقال الشاعر الشيخ دعسان بن حطاب الدويشي من السعودية في مدح حمود بن رشيد[1]:

قالوا كريم وقلت للقلب مردود وقال البصير انحر لها خشم عواد
نوٍ ثقيل يشتعل برق ورعود كن أوله يردع لتاليه ويزاد
وتحدرت بامر الولي راعي الجود وحطت لها بالجرع ماقف وميعاد
ترعد وتمطر والهوى شرق بركود يا لله عسى جال الغدير لها ماد
وزجت ومجت ماه والرب محمود وعنها يعرط بالحصى كل حساد
وجعله على السبقين والصلب يا حمود وتحدها الجيان لنحيط من غاد
وعليك يا جو الصفى مدهل الذود ليا وايقن مع شاربه شقح الاذواد
ترعا بك العرا الشناح أم عنقود لين السنام يعقب الورك من غاد
دارلنا من دونها راعي الزود بالسيف نقصر شاربه كل ما زاد
وخلاف ذا يا راكبينٍ على قود حطوا سهيل يمين من غير مسناد

---

(١) شعراء من مطر: ٧٠-٧٢.

تلفون من يأخذ على الخيل عرجود　　فيصل ليا ركبن مع الحزم جلاد
فيصل ولد سلطان والفعل ما كود　　زيزوم نمرا ما لها وصف وإعداد
وإن صاح صياح من الضد مضهود　　ورز اللواء والطرش جاله تبرجاد
نلبس لباس الجوخ من كل ماهود　　ومصقلاتٍ عندنا ذخر الأجداد
ونركب على الدربات بدروع دايود　　قبٍ نغذيهن من الدر والزاد
سود مصامعن عراقيبهن سود　　حمرن مناخرهن كما كير حداد
ولحقت تنازا بالمناعير جلعود　　كل ابلجٍ له بالظفر شف ومراد
وكم واحدٍ غازي يبي الزود والفود　　ليا شافنا قال الطمع كان ما عاد
وكم واحدٍ حقه من الشاه عمرود　　يلجى وراعي الورك عداه من غاد
يهوز له حملن وهو وقم مفرود　　لا شايلن قربه ولا نطع وشداد
وبالك تشاور كل عين ومقرود　　لا يتبع القايد ولا هو بينقاد
شاور معطرت النمش من ظني هود　　شروا بدر وحسين خطلان الأولاد
بدر المحمد منقع الطيب والجود　　وحسين بن مطلق حمى الطرش وانقاد
ليا قال له قولن فلا هو مردود　　يمضي على ما قال ما هو بنشاد
واقنص ولا بدك من الموت ما عود　　والعمر لو هو طال تاليه للانفاد

*****

وهذه قصيدة للشاعر راعي البير من السعودية يمدح فيها سعدون آل محمد آل عريعر[1]:

مراقي العلا صعب شديد سنودها　　يكود على عزم الدنايا صعودها
فمن رامها بالهون ما نال وصلها　　ولا رد غيظات الملافي كبودها
شراها بغالي الروح والمال والشقا　　وصبر على مر الليالي وكودها

(١) من آدابنا الشعبية في الجزيرة العربية: ٦/ ١٧٩-١٨٥.

فلولا غلاها سامها كل مفلس ... ولاو عناها كان كل يرودها
فلكنها بالحزم والعزم والشقا ... مخاطر بحالات خفي سدودها
وبذل العطا في ماجب الحمد والثنا ... وخضب الهنادي بالدما من غمودها
وإغضا نظير العين عن ذنب صاحب ... تجي من صديق زلة ما يعودها
يجيبك إلى نادي المادي لمطلب ... سريع مطيع سالم من حقودها
وبالحلم عن زلات الأصحاب طوله ... ولم العصا ما يقطع الشر عودها
فلا طير إلا بالجناحين طاير ... ولا كف إلا بالقوي من زنودها
فمن لا يرد الغيظ بالحلم زينت ... له النفس حالات خبيت ورودها
ومن عنها بالصبر حتى يردها ... يشوف مطاليع الهدى في ورودها
فلا فايت من صالح في ما فاته ... ولا طايل في قطع كف زنودها
ولا خير في عين حديد نظرها ... قريب ويعمى شوفها عن حسودها
فمن هاب خاب وعاش بالذل واشرفت ... عليه الأعادي طالبين حقودها
ومن اشرع الخطى ضحى الكون وانتضى ... نهار الوغى بيض الضبا من غمودها
تحامى حماه الضد في نازح المدى ... وذلت له أرقاب العدى في سجودها
فلا تورد الحاجات يوما لباخل ... أياديه ما يرجى الجدى من مدودها
فمد الرجا واقصد جناب تعودت ... يمناه مد من غوالي قيودها
فمن عودك من فيضه يمناه عادة ... عليه لزم بالسخا أن يعودها
ومن فك عن زنديك بالعسر يسره ... وهي كان ملوي عليها زنودها
عطايا تجي من بارع الجود تنذخر ... ويقضي العطايا عقب هذا وعودها
ترى إن كنت غاليت الثنا في مديحه ... أجل عنك ما خاب الرجا في حصودها
فلا غير سعدون ملاذ إلى غدت ... علينا الليالي صايلات جنودها
مدحته على ما كان مقدار فعله ... فلا عاش كتام الحساني جحودها
فهو لي على الشدات عون ومقصد ... ويا نعم مقصود لنا من ظهودها

بوجه طليق بالبشاشات مشرق وعين عن العاني قليل صدودها
بكف حميدي كريم بنانه وكم ذا جلا فقر المقلين جودها
حريب الردى مسقى العدى شربه الكدى من الغيظ غصات الملاقي كبودها
حليف الثنا موض السنا طارق الفنا مقدام (هباس) وباني عمودها
حوى من جليلات المعالي اسمانها وخلي المعايا للردايا تقودها
ولابسْ ثياب الحمد بيض جداد وللغير أبقى ما رمى من جرودها
وجدد فعال الزين في كل مطلب يضيع مع الحساب ماضي عدودها
بجود وحلم واحتمال وهمة وفراسة مقدام تراها شهودها
وصبر عن الجاني وعفو وشيمة ونفس حماها عن مزاري نقودها
وقول الوفا ما ياكل الليل علمه الي سمعت انذال الروى من قرودها
مدى العمر ما جازلة يذكرونها ولا خان عدوان رماث عهودها
ثقيل مراز الحلم سهل جنابه وافى الذرى للملتجي عن ظهورها
فلا طايش يوم الي نال نايل ولا جازع من صرف دنيا وكودها
يزيد على عسر الليالي سماحة الي زادت الشدات يزداد جودها
وللضيف عد راكدات جفانه تعادى بها حمر الرعايا وسودها
تظل مع الجيران والضيف كنه ورد الظمايا مالها من يرودها
وكم ذا وطى دار المعادي بغارة صباح وهلها ما تهنا رقودها
وكم جن خفرات الصبايا بصولة ظعاين تحدا مقرشات جهودها
على أثر شبان نشاما لكنهم أسود الشرى الغابات باد جرودها
وهجن طوايا ناحلات لكنهن من السير قيسان برى السير قودها
تساما بشبان وخوط من القنا يتالن قناص العوادي صيودها
يتالن ملك طالما صبح العدى على صومة الجبان ما هي بأسودها
ونحي عن البيض العذارى رحالها واناخ يقري مالها من شرودها

واضفى الحساين عن بقايا قطيعة تلقاه عن سو الليالي سعودها
فهو فارس الهيجا وهو بارع السخا وهو كاسب من كل الأنوى عمودها
مقدام خيل والقنا في نحورها ومعظس جوايدها وحامي قعودها
جواده عرجا والسبايا بطايح وكفة ريان من الدم عودها
إلي ركضت يوم على الضد خيله فمركوب ممدوح السبايا عمودها
حمى من ربي هجر الي ضاحي اللوى إلى الشام من دار آل عمرو حدودها
إلى خشم رمان الي النير مجنب إلى الشعري وطمانها من نجودها
الي العرض والوادي الحنيفي مشرق وما عن جنوب كل هذا يسودها
الي طاب منها مرتع جاده الحيا رعاه على رغم العدي ما يشودها
الي وجهت بدرية البيض صوبه لكن قراطيس الطلاحي خدودها
تناحت بسكان الحمى عن طريقه كوصف وعول قاصدات صيودها
إذا لم يوافقهم من الشيخ جيره غدت ملاشتي قليل ركودها
فما احملت جرد السبايا متوج ولا احضنت بيض النسا في مهودها
باوفى جميل من معاني جميلة وأسخى يمين بالعطا من مدودها
فيا من علا فوق العلا كل طايل وزاده ببنيان رفاع بنودها
فرضت لنا فرض قديم ورسمته بخط يد ورث الندى من حدودها
وذا العام يا كساب الأنفال خامس ولا جاك منا طالب في نشودها
غدا الرجا به مثل راعي وداعة وثيق عليها وامن من جحودها
وذا اليوم يا كساب الأنفال قادنا اليها أمور موجعات أبدودها
فجد غير مامور بتنجيز حاله وبكربها واجعل جوابي صفودها
وغدا تنال العفو من فضل قادر الي حضرت مع كل نفس شهودها
ومبغضك بالمهفات والذل والعنا وغيظ مع العدوان يملي كبودها
والأقدار فيما شيت تجري على الرضا بحكمة خلاق البرايا يقودها

*****

أندا من الهمال[(١)]

للشاعر عبد الـلـه بن عامر البوفلاسة، يمدح فيها الشيخ زايد بن سـلطان آل نهيـان -رئيس دولة الإمارات العربية المتحدة- بمناسبة ذكرى يوم الجلوس:

يا الـلـه يا رحمن يا باسط العطا ... يا من عباده رحمته يرتجونها
يا ثايب المخلوق في كل حاله ... سميع الدعا لا تلحق النفس هونها
يقول من هَيًّا من الشعر ما طرى ... أبيات نَظّمها مهذب فنونها
بصيرٍ بتفصيل المعاني وعدلها ... يجيد من حلو المثايل زبونها
لي خصّها وامتازها بامتيازها ... تِحَلا من أجسام الدلايل عيونها
واختارها دانات غالي مسامها ... تعيب مشراها على من يبونها
لكني أعرف من الملا مستحقها ... وأهاديه ما يغلي عليه مخزونها
واتحف بها عيد المقلين بالقسا ... شريفٍ يثمنّها براجح وزونها
رفيع المقام وطيّب الذكر زايد ... من أمجاد من عصر الجهل يذكرونها
أندا من الهَمّال في حالة الصخا ... لشعبه وناسٍ نازح البعد دونها
على الدار عم الخير والسعد والهنا ... وهبها السرور وقالها من محونها
مشى الما، وارتوى كل من يشكي الظما ... عْذاب المياه أهل الوطن يشربونها
مع ذا تبرع بالمباني وشادها ... بيوت وحين إنجازها يسكنوها
عمّت معاريفه هل البر والبحر ... ومن كان فجّات الخلا يسكنونها
تناعتوه بطيب عالي أذكاره ... شفاقا عليها عندما يسمعونها

---

(١) لآلئ قطرية: ٤/١١٩-١٢٤.

على فضل من جدّ المعالي ونالها
شَمَّخْ مبانيها ودعّم ركونها

شريف النهيّان المشهر بذاته
ونعماه مرخص غالي المال دونها

ويا نعم من يطرى بالامداح زايد
مدرك علاها قبل من يقصدونها

ومن به خطيب المجد بالصبح والمسا
يوضّح مشاريعه إلمن يفهمونها

همامٍ به الدار العزيزه تنورت
وطابت مناظرها لمن ينظرونها

الشيخ بن سلطان سلطانه الوفا
رِفَعْ مستواها ثم ومّن سكونها

حماها ونولّها من الجاه قصدها
ربح بولاته عودها وِمْحَضونها

عليك الثنا يا خير من عَدّ ناعت
ومن باسمه أعلام الثناير يرفعونها

تولّيتها ولبّستها ملبس العلا
جميل جَمَّلها وستّر متونها

وتوّجتها من وافي الفخر فخرها
واضحت فتاةٍ يشرح الصدر لونها

ويا خير من يسعد رجا كل قاصد
محقق لناس أهل الحوايج ظنونها

أسأل اللـه الرحمن يرفع مقامك
على كل خير وسيرةٍ يرتضونها

ويعز بك شيبانها مع شبابها
اللي بهم نعماك ما يجحدونها

عساها لكم تبقى على طايل المدى
عطية كريمٍ لامته يرتضونها

واهنيك في عيد الجلوس بمواسمه
يا زين ملفاها ليالي حتونها

يا سعدها يا عزها يا جمالها
في كل معناها وكافل شئونها

وساعة وصولك عاد للدار عيدها
وهو ثالث العيدين لي يشهرونها

شبع جايع الفقرا، وروى شاكي الظما
حيثك عليها نعمةٍ يحمدونها

عيدٍ عساه يعودنا كل داير
بحالة سرور أمراحها يصحبونها

عيد الهنا فيه المسرات والهنا
عيد الشعوب وفي المهمات عونها

عيدٍ تهنينا به الخلق كلها
رسايل وبرقياتهم يضربونها

تهاني سمو الشيخ واحنا بعد لنا
أفراح وأمراحٍ إلمن يحضرونها

خيلٍ وسمحات الأبكار النجايب
على شرف حاكم دارنا يركضونها

ومباركٍ يا عَزّ الانجاب عيدك ... عليك وعلينا من وراها ودونها
وسامح لابن عامر على ما بدا به ... هدية محبٍ والرجا تقبلونها
وأفضل صلاة اللـه دوامٍ على النبي ... ما غنت الورقا بساجع لحونها

*****

تنام الخوالي مستريحة[1]

قصيدة مهداة من الشاعر محمد بن راشد آل مكتوم إلى الشيخ زايد بن سلطان آل نهيان:

تنام أهْل الْقلُوبْ المستريحهْ ... وأنا راحاتْ قلبي في عذابي
أرظّف وَنّتي من ضِيْج صَيْحِهْ ... ومنْ هَمٍّ بقاصِ الجُوفْ غابي
نِصيْحِهْ والنّبَا منّكْ نْصِيْحِهْ ... لكُمْ يا بو خليفهْ منتدابي
سِخِيْ النفس والرّوح السّميحه ... عزيز الشّانْ مرفوع الجنابي
تعَلاً للنّجوم المستشيحهْ ... شِعَاعْ النّورْ وِمْزُون السَّحَابي
أنا محتار في الدّنيا الشّحِيْحِهْ ... يهيم الْبُومْ فيها والغرابي
أرَىَ يا سيِّدي بعض الشّريحهْ ... بِطَانهْ رِمّةٍ تحت التّرابي
سريعٍ في الْمِجَامَلْ والمديحهْ ... كِسُوْبٍ مستفيدٍ في الكآبي
نصيحهْ منْه تحتاج إلْنِصيْحِهْ ... كلامٍ مثل ضَحْضَاحْ السّرابي
أخاف اللّوم عِذّالي تبِيْحِهْ ... وأنا قلبي عن العذّال يابي
ألاَ يَا لَيتْ مَنْ بَيْصِيحْ صَيْحِهْ ... صِداهَا يِنْسمِعْ في كِلْ نابي
سِبُوق الشّارِده مِنْهَا طِرِيْحهْ ... وباقيهن خِمُورٍ في المغابي

---

(١) ديوان الشيخ محمد بن راشد المكتوم: ١٩-٢٠.

إذّا من هَبّ نِسنَاسْ الصِّبيْحِهْ
لِفَا مِنْ صُوبْ رَيّان الشّبابي
يزيد الشُّوق في قلبي لِفِيْحِهْ
على بِعْدِي وهمِّي واغترابي

*****

بو خليفة لي يشجعنا

وله أيضاً قصيدة "بو خليفة لي يشجعنا" في مدح الشيخ زايد بن سلطان آل نهيان التي قال فيها بحق الشيخ زايد:

في قدوم الْهِينْ رحّبْنَا
والذي لِلْكَاسْ عانِيْنَا
مرحبا يللي عِنَيتْ إلْنَا
مرحبا وأهْلاً ملايينا
كلّ مِنْ شَارِكْ ايْشَرّفْنَا
والشَّرَفْ والمجد يكفينا
إنْ نِصَيتْ الدّار قاصِدْنَا
صُوْبنَا يا راعي الْهِيْنَا
وجان مِتْحَدّي بِتسْبِقْنَا
سَبقْنَا في دارنا امحينا
حَاسِبْ احاسبك وِرَاقِبْنَا
ونزّلْ اشْيَاطِيْنكْ قَبلْ تْينَا
الذّلايل تَخْلِفْ الظّنا
والرِّيل ما يِضْمَنْ الهينا
لا تِظِنّ ابْظَنّ مِنْ ظَنَّا
وعن ظنون الْغَيْر نافينا
وِان سِبَقْتُوا ذاك يِفْرِحْنَا
ولا عن التَّصْفِيق صَخَّيْنا
نعترف بللي بَتِسْبِقْنَا
وِانْ سبقناها تِقَاضَيْنَا
كلّ شاعرْ يبدع إلْفَنَّا
له مكانْ أوْ يَعْرِفِهْ زينا
لا يواخذنا ويَظْلِمْنا
مِنّه تِزْعِلْنَا وترضينا
لي حِصَلْ مِنّه حِصَلْ مِنّا
إن رضي بالحق راضينا
ولا يظن الدَّربْ يتعبنا
لو يِطُولْ وياخذ اسنينا

*****

النية العليا[1]

قالها الشاعر محمد بن راشد النعيمي في ذكرى قطر وتمجيد أهلها:

الليل طال ونوم عيني جفاها — وعزّ لعينٍ نقّض الهجر داها
تسعين ليلٍ حاربت لذّة الكرى — وعشرين عامٍ حاربت مِن نهاها
تذكر خليلٍ نازحٍ حال دونه — ليال وأيامٍ تكّدّر صفاها
تذكر وداده كلّ ما ناض بارق — وإن حنّتً المصغر تزايد عناها
أمست مع الذكرى على بارقٍ سرى — بأطراف غرا مدلهمٍ سماها
أخيله من الدوحة جنوب ومغرب — وشمالٍ إلى الجوّانً جوده غشاها
سالت به الوديان والصلب والوطى — والحجر ريضانه تعدّت ملاها
منازل بني عمي عشاير قبيلتي — لعل وبل الديم يروي ثراها
دار لها من سالف العصر ذمّه — زبن اللهيف وريف ضيفٍ لفاها
وإلى وزاها خيّرٍ ضدّها النيا — حاديه من ضميم الليالي قساها
يلقى بها الأجواد فعلٍ ومنسب — حمايلٍ تدرأ القبايل زراها
حمايلٍ شرع القبايل سلومهم — عزاز النفوس اللي جزيل سخاها
رجّالهم رمز الملازيم خيّر — هل الكار الأول عادته ما نساها
كريمٍ إلى زرته وفي الى انتزح — ويمناه لو تملك حدوج عطاها
لجواد هم لجواد لو قل وجدهم — والأجواد ما تحصى مثايل وفاها
كم قيل في لجواد في سالف الثنا — فنيوا أهلها والمعالم نراها
لجواد وصفوا بندرٍ وسط غبّه — والأنذال ضيح ما يذرّي ذارها
والأجواد ذخر الروح في حومة الوغى — ستر الفروع اللّي عليهم رجاها
يفدون غالي الروح في شأن كلمه — توفي بها بنت العشيره إمراها
خمريّة الخدين منهوبه الحشاء — نبنوبةٍ در الخصايص غذاها

---

(١) بستان الشعر: ١٤-١٦.

حرامٍ على الهافي وتكرم من الردى وتهيأ لمن عند المخلاً ثناها
حامي عقاب الحرد زيزوم غلمه أهل سربةٍ نشر المطرّف حماها
شوفة عقيدٍ ما تونّى رحايله في ساقته تشكي النجايب حفاها
يالله يا رب السماء عالم الخفا يا منزلٍ سَبع وسَبع بناها
يا رب لا تكشف للأجواد غرّه ولا تلحق الأنذال غاية مناها
ودارٍ بها للضيف قدرٍ ومنزل جعل الحيا يسقى دوامٍ جباها
مرابيع غزلان الخلا شرّد المها خضرٍ مراعيها صحيحٍ هواها
دارٍ لها عندي قدايم جمايل وأحق ما يلزم حمايلٍ رباها
دار الكريم اللي عليها جمايله شيخٍ شهر بين الخلايق نباها
أكرم مواطنها وامّن حدودها وأرسى قواعد نهضةٍ ما وراها
عليها المباني ناهضاتٍ لكنها شم الجبال الشامخه من وطاها
كن الحدايق في مغاني ربوعها ريضان وسمي تتالى حياها
ومدارسٍ تبنى لطلابة العلاء على سلّم العلّيا تقدّم خطاها
ألا يا حجا الأوطان يا منتهى الرجا ترى داركم أنتم طلايع بناها
وترى النّية العليا الي من توفّرت مع العلم تعلي داركم وعلماها
وترى العلم ما يقدي لمن جنّب القدا ولا أمةٍ تحيا بعلم اسفهاها
ولا خير في رجلٍ يتاجر بذّمته على أمته يرضى بهونٍ وطاها
وإن كان للأوطان حقٍ على الفتى هو اللي عطاها حقّها ثم جزاها
أراها كما شقرا من الخود عانس عذرا تحقّق حلمها في صباها
زهت من فنون الشرق والغرب حليه زهت بالمعنّق والمعنّق زهاها
لها من صفاة الريم عنقٍ ومقبل وعينٍ تصوّب نبلها في غضاها
ومعكرشٍ يشدي ظلامه إلى انحدر ليلٍ على فجر المحيّا كساها
عربيةٍ فخر المناسب جدودها فيها الوفا طبعٍ لها من أنساها
عشيريّةٍ ما هيب خطوا هديفه وسط المجالس يقلطون اولياها

*****

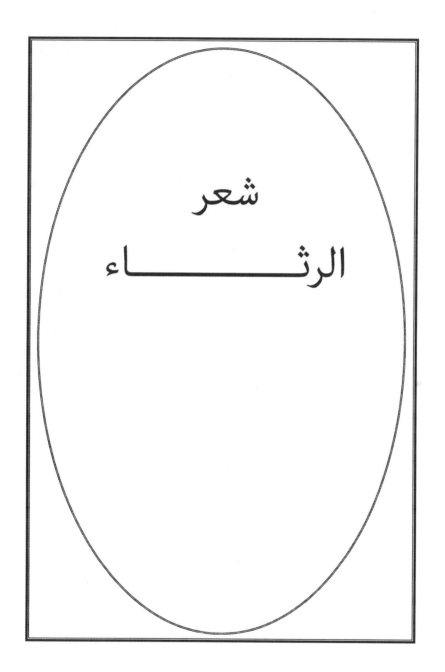

شعر

الرثـــاء

وللشيخ حمد بن سعود هذه القصيدة في رثاء والده الشيخ سعود بن عبد الرحمن بن قاسم بن محمد آل ثاني، قال في مرثيته[1]:

إلى اللـه نشكي المقادير صايبَة	مدبر الفلك بأمره تداور هبايبه
هو الواحد اللي صور العبد وانشاه	وأوعد أنه يرجعه في ترايبَه
كما كون الدنيا ووضح مصيرها	بها يعتبر عقل الفتى من عجايبَه
وجعلنا عليها مثل طراشة الخلا	شباب بها الأيام وتعود شايبَه
إلهي تعاونا وتجبر مصابنا	على فقد سُور الدار من كل نايبه
أبونا في الشدات مِقدام جمعنا	قمرنا به الساري يقدِم نجايبه
أبوي الذي ملجأ لمن حَده الجفا	إذا دارت الدُورات والنفس ذايبه
يروم القدى للي يجي طالب القدى	يرد البغّا سبع الوغَى عن قرايبه
حليم على الأقراب جَسرٍ على العدا	غيورٍ على الصاحب اجزال وهايبه
كريمٍ إلى من صد ليث إذا عدى	إذا جاه مفرور رجع منه هايبه
غدتّ به صروف الدّهر وأبرم به القفا	لفته المنايا وانتحى عن حبايبه
بكت له أطلال الدار من بعد ما ارتحل	نهار الخميس بها تقافت ركايبه
بكى المجد من بعده ويرثي له العلا	ويرثاه تاريخ يسجل غَرايبه
وتِرثاه رايات عِظام يرومها	على العز مبناها به النفس طايبه
ويرثاه عقد الراي لا دار واشتكى	تكبر به المجلس فهذاك جايبه

*****

وقال الأمير خالد الفيصل في ذكرى وفاة والده الملك فيصل بن عبد العزيز[2]:

سلام يا فيصل عدد ما ذكرناك	واعداد ما قالوا لك الناس مرحوم

(١) شيوخ وشعراء: ١/٤٩٩-٥٠٠.

(٢) المصدر السابق: ١/١٤١-١٤٢.

واعداد دمع العين في يوم فرقاك واعداد ما فرجت من كرب مضيوم
إن قلت يا لتني افداك وإن قلت واعزاه ماني بمليوم
يا لعن أبو من لام عينٍ تمناك قد بددت شوفتك عن شوفها غيوم
وين العزا ما به عزى غير نجزاك بمواصلة مسعاك والرب معلوم
ترى عزانا يوم حِنَا فقدناك أنا خذ لنا راي من يزعم ازعوم
الراية اللي رفرفت فوق يمناك أبشرك يا شيخ ما طالها اخصوم
إن قصد اعداك تعطيل ممشاك حقك علينا ما نوقف ولا يوم
نسير في دربك وناخذ سجايَاك ونرد من هو ضد الإسلام مَلطوم
نم هاني العينين حنا تبعانك والدار فيها لابةٍ مالِهم نوم
إن قاله الـلـه ما نضيع لك امناك نسجد لرب البيت في القدس ونصوم

*****

وهذه مرثية للشاعر القطري سعيد بن ناصر الجفال النعيمي(١)

بقعى كفى الـلـه شرها لو تزيّنت غدّارةٍ ما تامن الناس بوقها
مرٍ تزخرف لك تجيلك على الهوى ومرٍ توّسع في اضلوعك افتوقها
بأنيابها وأفعالها اللي قبيحه الكبد من بين الضماير تبوقها
لجاك طارشها بأمرٍ من الولي تفعل وتاخذ لا بغت ما يعوقها
ما تاخذ الأكل طيِّب وخيِّر أجمال الحمول الي تعلّق أعلوقها
من عرضهم راشد ومثله جماعه حدٍ تعشّابه وحدٍ ريوقها
راشد أفعاله والمراجل وراثه والأجواد ما تخلف مسالك اعموقها
خذاها ومشّاها على مثل ما مضى ولا نقصها غير هو زاد فوقها

---

(١) بستان الشعر: ٧٣-٧٤.

ماضي وحماي على الحق والخطا بالله هو عجل الحميّة صدوقها
لصار ولد اللاش بيدوِّر الذرى هو منوة اللي علقوا في أعنوقها
من لابةٍ ظفرين في حومه الوغى بيّاعةٍ للنفس لصار سوقها
عوجان سمحين على كل ملّه عقّال جهّالٍ اتجنب حقوقها
لا من زبنهم من حرب عينه الكرى وألفت به العيرات تشكي ارهوقها
يحل في دارٍ بعيدٍ من الخطر لو كان زلاّته وساعٍ اشقوقها
ما قلتها قصدي على امدح رفاقتي الاّغرامٍ من ضميري يسوقها
ولو جحدت اللي جرى لي عن الملاء عيني على خدي تزايد دفوقها
لا قلت أنا يا عين بالله هوّدي خوفي كثير الدمع ييبس عروقها
قالت بلاي اللي فقدته عضيدك ويمناً بلا يسرا ضعيف اصفوقها
وصفك معاهم مثل كفٍ وساعد لصار بعض الناس تجهل أطروقها
قلت استعضنا الـلـه عقبه بمثله خطوى اشقرٍ روس العلاحط فوقها
قرمٍ على قرمٍ شجاعٍ مجرّب روس القبيلة ما ندوّر الفوقها
مات النداوي واعتلا الصلب وكره ترثت حرارٍ سبّقت في اسبوقها
تمت وصلينا على اللي به الرجى أرحم جميع الخلق واشفق شفوقها

*****

وفي رثاء والده الملك فيصل بن عبد العزيز قال الشاعر الأمير عبد الـلـه الفيصل[1]:

آصيح يا فيصل على راس ما طال وين أنت يا راعي العلوم المِجيدَه
حسيت بالوحدة ونا بين الاطوال وجرحك بقلبي قام ينزف صديده
الحال عقبك لا تسَايل عن الحال معيشتي ضنك وحياتي زهيده

(١) شيوخ وأمراء: ١/١١٨-١١٩.

فارقت من فارقتكم راحة البال ولذات عيشي والليالي السعيده
مثل الغريق اللي شفوقٍ على الجال فترت زنوده ما بلغ ما يريده
مصايب الدنيا زمانٍ وتنزال ومصيبتك في كل يوم جديده
البستني من لوعة الحزن سربال لى قلت ولى شفت شي يعيده
دفنت في قبرك عَظيمات الآمال ومحاسن الدنيا عليه بعيده
والوعتي من شوفي الترب ينهال عليك يا عزي بجوف اللحيده
لو مات نصف الناس ما سايل سال ما هم فقيدة انته اللي فقيده
لونِّي حَظِيظٍ كان قباض الآجال خذني قبل موتك مناةٍ وحيده

******

وقال في رثاء والده أيضاً[1]:

شكى الفراق ولاج بالصدر واعول قلبٍ من اللوعه تزايد وجيفه
والدمع من موق النظيرين أهمل مثل السحاب اللي مزونه ذريفه
عليك يا شيخٍ لك الموت ما مهل فراق ما بين الوليف ووليفه
لي جا بوقت الضيق ما نتاب بتزعل تضحك بضنكات الأمور الكليفه
على رفيقك دايم ما تبدل لو زل زلاته بحلمك خفيفه
ستار عوراته ايلا شفته اخمل وتنقل حموله يا ربيع الضعيفه
خفف مصيبتنا العديم المفضل تباع قول الـلـه ودين الحنيفه
زحلٍ راسي يوم الرواسي تزلزل يوم انها جَتنا الأمور المخيفه
وراي يفك به الولي كل مقفل اللي مطوعها بفضله وسيفه
شيخ الشيوخ اللي بنى فوق الأول مجدٍ حصونه عالياتٍ منيفه

---

(١) شيوخ وأمراء: ١١٩/١-١٢١.

هانت علينا به وما صعب يسهل ويامنا صارت ربيعٍ مريفه
وعضيده اللي للمناعير مدهل عين العديم اللي فعوله شريفه
لي خف خطوى المشتبه قام يثقل يوم إن ولد اللاش كمل غريفه
وطيور شَلوَى كل حرٍ مصلصل من ماكرٍ فرخه فرق عن وصيفه
عياله اللي بالمراجل لهم دل من هامهم قفا ونفسه معيفه

******

وقال عبد الـلـه بن ناصر بن جفال النعيمي من قطر راثياً:

البارحه ماطبّق النوم بالعين أبغى لذيذ النوم والنوم ذايل
حلو الكرى ما طاب لي في النظيرين عفت الكرى من حاميات الملايل
فكرت في ذا الوقت حين بعد حين وريته على بعض الأجاويد مايل
هاض الغرام وبدّل الكاف بالشين وفضيت من صدري خفي المثايل
ياسين ياللي ما شكوا منه الادنين ولا حكا به قول قيلٍ وقايل
بالطور والرحمن وآيات يس إن له على بعض الجماعه نفايل
ناصر إبن خالد زبون المخلّين لدّبرن قب المهار الأصايل
عقب القرابة حال من دونه البين خذاه من فرّق جموع الحمايل
أمر الولي واحنا على الدرب ماشين أيضاً ولا منّه محالٍ محايل
يالله يا عدّال سبع الموازين تلطف بميزانه الى صار مايل
قرمٍ عزيزٍ من قرومٍ عزيزين معروف من طيب النبا والفعايل
معروف بالمعروف من قبل ذا لحين أهل الثنى والجود من عصر وايل
نطّاحة الواجب على العسر واللين يردون لكّره وجيه السلايل
ولو وزاهم مجرمٍ حدّه الدين فكوه من ضيم الحمول الثقايل
نعيميةٍ ما هم بناٍ غبيّين تاريخهم معروف بين القبايل

تشهد عليهم ماضيات الدواوين		من قال قول الحق ما هو عايل
صلوا على المختار سيد النبيّين		اللي هدانا بالهدى والرسايل

*****

وله أيضاً في الرثاء هذه القصيدة[1]:

يا مل قلب فيه شاري وبيّاع		إمسى بهمٍ باع به واشترى به
بيني وبين النوم حاجز وفرّاع		مثل الذي قرن الوضيحى سرابه
جتني علوم السوء وأمسيت مرتاع		والجفن من حرّه يهل الصبابه
علمٍ لفاني زاد قلبي بالأوجاع		وأنّسْت جرحٍ ما يفيد الدوا به
ليلي سرى كله ونين وتوجّاع		والغافل اللي صابني ما دار به
أقنب قنيب الذيب بالصوت لجاع		لبان نور الصبح ما دمْي نابه
عليك يا صبي شجاعٍ وبزّاع		سبعٍ مسرح من سلالة اذيابه
صبي نشأ بالمرجله جد وذراع		مركز أبوه وما خذه بالنيابه
راشد إبن خالد ذَرَى كل مصطاع		وأبوه خالد ما قفه يندرا به
يا عيد أهل هجنٍ منا كيف واجواع		زبن المجنى ظلهم يندرا به
لقربوا صم الرمك كل فزّاع		من لابةٍ توطى الخطر ما تهابه
وإن عدوا الشبان ذربين الأطباع		هو الذي له ماقفٍ ينحكا به
له في الطريق الصعب مدخل ومطلاع		مفراص ماصٍ من حديدٍ صلابه
شكواي لله يا صبي يا بن هزاع		ويلاه يا سيف تِكَسّر إنصابه
يا ليت شي فات يشرى وينباع		لهو بمال ما يقدّر حسابه
ياما سقت دنياك كاسٍ من الصاع		شي قراح وشي مرٍ شرابه

---

(١) بستان الشعر: ٧٦.

*****

وهذه مرثية للشاعر الشيخ عيسى بن خليفة من البحرين، قال فيها[(١)]:

عَزاه يا قلب من العطف محروم — عليه لحظات الليلي طويله
أنا إن شكِيت الحزن ماني امليُوم — عقب الفقيد اللي فعوله جميله
أجاذب الونّات وقول مرحوم — ابجَاه رب كلنا نلتجي له
ذكرى وفاته طيّرت عني النوم — وراسي فقد لاماه وعزتي له
من شاف جسمي قال وشفيك مسموم — قلت الهموم اللي بصدري ثقيله
الطير لولا الريش ما يدرك الحُوم — والموت أخيرٍ من حياةٍ هزيله
قولوا لراشد لا يكلمني اليوم — يسمح لبوه ابفرصه له قليله
حيث المزاج من التفكير مرقوم — وليّا نشدني واحدٍ ما صطبي له
ليت المنايا ما تجي طيّبَ القوم — يخطى سهمها كاسبين الفضيله
تم اختصار القاف والقصد مفهوم — معنا تصرّف هاجسي بتحليله

******

رثى الشيخ قاسم آل ثاني حاكم قطر الأوّل، زوجته "نورة" بهذه القصيدة[(٢)]:

مرت بي العيرات عدٍّ وَمَنزلٍ — وَرَسْم لنا ما غيَّرته الهبايب
ديار لنا نعتادها كل موسم — مِرْ باعُنا لي زَخرفتها العشايب
وعهدي بها خُودٍ من البيض كأنها — حورية من عين خُودٍ تَرايب
غناوِيَّةٍ رسم الغنا في جبينها — مواري علاماته حسانٍ عذايب

---

(١) شيوخ وشعراء: ٦١٣/١-٦١٤.

(٢) الديوان: ١٥-١٦.

تَنَحَّلتها في سِنٍّ سبع نحيلة وتميت أراعيها مراعاة غايب
إلين انتهت في سن عشر وخلتها كما فرع موزٍ نَوَّدَتْه الهبايب
فَعِدِّي بليل الهم والعسر والعنا بليل جمعنا فيه جزل الوهايب
فَعَلى سُنَّة الرحمن صار اجتماعنا بليل القدر وأصبح الكيف طايب
فكنَّا تنازعنا القلوب ضحى اللقا وصِرْنا كما ضيرين ولْفٍ ربايب
وقمنا بها سبع وعشرين حجة حليفين عهد ما ندوس العتايب
إلى ما قضى الرحمن فينا بما قضى وصَبْرٍ على ما جا من الـلـه صايب
وصبر على ما جا من الـلـه طاعة له الحكم، والتسليم لله واجب
فلا يا عنا جسمٍ مع الناس حاضرٍ وقلبه جُعِل تحت اللَّحد والنصايب
وجَفنٍ جفاه النَّوم ما لَذَّ بالكرى يراعي نجوم الليل طالع وغايب
وعينٍ تهلّ الدمع من حجر موقها كما جدول حامي غروبه صبايب
وكم عبرة في زفرة ضمها الحشا تَفَكَّكَتْ منها القفول الصَّلايب
على جادلٍ مذعورة ضمها الثرى وقد كان ضمتّها صنوف الأطايب
فلا وخليل ما يَدَنّيه ضُمّر ولا تاصله هجن خفاف نجايب
فلو ينفدى بالمال والملك كله فديناه به لو كان نظهر سلايب
ولو تنقسم الأيام بيني وبينه مما بقى هانت عليَّ المصايب
فكم قد عَسَفْت القلب في وِلْف غيره بنِيٍّ كَسَتْ متونهن الذوائب
ثلاثين عذرا في ثلاثين حجة خراعيب فيهن من بعيد وقرايب
لعيون هايفة الحشا مَهْرة الضحى طلقتهن من غير جرم وسبايب
ثمانين ألف سُقْتها في مهورهن راحَنْ بها ما يقْتفيهنْ طلايب

******

وله في رثاء زوجته الشيخة نورة أيضاً[1]:

مرت بي العيرات عدٍّ يطرًّا وذَكَّرني الدِّيران ما كنت ناسيه
وانْهَل من عيني دَمعْها وِخَرّا واحفا النظير وكاد للسر يبديه
دارٍ لنا يوم الجهالة مقَرّا والقلب من بحر الطرب ساجٍّ فيه
ومركبْ غرامي فيه بَنْدَرْ وَقَرّا وما قرَّ ربَّان الحشاكون هو فيه
عَيَّث شطاطين الخطا له تقرا تقطَّعت الازْماث ماشٍ يقاديه
تِلْباسه أنواع الحرير المِزَرَّا وحِمّاله العنبر مع المسك يجنيه
وحِصّ ومَرْجان ومَاصٍ ودِرًّا وملح الذراني كلّ ذا مجتمع فيه
اسمه بقَلْب المؤمنين اسْتَقرّا وإلا مع القنديل دومٍ يباريه
وَلَّى دُبور الليل يوم اسْتطَرّا وانحاز به وحش الخلا من مفاليه
إذا اسْمَلنْ بيض الصَّبايا تَطرّا يزداد حسنه مع تكامل معانيه
ويا ما حَلا شوف الظَّعن يوم جَرّا وانقادت اظعانه وخيله تباريه
مِتْنحرِّين كلّ خَطرٍ اقفرا عند الضحى مزين تخافق حباريه
لها من كل شنغار وَحُرّا ومن كلِّ شاهينٍ وبازٍ انْغَذِّيه
وبيوت كأنها شامخات القورا يطمع بها المجرم ولا ينطمع فيه
وإن جات سلفانٍ حداهُنّ حَرّا من حَفَّنا لَزْمٍ عليا نصاليه
لِيْن يركب شامخات الوعرا ويصبح على ثاريه همّاس سواريه
ويُصبح ماله بالقسَايم يُوَرّا ويطمع اللي ما بعد قد طمع فيه

******

---

(١) الديوان: ١٧-١٨.

من المراثي الشعبية الأردنية[1]:

١) راح ابخاطري وناتمنيتْ آتْدور عروسُهْ من قفا البيت
تفرح حبايبنا وحنّا

٢) راحوا آبْليلْ وآجوا آبْليلْ وآبو الغنايم جابْ ثنتين
والنذل آبحضن آمْر يِّتُهْ

٣) راحوا أو خَلّوا الخودْ حِبلَى والخود تِتْنى تاتِمْلي
جابت البنت وآلْيوم بدوه

٤) راكِبْ فَرَسْ قايدْ آحْصان حوّل على الحكام غضبان
قضّى مصالحنا وآجانا

٥) ربيتكوا آبْزيقْ ثوبي لَمكْبَري وآعْقاب شيبي
عند الكبر عوجوا عليّا

١) رَبّيتهمْ وآرْبيت معهم تصْعَبْ عليّ آمْفارقِتْهُمْ
من البين وآسباب النيا

٢) رَجِل ظَلّينا آمْحَقّرينُهْ فَضْلِةْ عشانا مِطعْمينُهْ
واليوم يتحسَنْ علينا

٣) رُحتْ على خالي الكبير قعدت آبحْضنُهْ أستجير
يا خال خَلّي آمي عليّا

---

(١) المراثي الشعبية الأردنية "البكائيات": ٥٤-٦١.

٤) رحتوا وعلى من أركنتوني لِحْيه آبْجلِحْيه ضيّعتوني

بسويعةٍ وآبْليه ظلمنا

٥) ردّ الظعن خالي أخوآمي رَدّ الظعن تاتِلْحَقْ آمي

أمي عرجا ما تلحق ظعنا

١) رُدّ الظعن يا ساكنَ البيت رُدّ الظعن واليوم ذَليتْ

رُدّ الظعن واليوم بَدْوه

٢) رُدّوا على العرجا وَلَدْها مكسورةً من عند أهلها

كسرها على الجبار عيّا

٣) رُمّانتين آبْراس عود واللي فرّقهنْ ما يْعود

واللي فرقهن ما يتهنا

٤) ريت السيّارة اللي دهورتكْ روس المنايا وصّلَتْ بكْ

عَ الحول ما يدرج عَجَلْها

٥) ساري عليّ الصبح سَرَوَه لابس حساوي فوق فروَهْ

يا سعد من يُعْبُرْ عليهم

١) سَايْلنْ عِشْبَ الدروب والعِقِبْ مفتاحَ القلوب

قلبي بلا مفتاح يبلى

٢) سَمِعْنا بحْنات القدور قلنا الرويعي علينا آيْدور

جبنا عواقبنا وجينا

٣) سَمِعْنا صَهَلهنْ من بعيد   ركضنا وْهيّنا العليق
ثاري على غيري آتْعدوا
٤) سمعنا مع الوادي غناهُمْ   ركضنا آوْهيّنا عشاهُمْ
ثاري على غيري آتْعدوا
٥) سنين الغلا جُردٍ أطوالْ   تمنتحْ بهن يا جَيّد الخالْ
طيّورْ ما يروحن حكايا
١) سنين الغلا ما ضَعْضَعِنْكوا   ولا طَلّقِنْ منكو حرمْكوا
ولا طلّقن منكو ولايا
٢) السيف يا ساحلٍ طويل   والعاقل آبمْشيتُه ثقيلْ
والعاقل من حي أهلنا
٣) شافوا خيالي رَحبّوا لي   جابو قهاوي دَقْدَقوا لي
يا مرحبا جينا حرمنا
٤) شافوا خيالي من بعيد   كِنْ رحبوا لي يومةَ العيد
يا مرحبا جينا حرمنا
٥) شايقَهْ آحْبيّبتي شايقتني   ع راس قلبي لاقِعْتني
لَقَعْتَ ضميري والحشا
١) شَبّ على المقبرهْ ينادي   يا بيّ سكّتْ لي آولادي
عزايمي شَحّن عليّا

٢) شَبّ على المقبره ينادي يا من يوصّلني لَبْلادي

عزايمي شَحّن عليّا

٣) شباب ما شفتوا ابنيّهْ وامْعصَبه ابْمِحْرميّه

مثل بنات العيد وأحلى

٤) شَبابْ يا نَقّالة الكيس مُرّوا على قَبْرِ العريس

شوفوه عَزَبْ والا امْجوزْ

٥) شبابْ طلعَتْ ع الحصيده حَمْلَتْ مناجلْها جديده

يا منجلي كُلّهْ صدا

١) شِبْريّتَكْ يا بو الهشايلْ واللي لِبْسها اليوم مايِلْ

لابسها رايح للبلا

٢) شدوا على لِمْضَمْرات طِلّوا على المتغربات

شوفوا غشيهنْ ضيم والا

٣) شُفتْ خيالُه شَبّ قلبي قلت الخيال احْباب قلبي

ثاري على غيري اتعْدا

٤) شُفتْ عروسك يصمدوها بين الصبايا يِقِعْدوها

يا ريت عروسك للبلا

٥) الشقّ مبنى امْكانُهْ والعَيل نايم امْنامه

والنذل نايم مادري

١) شُقْرِ الشوارب حاربوني　　　شُقرِ الشوارب يا عيوني
كِنّ صالحوا هيل البلا

٢) شُقّي ثوبِكْ يا حزينه　　　لا تستحي وسطّ المدينه
ع راسِكْ هيلي السَكَنْ

٣) شكيت له كِنّ هَزَّ راسهْ　　　دنّق على قلبي أو باسُهْ
جَبَرْ خاطري بين النسا

٤) شمس الفراق ولا طَلّت　　　بين الثنايا ولا عَبْرَتْ
ولا حقّ لكْ يا شمس طَلْعَهْ

٥) شهر يجي ونا لافي　　　مَنْ عايدِكْ يا اختي اخْلافي
من عايدِكْ يْنزَلْ عشمنا

******

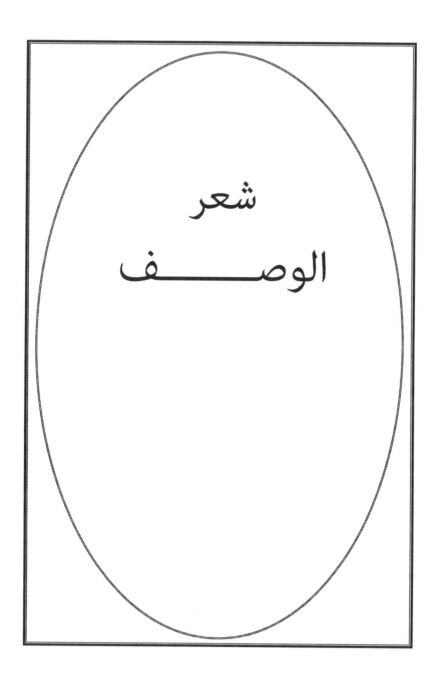

شعر
الوصــــف

من قصائد الوصف، قصيدة الشاعر الشريف بركات الجودي الحسيني التي وصف فيها فرساً له[1]:

قال بركات الحسيني والذي له	جوادٍ ما تدنا للمبيعه
قصيرٍ قينها وافي جماها	كبيرة راس منتجها رفيعه
معارفها كما بسلة حرير	وذات مناخر جلغ وسيعه
وحاركها كما ذيب مويج	على الرعيان ضارى للفديعه
لها صدرٍ وسيع الشبح رحبٍ	منفجت حواجبها تليعه
مليحٍ وصفها وافٍ شبرها	برى القين شيفه بالطليعه
منتجت الفيا من خيل نجد	طفوح الجرى لينة الطبيعه
إلى ما سمعت الصوت المذير	تنط عيونها كنها خريعه
أبيها بما تملك يميني	من البان الخلايا والنقيعه
ودينها المنقوش ماضي	ويا من صنع داود صنيعه
كرقراق الغدير بصفق ريح	على جنباتها القلعا رصيعه
ومع ذا طاسةٍ صلدا ضمانٍ	مخفضةٍ مرفعةٍ منيعه
وسيفٍ من سيوف الهند بيدي	شباته باللحم ما له وقيعه
ومطرود الكعوب من البلنزا	وبه كالنجم سطواته فنيعه
ألا يا ماجدي عندي هو سنادي	من العدوان وإن شاف القطيعه
مبارك الذي للجود منهل	وبذل الجود من كفه نريعه
سلامٍ مع تحياتٍ إليه	وقل يا سيدي وش ذا القطيعه

*****

(١) شيوخ وشعراء: ١/٢٣١-٢٣٤.

وللشاعر الشيخ جهز بن شرار من السعودية هذه القصيدة التي يصف فيها وقعة مع قبيلة حرب[1]:

يا لله ياللي عالمٍ بالخفيفة	يا والي الدنيا بتدبيرك الزين
وخلاف ذا يا راًكبن عدمليه	منوت مودين الخبار المعنين
تلفي على ابن عقاب زبن الونيه	ضيف الـلـه اللي يحتمي خربة القين
عميلنا اللي نسنحه بالغزية	العالم الـلـه ما نويناه بالشين
يقص جرتنا بقومٍ رويه	ناون على أخذتنا وحنا معيين
عيا الولي والعزوه العبدليه	عبادلٍ سور الحرايب ومضحين
تضحي حرابتنا لسبع اللفيه	حتى بني عثمان جمع السلاطين
وردوا علينا مثل ورد الضمية	وحنا لهم مثل الحجيج الملبين
شوخ الضحى صبابة الشاذليه	أيضاً الياجت الفعايل مديحين
ما ذمهم و الـلـه رقيبٍ عليه	معين الـلـه والقبايل معيين
واخوان نوره شافوا المكرهيه	راحوا على قبٍ سوات الشياهين
خلوا عذاب الفاطر العدمليه	جاسم عقيد اقطاع بدوٍ منيسين
وخلف ريف الضيف والأهليه	ريف القوايا اللي على الزاد شفقين
يوم اختلط العج والملح فيه	رجنا على قوم الشيوخ القديمين
الجيش رديناه رد الرعيه	حتيش لو فرقه رماتٍ متاقين
والخيل نركبها الحزوم الحفيه	راحٍ بفرسان الحمايل مطيعين
هذا صويب وذا تشله دميه	وهذا طريح وذا يسوا به الزين
وطاح العشا لذيابة الخنفرية	وحنا لزرفات الضرايا مضرين
باكل العصيب ويا جدن البغيه	وإن جاء القضا عند قضاية الدين

(١) شعراء من مطير: ٣٧-٣٩.

يا ليت متعب شاف هاك العشيه ليته تحلى ما تحليت بالعين
وأنا أحمد اللي زين الهرج ليه من غير تدبيره محنا مسوين

*****

يرخي المليثم(١)

هذه قصيدة للشاعر خالد معجب الهاجري يصف فيها بعيراً له:

يا حي ذا العين من سيره ودرهامه يقطع بنا فرجةٍ ما ربّها الذيبي
لولا محنّه بريمه بارضف خْزامه باردّ راسه على عوج المصاليبي
وإن سَمْع صوت المغنّي فيه دوّامه امرار يقبل علّي وامرار يقضي بي
يقدح كما يقدح اللحّام في لخامه وصرخْ الصريمة بخشمه صرخة البيبي
وينفر كما ينفر المصدومِ بْصدامه والا فنفرة غزالٍ من معاطيبي
اجذِرْ مجذّر عريض الورك له هامه الذيل فترٍ ولاناش العراقيبي
باسناع من هو بقلبي وقّع ابهامه ولا قالوا اطّيب منّه قلت ما اطيبي
حرامي لاشبحته يرخي لْثامه يرخي المليثم علي يبغي يعزري بي
وان شفت خدّه وخشمٍ ضاح بزْمامه له جوهرٍ والشفايا عنبر الطيبي
كنّه شريفٍ مشى بنحور خِدّامه في طاعته تركض الخدّام وتجيبي
ودّي معه دايماً واقوم بقيامه وافزّ له مثل فزّي للمعازيبي
كساه أشقرٍ على ردفه وقدّامه وانحى على منحرٍ ما دقّه الصيبي
لاجيت باخايله غضّى بسلهامه احترت بين النهود ودارة الجيبي
هو كافرٍ غير ودّي كان باسلامه إن طاع والا على دينه يصلي بي

*****

---

(١) ديوان الهاجري: ٨٥-٨٧.

الشاعر شبيب بن مجلي الجبلي من السعودية يصف وقعة[1]:

يا مزنةٍ غرّا تنثر بردها | فوق الجليدا واشهب الملح ماها
قبل طلوع الشمس ثور رعدها | تخلف فؤاد أم النما عن نماها
اللي وقف في وجهها ما صمدها | نصراً من اللـه ما نذم قبلاها
أهل خيولاً ما قدر أحصي عددها | تركض بفرسانٍ يروع لقاها
في زوغة الأذهان فيصل بجدها | ما صافح البرقا وجاء من وراها
نادر صواريمٍ ينومس هددها | فيصل إلى ركب المحاله رشاها
ومع درب أَبو سفّاح رفرف سعدها | اللي يوصلها ليا منتهاها
كم فاطرٍ صاهود بيد جهدها | عقب الشّحم والزين يثلع حفاها
من كثر ما تطوي الخرايم بيدها | ودايم تكسب فاطره من تلاها
كم جنبةٍ ساق الذّلول وعمدها | ما سال عن طول الليل وبطاها
كم هجمةٍ بالقيض طوى عددها | قادت ولا ردّت على من رجاها
وإلى كسب نوماسها ما حسدها | يمناه تعطي كلّ يمنأ ملاها

*****

حلات الكيف[2]

وللشاعر عبد اللـه بن حمود بن سبيل هذه القصيدة، يصف فيها القهوة، وطريقة صنعها، و الفرق بين الرجال، قال:

ترى حلات الكيف يا مشربٍ له | لا فارقوك أهل الحسد والنّجاسه

---

(١) شعراء من طير: ٩٧-٩٨.

(٢) ديوان ابن سبيل: ٤١-٤٢.

لا صار شغّاله طريفٍ بزلّه
وظرفٍ بتقليطه وقيمة قياسه
إلى صفا بنّه على ما شغلّه
تَلَقا على الفنجال ردعة لعاسه
خطو الولد توّه على شبةٍ له
جميع هومات المراجل براسه
يقوم بالمعروف دقّه وجلّه
و الـلـه مهيّي له على قوباسه
وخطو الولد رجمٍ على غير حلّه
لو جاز لك مبناه برّق بساسه
خضرة عشر ماهو على شوفةٍ له
يزوم روحه واحسايف لباسه
يدخل مع الخفرات بالعلم كلّه
ومعلمٍ نفسه دروب الهياسه
مير انصحه يا موصل العلم قلّه
عن كثرة الشوفات راسه حساسه

******

للشاعر الشيخ عبد الـلـه بن عيسى بن علي آل الخليفة، هذه القصيدة في وصف الطبيعة والصيد[1]:

لحدان نظمك هيّض الفكر واندار
ذكّرتنا روض السدر والمسايل
وش لك تذكّرني وأنا نازح الدار
حسيبك الـلـه في معاني المثايل
إلى من سقاها في الثمانين الأمطار
والعشب زهر في الوطا والنثايل
هاذاك هو منواي لو كنت باختار
مع ربعي الأدنين آلاد وايل
يا زين ممشانا مع ذيك الأقفار
مع كل ذربٍ من أعيال الحمايل
إلى شرف القرناس صوب الصدر طار
وشاف الحباري تِتّقي في الدغايل
وساقوا مَواترهم تركز لها أغبار
وصوت الشوازن مثل رمي الوهايل
وهدوا حرار تعجبك عفر وطيار
شقرٍ يصدين الحباري فصايل
مزين امقيلنا إلى شبوا النار
والبن قاموا له بليا مهايل
كلٍ ايماري صاحبه بالذي صار
أحد كثّر صيده وهاذاك فايل

(١) شيوخ وشعراء: ١/٥٨٨-٥٩٠.

والريم مصفوفاتٍ اكبار وصغار
جوازيٍ ما شرعوا في الغوايل

يا بو صباح تذكر اغروس وانهار
وسط الجزيرة مثمراتٍ ظلايل

يا ليتني معكم يزولن الأفكار
واشاهد اللي كاسبين الفضايل

بني خليفة بالثنا ذكرهم سار
بَذّالةٍ لاجت سنين المحايل

والشيخ سلمان ذرى كل محتار
إلى عِدَّت الشيخان حاش النفايل

وفعله اصعِيب فوق مدحه بالأشعار
ماكل شيخٍ كاسبٍ للفضايل

عساه في عزّ مع طول الأعمار
يذري ويعطي من تنصاه سايل

والشعر ما هو لي وأنا اليوم محتار
لكن واجبنا نرُد المثايل

******

شعر

الحكمـــــــــــة

تواصيف الرجال(١)

وقال الشاعر: حامد بن علي بن مايقه الحبابي في قصيدته الحكيمة "تواصيف الرجال":

بديت القاف واعدّل مقاسه | على ترتيب تفكير التماسه
أحاول قدر تفكير الظمير | يصير القاف ما فيه انتكاسه
اهزّه بعد قزّه لا يطيح | صحيح القول ما يقبل طفاسه
ولا أخالط قصيره بالطويل | واعزل الغزل من باب الحماسه
وأشوف الدوس عذروب القصيد | عزيز النفس ما يقبل مداسه
وأحب المدح في روس الرجال | ولا ادخَّل نشيدي بالسياسه
ولا امدح واحدٍ ما هو مديح | على سبّت يقدم لي لهاسه
عزيز النفس من ناسٍ اعزاز | عن الدنعات تبعدنا النحاسه
يعذ ربنا الزعل فينا سريع | ولا نصبر على ظيم وتعاسه
وأنا أحب النشيد اللي يفيد | تماثيل بها عرف وبهاسه
أعبر عن ظميري بالنشيد | نشيد ما خذيته بالدراسه
تعلمته بتفكير الفؤاد | خذاه العقل من تفكير راسه
عرايز بالنفوس لها رسوس | معانيها لبانيها حراسه
لقيت القول ميزان العقول | على مقدار نطق الرجل واسه
ولا تغتر في لبس الهدوم | كثير الناس ما يسوى لباسه
ولا تنقد وهو ينقد عليك | ذكي العقل ياخذ من احساسه

---

(١) بستان الشعر: ٥١-٥٢.

ولا تقصد بخيلٍ في جميل | ولا تشره على راعي الهياسه
ولا تظلم ترى الظلم مخطور | على المقهور يرّث به شراسه
مع الايّام يرّث لانتقام | ولا ينظام من يلقا خلاسه
أرى الصابر على الظلم الشديد | كما اللي بالعٍ شوك الهراسه
يحصل لذةٍ في نصر يوم | على الجبّار لاً وطّا عطاسه
تواصيف الرجال لها مجال | كثير وكل عودٍ من غراسه
ولو بعض الغرايس ما تطيب | معادن فضةٍ فيها نحاسه
ولكن راعي الساس العريب | لزومٍ أنه يعرّق فيه ساسه
عفا الـلـه عن خطايا الأوَّلين | هل الشيمات عدوان البلاسه
معدّين الرذيل أمن النزيل | بعيدين النفوس من الدناسه
مخلصت الخصيم من الخصيم | صناديد الرجال أهل الرياسه
موطّين العنيد اللي يزيد | ولو زاد العناد وقو باسه
معنوين العواني بالسلوم | حمات الملتجين من العساسه
محاطين القصير من القصور | يعزّون النمور من البساسه

*****

وله أيضاً في الحكمة قصيدة:

تخير إذا رافقت[1]

يقول الحبابي والصواب عجيب | والأمثال فيها مخطيٍ ومصيب
وأنا أدير فكري في مبادي مثايلي | وأنا للبيوت المغلقات طبيب
وأنا أحلّها في حلّها يوم حلّها | ياتي على فكر الغشيم صعيب

---

(١) بستان الشعر: ٥٣-٥٤.

وأنا اختار في الأمثال ما هان واستوى
عسى أنه يجي للسامعين لبيب
فلا كل من قال المثايل يصوغها
ولا كل من يقرا الكتاب خطيب
ولا كل قوّالٍ إذا قال صادق
ولا كل من دوّر يجيب ذهيب
ولا كل من منّاك في ساعة الرخا
إذا اعتزت له في المعضلات يثيب
إذا جات حزّات الرخا يكثر الحكا
ويحط لك كل البعيد قريب
وإذا عضّتك الأيام يومٍ بنابها
تباعد وجا كنّه عليك غريب
ترى ذاك من صف العدا وأبعد العدا
رفيق إذا جات الصعاب يغيب
تخير إذا رافقت من الناس عارف
رجلٍ إذا شان الزمان يطيب
رفيقٍ على عسر الليالي ويسرها
كما الزرع في وقت الدهور خصيب
أمينٍ يحفظ السد عن ساير الملأ
حفيظٍ على ما في الضمير قطيب
ترى ذاك رأس المال هو غاية المنى
إلى ما عاد وافي والمقام عريب
أنا لا فكرت احترت من زود دهشتي
وأنا أشوف شي من لامور عجيب
أنا أشوف بعض الناس يخطي فوايده
يخطي الصواب ويحسب أنه يصيب
مستغنيٍ بالراي من دون صاحبه
على باله أفكار التشاور عيب
عطيب الفؤاد مضيّعٍ رشد رايه
وهل كيف يصلح والفؤاد عطيب
فلا يغتني بالراي من كان عاقل
ولا يحتقر شور الرجال نجيب
ولا تعتقد بالظن والظن باطل
ترى الظن في بعض الرجال يخيب
ولا تطلب الطولات من غير كفوها
محال على الساس العطيب يطيب
ولا تامن الدنيا إذا صرت وامن
ترى النفس شاةٍ والحوادث ذيب
ولا تظلم المسكين لا صرت والي
خاف الكريم اللي عليك رقيب
ترى خالقه يفهم معاني طلابيه
كريمٍ لدعوى المستظيم يجيب
وإذا صابتك الأيّام يومٍ بجورها
فخلّك على جور الزمان صليب
ولا تشتكي للناس والناس تشتكي
ترى الناس مثلك والزمان طليب

ولا تحسب أنك دايم في نعيمها ترى حن عليها يا غشيم عزيب
وأنا عارف أني عاجزٍ عن نصايحي ولكن عندي من الصواب نصيب
احلّل مشاكل خاطري من ضمايري مقدوري وما يرضي الجميع تعيب
ختمنا وصلينا على سيد الملا وألا قوال فيها مخطي ومصيب

*****

المجد صعب[1]

وهذه أيضاً للشاعر حامد بن علي بن مايقه الحبابي التي يغلب عليها طابع الحكم:

صدري تفجّر بالتماثيل مجراه وانتج بيوتٍ تو فكري صنعها
جار وتفجّر وانفضا وانتثر ماه قك السدود المغلقات ودفعها
قامت هواجيسه بالأفكار تشعاه وإنشاء البيوت المحكمه واخترعها
والشعر لي زيّن ولا زان مبداه صارت بيوته ما توافق سنعها
واللي يخوضه ما عرف ويش معناه كغبةٍ من خاضها ما قطعها
واللي يدوّر منطق العرف واخطاه قصده دواء عينه وبيده فقعها
واللي يكوده فعل الأمجاد بصباه إلى شاب لو هي جغمةٍ ما جرعها
والرجل كالبنيان والساس مبناه ومن ضاع سلمه شيمته ما رفعها
والمجد صعب ويتعب النذل مرقاه به طلعةٍ ماكل من جا طلعها
ومن لا يخاف ان المخاليق تقفاه يرخص ونفسه للرذايل دنعها
ومن لا تسره بالمواجيب يمناه يسمج وتبطي خلّته ما رقعها
ومن لا يودّك فاسعد الوقت فرقاه ونفس تبيعك بارخص السعر بعها

---

(١) بستان الشعر: ٥٦٥٥.

ولا من لا يدور أرضاك ليّاك تدراه
لا شاف نفسك تنخدع له خدعها

وأعرف سنع وقتك ودربك وممشاه
وإن طاعتك الايّام والاّ فطعها

ولا يغرّك كثرة المال والجاه
والنفس لا يطغي عليها طمعها

وقت مضى راعي الدروب المخلاّه
ما أحد يحوف الديرة اللي رتعها

واليوم صار الذيب والعنز والشّاه
ترى ويرعى النمر والذيب معها

بعض العرب لا قال الأشعار ما تاه
إن زانت القيفان والاّ رجعها

إلى جيت باترك منهج الشعر وانساه
هاضتني اللي عذّبت من تبعها

الجادل اللي ما تعذب لاولاه
هافت غصون بالمودّة زرعها

غضٍ غضيض ويسلب القلب بحكاه
حروف المودّه في فؤادي طبعها

إلى مشى ترف القدم يقصر أخطاه
كنه يشح بخوَّته من ورعها

ابو جديلٍ فوق الامتان يثعاه
متعكرشٍ فوق المتون يهزعها

و اللـه خلق الإنسان وأشفاه وأعطاه
سبحان من يعطي العباد ومنعها

الكامل اللي نقصد البيت لرضاه
مجري النسم بالروح وإن شاء نزعها

الواحد اللي ما المقادير تخفاه
حتى خطا النمله على أرضه سمعها

نرجى عطا جوده وعفوه ونخشاه
يوم القيامه لا تدانت سوعها

الخالق اللي ولف الرجل واعداه
اللي محى غش القلوب وجمعها

اللـه يقدينا على درب تقواه
ويصدنا من سنةٍ ما شرعها

وصلوا على اللي يذكر الرب مسراه
اللي دحر روس الطغاة وصرعها

*****

وقال الشاعر الشيخ حمد بن سعود في الحِكم هذه القصيدة:

من عاتب الأصحاب في كل ما جرى
جفاه الرفيق وصحبة الدُون نافذه

فلا عاش بالدنيا سليم من الخطا
سِوى من إليه الخلق بالحشر وافدَه

ويرثاه يوم فيه يحمى به الوغى نهار به المرور تثير سوايبه
ويرثاه مظهور شكى الضيم واشتكى ضعيف شكى من جُور الأيام نايبه
ويرثاه عن الجار واغضّايةِ البصر عن النذل لجت زلت منه سايبه
وترثاه ديوانية في ربُوعهَا مناسف عليا الضيف تنزل ركايبه
ويرثاه قوم العز لاجا ملمة تصدى لها والغير كِبرت مصايبه
كلاها رثت لسعود حيثه يرومها بكت من بكايا يوم رزت نصايبه
عسى اللـه أن يعوضها بعدها خير ما عمل بجنات خلد يوم تنشر كتايبه
فما مات من مثله رثى ذا لموته تواريخ مجده سجلتها غَرايبه
ولاحي مشبور قضى لعمر بالمنى أليف الردى حَاضرَه بمثال غايبه
نبي أشاد الدين واعلاه في الوَرى كشف ظلمة الأشراك والنور عايده
شَفيع الملا في حالة الهول والقضاء بيومٍ عبوسٍ طالب الحق واجده
إذا دكت الأرضين والصحف نشرت ومن هو ذلك صاحب العقل فاقده
بعدها فأنا باهديك من نصيحة مضمون كلمات على الحق وارده
فلا تصير بالخِلان غر وجاهل خذ مني النصحان إن كنت رايده
رفيق على الشّدات يبصرك ما خفا أمين على الأسرار تِعرف فوايده
فلا تبدي أسرارك إذا أصابك القضا على الوقت خَلّك صابر في شدايده
تمتع بعز النفس وتنال مجدها خذ العلم واصرف التواريخ شاهده
فلا تشتكي للناس من عسر حاله سِوى للذي له كل الإسلام ساجدَه
الذ في رجاء مولاك ما خاف من رجا كريم بأمره سحب الامزان راعده
ترجى العفو منه وتفريج كربتك وساله إذا كل المِخَالِيق ساهده
عسى من ملائكة الرضا تاجد الرضا وعسى دعوة لك بين الأيام صَايدَه
بتفريج هم وانتصار وخير ويسر بعد عسر وعاديك كامده

*****

وأيضاً في الحكم قال[1]:

لاصد عنك من تودّه وجافاك — خَلّه وجازه بالجفا مثل صدّه
خله بدربه لا يخِفيك وينهاك — وجازه بالقفا لين يعرف مَردّه
جازه بمن مدت يمينه ويدراك — وضِدَه بمن يكره ترى ذاك ضدّه
لا ترتضي بالهون في كل ممشاك — وحدك وخصمك وقفه عند حدّه
خلّك عزيز النفس والعز مأواك — وكلٍ عطه تفصيل ثوبه بقدَّه
احرص على حسن العمل في سجاياك — واللي يعمل الخير بالخير بَدّه
واللي يعمل الطيب لو كان ما جاك — طيبه لو انك تقصده جَد جدّه
اسمه ندا من للمهمات ينخاك — وإذا منحته لا تبيح بسده
خص الرفيق اللي إذا جيت حياك — وإن غبت عنه ياصلك بالموده
واللي تربص بك لا يعرف أقصاك — وباب يحاول منفذٍ منه سده
وصحَا جليس السَّو وياه يبلاك — يرميك في درب الشمَت والمضده
ولا تخاطب جاهل يكثر الفاك — تنساق في جهله وقصدك ترده
وأعرف وخلك صامتٍ واحبس ارياك — ومن لا استشارك لا تقدم بمده
وارجا الذي بأمره من الكرب نجاك — اللي على يعقوب رجع اموده

*****

وهذه قصيدة من الحكم للشاعر حمد عبد اللطيف المغلوث، يقول فيها[2]:

أرى الصمت عز للفتى وسمات — إلى ما عاد له بالأمور وعات

---

(١) شيوخ وشعراء: ٥٠٧-٥٠٨.

(٢) ديوان الشاعر حمد عبد اللطيف: ١٥-١٦.

حلاة الفتى لي رام تدبير حاله   يقوس المعاني والقياس ثبات
ولا يعتني بأمر وهو يدري أنه   أتلاه يرِّث للوشاة شمات
فكم واحد تلقاه في زي عاقل   وهو ثور لكن عليه عبات
وأنا أقول من يكرم وهو يرجي القضا   لجل عنك طيبه ما عليه حلات
كما مقهوي بالسوق لي صب يرتجي   مقابيل فنجاله تجيه زتات
حلاة الفتى يكرم وهو يوري بشاشه   وما فات من طيبه بعدّه فات
ولا يحتظى بالمدح راعي عبارة   وهو كريم ممدوح وطيب ذات
مع الناس مذموم ومقطوع ذمة   ومع ناس ممدوح وطيب ذات
كما اللي يصوم من رمضان نصفه   وخمسة عشر يوم تروح فوات
ولا ترتجي من ضدك النصح إلى صفا   تبدل محاماته عليك وذات
يغرك بشوفاته وتامن دغايله   وهو طامن لك بالطريق هبات
ومن عاش في عز وراعي حمية   يموت ما شاخة عليه وشات
ومن عاش ما يذكر بخير إلى غدا   يقولون زلت عن الطريق حصات
ولا خير في خوات أصاحيب وقتنا   لجل عنك ما تلقى لهم لزمات
عسى محد يبين بخطية منهم   غدوا له طول الحياة عدات
عيون تناظر والضماير تناغر   جسوم جميع والقلوب شتات
عقب زين رفقتهم وهاك الصداقة   غدا لهم كن بالعيون جدات
ولا يكسب الناموس من كثر الخطا   على الناس لو سيفه وسيع هوات
ترى الفخر للي يكرم الضد والعدا   والأصحاب ما توجب لهواه خطات
أهل وقتنا حنضل وأهل ما مضى عسل   فهل كيف من حنضل تريد حلات
بقينا بخلان كما لموس بالقفا   وهم مقاديم الوجيه مرات
تفكرت بالدنيا وبيحت ما خفا   أوصيك مني يا الصديق وصات
سريع قفايتها بغير ونات

تحذر من الدنيا تراها إلى اقبلت
مدى العمر ما دام الحيات حيات
ووصيك بالتقوى وحسن التواضع
وهي لك ضحى يوم الحساب نجات
ترى العز بالتقوى ولا عز غيرها
وإلى من رضيت أحذر من الزعلات
ووصيك لا تزعل وترضى بلا رضى
ترى ما لراسك عن يديك غنات
ولا في الجماعة تبذل الشين والقصا
وهو منه محروم بشين مبات
محا اللـه من ماله كثير ومستقي
وهوفي المذمة حال حي أو مات
هذاك مال كالوداعة عن الغنا
ويزمط ويمشي للوشات شمات
على جملة العربان يحكي بفعله
وله في جميع المشكلات وعات
حميد الفعايل ودك أنه صحيح
وهو عن الحنة بعز وغنات
محا اللـه من خلص حياته بمحنة
مغشة وتنحت بالقلوب نحات
لجل كثر الحنة نهى اللـه عنها
ولو هو حقير تعتريه طغات
ومن عاشر الطاغي طغى مثل ما طغى
ونفسه يعرضها كثير شمات
وكم واحد يتعب على عز غيره
الي عاد خالي من وقار وذات
ولا يفتخر باللبس من خاب طبعه
ولا بد للعمر الطويل وفات
عسانا نعيش بخير طيب مع الملا

******

وللشاعر شنوف جاسم الهرشاني هذه القصيدة من شعر الحكم(١):

أنا ببتدي في ذكر علام الأحوالي
هو الواحد المعبود عدال ما مالى
ألهٍ جميع الكون يمشي أبدبرته
أمعيدٍ ويحي الدمدم الميت البالي
أسأله بعفوه وقتداره ورحمته
وبياته العظماء ويونس والأنفالي
وأنا أرجوه في يوم المواجه يظلني
ومن لا يظل من الملا ما له ظلالي

---

(١) ديوان شنوف جاسم الهرشاني: ٢٤.

بيومٍ عبوسٍ قمطر يرن انواجهه | ومن هول هذا اليوم فالكل يهتالي
أبوقته يفوز من البشر طيب العمل | وبه الظالمين حسابهم حامي الصالي
تسمع وصاتن قلتها وانتبه لها | لعلك تشد العلم يا طيب الفالي
تغام اليا لاحت من العمر فرصةٍ | وتحذر تفوتك طاعة الواحد الوالي
فمن غر من وقتٍ وهو قبل يدركه | ما دام أوله كدفات ما ينفع التالي
فودك اليا رافقت طيبٍ | يشادي هديب الشام للحمل شيالي
شريفٍ عفيفٍ مكفي الناس شره | دليل حكيم عاقل منسبه عالي
فكم واحدٍ يعجبك لبسه وزيلته | وهو بس جسمٍ لابس بشت بالخالي
يوهك في زوله وهرجه وسنحته | وهو لا بدا لازمك حدك على الجالي
وكم واحدٍ بالعين ما يترس النظر | أتحقره اليامن شفت زوله بالأزوالي
واليامن بدت حاجتك عنده وجيتله | أيبين وتلقا داخل البشت رجالي

******

ومن اليمن هذه القصيدة الحكمية للشاعر صالح أحمد سحلول:

يا ليلْ ارحمْ عيني الساهرة | وارفقْ بقلبي والمرارهْ
احرقتني في نارك المسعرهْ | كأنني حبةْ سيجارهْ
قلبي ثمينْ عندي فلا تفطرهْ | ماذا يفيدك انفطارهْ
يا هل ترى لو أنني أخسرهْ | من أين أوجد قلبْ عارهْ؟
حبيبتي يا عيني الناظرهْ | لا تحزني من أي ضارهْ
لا تغضبي من ضحكةَ العاهرهْ | وبرطمةْ ليلْ الدعارةْ[١]
محبوبتي للفجرْ مستنظرهْ | تريد للناس انتشارهْ

---

(١) شعر العامية في اليمن: ٢٨٨-٢٨٩.

إلى متى باتقعدي ساهرهْ ... والليلْ، قدفي المغارهْ
والجو أسودْ والسما مغدِرهْ ... والليلْ طويلْ يخربْ ديارهْ
لا تشغلي بالي ولا الفاكرهْ ... حتى ترى أول إشارهْ
هناك يا محبوبتي الثائرهْ ... بيني وبينَ الفجرْ إمارهْ
أنت الأميرةْ وأنتِ الآمرهْ ... والرئيسْةْ والمستشارهْ
بتنا وباتتْ فكرتي حائرهْ ... والليلْ يكويني بنارهْ
والشعب يلبجْ بعدْ سبتمبرهْ ... ما زاد حَصَّلْ شِي اثارهْ
ذكرت قصةْ عبلةْ الشاطرهْ ... يوم كانْ يخطبْها عُمارهْ
أراد أبوها مالكْ أن ينصرهْ ... قبل امتحانهْ واختبارهْ
لكن عبلةْ بيْنَتْ مَخبرِهْ ... ولم يحققْ انتصارهْ
شلت حِزامهْ وألحقتْ خنجرهْ ... وكادتْ أن تأخذْ ازارهْ
لأن عبلةْ لم تكنْ غاردهْ ... لعنترهْ حامي ديارهْ
وما أخذ عبلةّ سوى عنترهْ ... رغم الدسائسْ والمكارهْ
آه يا الحديدْ آه يا النادرهْ ... آه يا تعزْ آه يا شهارهْ
آه يا سفينةْ في الظلامْ مبحرهْ ... في موجْ يبصر في بحارهْ
في أي مرسى تربط الباخرهْ ... وأين تمشي يا تجارهْ
إن النمارْ أخطرْ من المجزرهْ ... يا ثور ترعاه النمارهْ
سباوجنة ماربْ الفاخرهْ ... ضحى بها هدهدْ وفارهْ
واليومْ ها هي ألفْ فار ظاهرهْ ... وألف مخبى في الخباره
وكم هداهد بيننا سافرهْ ... وكمْ وكمْ تحتَ الستارهْ
كان اليمنْ في الأرض كالمزهرهْ ... من كثر زرعه واخضرارهْ
كانت سهولهْ والجبال مثمرهْ ... من أرض نجرانْ لا سحارهْ
واليوم أصبحْ يشبهْ المقبرهْ ... بخلتْ عليهْ حتى المطارهْ

الواديْ أغبرْ والجبالْ دامرهْ — والسهلْ غطانا غبارهْ
حمير سبأ، لا عادْ أحدْ يذكرهْ — ولا يذكرنا الخسارهْ
ما عادْ ينفعشْ اليمنْ حميرهْ — ولا سبأ بعد اندثارِهْ
ماذا جرى يا أمنا المدبِرهْ — على بلدنا وازدهارِهْ
لا حول ماذا القدرهْ القادرهْ — على اليمنْ مهدَ الحضارهْ
تداولتْها الأيدي الماكرهْ — والآئمة تارهْ بتارهْ

******

وهذه قصيدة في الحكم للشاعر الشيخ عامر بن سليمان بن خلفان الشعيبي[(١)]:

فِلنّاس أجناس لَنْ عدت سمنان — تلقاه يانس بك ويفرح بلقواك
لَنْ كَضّتك عسر الليّالي بالهوان — يطنف شذيذه عنك ويقول ما باك
ومنهم على سدّك يُبَحّث ومشتان — ويحلف مابيبيح سدّك وطرواك
ومنهم بحاله والتحيّات منّان — يَلَنْ واجهك في درب أجنب وباراك
ويلا تمخلا بين مبغض وفتّان — زيّد على الكلمه ثلاثين وشتاك
يا صاحبي عدنا لا في طارف زمان — لا تفتخر به إلى اتفّق بك وناجاك
حذرك عن عمايمٍ فوق رهبان — أحذر تراها ذيك سكّين سمّاك
لَنْ حصلَك في معسره راح هذران — ولَنْ عدت في نعمه على الرّغم صافاك
باوصيك ثم باوصيك لا تسوّي خلاّن — ما الخلّ غير اللّي ملكته فيمناك
إن كنت ميسر أنته أمير وسلطان — وإن كنت معسر سير وتَوحّد هناك
سالَ المجرّب واترك فلان وفلان — بيخبّرك بالواقع يأمر وينهاك

---

(١) ديوان الشعيبي: ٢٥-٢٦.

سوّيت لي في الناس مُبْغض وصدقان كثر العداوه ريت والبغض من ذاك
أما العدو لَنْ زاد شينه ولَو زان ولا شكّ سوّى العيب من قال لي خواك
لا تقول ذا خَيّر وذا زين إنسان النّاس خَيّرهم فِذَا الدّهر شبّاك
ولَوّ ضحك في محضرك بطروف أسنان القلب نوره من حطب يابس الراك
كم من عدوٍّ زيّن القول بلسان لَنْ عدت بحراب المواصيل يرماك
وكَمْ من صديقٍ ما يعجبه التلحّان لا شكّ لَنْ شافك بلا ستر ذرّاك
هاذاك للمعروف والزّين خَزّان وفي حزّة المعروف ينفع ويشفاك
أعذر وسامحني ترى القلب بلهان يا سامع الأبيات هيش اللّي درّاك
أنا فضامري بحرٍ ومدنٍ وبلدان وجبال ورمال وصِيْغٍ وحيّاك
الصيّغ لوّالي على القلب عيصان والْحِيْك لوَّالي على الكبد شرباك
كيف خلاصي وكيف ترتدّ الأذهان لي حالته بالوصف مثل الّذي جاك
صلّوا على المصطفى من نسل عدنان الهاشمي المبعوث للعسر فكّاك
وعلى أبو بكر وعمر وعثمان والشّاجع الكندي الزّكي صهر ضحاك

*****

ومن اليمن أيضاً قصيدة في الحكم للشاعر عبد الرحمن الأنسي(1):

صاحْ هذا تجاهَكْ جبل صنعا فقلْ يا "نُقُمْ" قد سِبقْ وقِتكْ أوقاتْ
وأنت قايمْ مَديمَ النظرْ مُشرْفْ مُطِلْ فوق ابياتْ الاميا والأمواتْ
عندكْ أخبارْ عجيبهْ تِعلِمْ من جِهلْ هاتْ باللهِ عليكْ وانقمْ هاتْ
كم مِلكْ قد رأيته بمِلكهْ مستقلْ قاهر السيف، ماضي الإشارات

بيت

(1) شعر العامية في اليمن: ٢٠٣.

في قصورْ شامخةْ بالعلالي زاهرةْ بيضْ ما بين خضرْ البساتينْ
رافلهْ في حجرها البدورْ السافرة في الحلا والحللْ والتحاسينْ
المواكبْ إلى البابْ تصبحْ سائرةْ فتضَّيقْ فسيحَ الميادينْ
الخيول في نسايجْ ذهايبْ في العيونْ اشتعالَ المناراتْ

بيت

ووزير تنضحْ أقلامه الموتْ والحياهْ ويحل العظايمْ ويعقِدْ
وأمير عَظَّمهْ من سِمعْ به أو رآه واتقاهْ العدوْ المبعدْ
ومدرس ومفتي وقاضي من قضاه لا يحابونْ في الحقْ والحدْ
وإمامْ في العلوم إن تكلَّم أو سُئِل بَسطْ القولْ نفياً واثباتْ

بيت

ورجال التصوفْ بإسناد الخرقْ ومقاربْ وعاصي وطائعْ

أبيات من شعر الحكمة في اليمن[1]:

١) الجار الموذي يزيله الصبر:

إذا معكْ جارْ موذي الصبرْ واللهْ يزيلهْ

٢) حاميها حراميها:

حامي حُمْيدْ بن منصورْ يحتاجْ من الناسْ حامي

*****

---

(١) شعر العامية في اليمن: ٢٠١- ٢٠٢.

٣) الاتحاد قوة:

ما عودْ وحدِهْ بلاصي | الا بعودين مع عودْ

٤) لا إحسان ولا مروة لعدو:

ما ينفعكْ في عدوكْ | كثر المروةْ والأحسانْ

٥) خير البر عاجله:

معزيهْ بعد شهرينْ | مذِكرهْ كل الأحزانْ

٦) كما تدين تدان:

من قابص الناسْ يقبضْ | ولا قبضْ ما يقولْ آح

٧) اتقوا مواطن التهم:

من قاربْ الكير يحرقْ | والا امتلأ من غبارِهْ

٨) الحرب حرب البطون:

الحربْ حامي وباردْ | في بارده ضربْ بالسيفْ

٩) الناس معادن:

الناسْ مثل الغرايسْ | فمنهْ حالي وحامضْ

*****

١٠) الراعي مسؤول عن رعيته:

الذيبْ ما يأكل الشاهْ   إلا إذا الراعي اهيشْ

***

١١) العبرة بالأخلاق لا بالنيات:

يقولْ علي ولد زايد   من اتزْر قال قدهْ جيدْ
الجيد من صان نفسهْ   من الحججْ والمناقيدْ

***

ومن شعر الحكمة قول الشاعر الأمير محمد السديري[(١)]"

ما ينتبه للي بصوته يناديه   يزيد همه يوم كل ينامي
يشوف وقت ما عرفنا تواليه   وقتٍ يشيب من بسن الفطامي
هذا زمان كاثرات بلاويه   والغيم يقلب فيه عج وكتامي
يا بعد شرب الما على كبد راجيه   ما سيَّل الغبرا زعوج الجهامي
انبيك يا من كلمة الحق ترضيه   أعطيك ما ينفعك وأفهم مرامي
قصرٍ يذلك لا تقابل مبانيه   خله عسى شامخ طويله هدامي
خله عسى ما صاب أغادير يفنيه   يودع منازله الطويله رجامي
لو زان مدخاله وطالت حواميه   شيّد على الخيبه قليل الرحامي
وحيٍ يوريك المذلة وتغليه   أنا أشهد أنك ميّت القلب عامي
من لا يودك لا توده وترجيه   أرفع مقامك يا عزيز المقامي
ارفع مقامك عن عدو وتوذيه   ويلحقك من تركت رفيقك ملامي
حق الرفيق وواجبه لا تخليه   يلزمك مثل الوالدين الحشامي

---

(١) الأمير الفارس: ١٥-١٩.

اختر عزيز الجار والحق يعطيه — شبلٍ على هرج يقوله يحامي
ما دك به عرق المذلة وطاريه — ويسبق على فعل الفضيلة شمامي
ومن قارب الأجرب بالأمراض يعديه — عدواه تسطي باللحم والعظامي
درب السلامة بينات مماشيه — ودب العطب يرث عليك اللكامي
أبعد وقلبك نازح البعد يشفيه — وتلفى عن الدار البغيضة مقامي
دار بدارٍ وداعي الذل عاصيه — ولا تقبل الذلة نفوس الكرامي
الذل موتٍ حايماتٍ ضواميه — ادخل على منزل فروض الصيامي
عن مقعد بالذل عينك تراعيه — الموت عن الذل أمان وسلامي
يرضى المذلة من تردت هقاويه — والذل يجفل منه قلب العصامي
والعبد له ربٍ عن الناس يغنيه — ولولاه ما صاب الهدف كل رامي

*****

مرقا العلا خطرٍ عسير صعوده — ما يطلعه من لا تجلد على الكود
والبيت ما يبني بليّا عموده — والحيف يزعل من عن الحق مردود
والحر يجزع يوم توطا حدوده — وتشرهه نفسه على الطيب والزود
ولا يشتكي من لا تضره لهوده — إن شاف جور الحيف والعدل مفقود
والوقت شفنا كل بيضه وسوده — وشفنا نهاره مع لياليه مضهود
والغيم لو تسمع صواعق رعوده — لا ممطرٍ وبلٍ ولا هوب مريود
يا مدورين الطيب قيسو عدوده — والطيب عدٍ بين الأجواد مارود
والناس بأرض الله تراهم شهوده — وحق بلا فعل على الرجل مجحود
والنذل حيلات الردى ما تكوده — واليا بغا الطولات ما يدرك الجود
عن المراجل قاصرات زنوده — طير العشا يصبر على كل منقود
الخيل ما تشكي مضاريب عوده — وبالقيض ما ركب النضا مثل صاهود
يعيش في دنياه همه رقوده — ولا نفضنّه قرح الخيل والقود

لا عل رحمة خالقه ما تعوده
وعساه مع زمرة هل النار بخلود

هذا زمان هايبات فهوده
والناس نادو عنتره باسم مسعود

واشوف لي رجل يعدد جدوده
لو أن أبوه وجده أضعف من الدود

كلّت من الماطا رواسي حيوده
والبوم شاش ولابس درع داوود

والنيص حط لهامة الراس خوده
عقب المذلة له طوابير وجنود

ما كن شيْ في زمانه يكوده
شاهد بها الدنيا سلامات وركود

وحتى الغراب اليوم يفخر بجوده
والفار بذراعه قطع كل بالود

والشرى والحر مل تباهت وروده
وقامت تشيل غصونه الماس وعقود

يا حسين زانت له ليالي سعوده
وصدّق حياه بزايد الوبل ورعود

***

دنياك يا مخلوق يظهر بها أشكال
توريك صفحات وتكشف لك الغيب

تخفي عنك حال وتبدي لك أحوال
تكدر مشاريب وتصفى مشاريب

يهفا بها جيل وتخلق بها أجيال
ولو أضحكت تبكي وفيها عذاريب

إلى التجا بك واحدٍ ضده النيا
عانيك لا ترضى عليه بهزايمه

بعدك عن الأنذال فيه المعزه
في مهمه صيد المهافي خرايمه

لو أنت بالصيف الشديد وحره
يلفحك من حر الهواجر سمايمه

أخير من قربك لئيم وحاسد
ورزقك على رب له الخلق صايمه

*****

شعر

الشكوى والحنين

كتب الشاعر الشريف جبارة من السعودية هذه القصيدة في غربته حين داهمه الحنين إلى أهله[1]:

يقول جباره والركايب زوالف	يدير الأرياء أيهن أخيار
ألاعي الورقاء بالأبعاد بعدما	غفا جفن عيني بالمنام ودار
يا ركب شدّوا واغنموا البر قبل ما	يهيب عليكم بالهواجر نار
يهب هوا من مطلع الجدي بارح	لا طالعت عين الشبيب وذار
قد هاضني في تالي الليل والف	لها ضيعةٍ عقب الهجيع احوار
تحن وهي قد حيره عن لحوقه	على الساق من بعض الرمات اكسار
تحن اليهوديات من فقد ليله	عزاه من فرقاه بيع جمار
هذا وهي عجما فيا ويل من له	أولاد في سن السفاه صغار
وأنا ميقنِن بالله وما كتب للفتى	يجيه ولا له عن لقاه فرار
لو كنت في قنّة حديد معسكر	فلا لك عن تدبير الإلاه مطار
فإن كان يا عمران إلى نجد راجع	عن الريف من خوقة ويا به صار
أوصيك يا عمران لا عاقك النياء	حاذور عن ضعف العزوم حذار
على حرة وجنا إلى منه أوجفت	تشوف به تالي النهار صطار
تشتاق في بطحاء البجيري مجلسٍ	في ملتقى بابه وباب صفار
لا جيت يا عمران مني جماعه	وحسك من بين الجماعه دار
اختص أبو بكر الشجاع محمد	من لا شنا يوم جنابه جار
نسيبي وخال ابني ومن هو لي احرص	على غرض مني يجيه إجهار
ثم أنشده لي عن شبيب وأحمد	الأولاد للقلب الشقي ثمار

---

(١) شيوخ وشعراء: ٣٤٣/١-٣٤٧.

هم الخير وهم الشر والفقر والغنا بربحٍ ومنهم من يكون خسار
بالاولاد من هو يجلي الهم شوفه وبالاولاد من هو مطلق وثبار
خلفتهم في حجر بيضاء عفيفه كساها من الدلّ الجميل وقار
صبور على عوباي ما يندرى به إلى مر كبدي بالمغيظه فار
هذيليه من روس قوم عنابر أهل منسب عالي وطيب جوار
يما من الطربات يا نفس فقنعي مع الناس غالي ما عليه أقدار
مصادمك بحر من ورا ديرة العجم ودار ورا عين الدقيق بدار
أشوى ولا تحتاج لأدنى قريبك إلى احتجت للادنا القريب وبار
لعل مال ما يمارى به العدا ولا ينفع الدانين ليته بار
ترك خلان الرخاء لو تزخرفوا كما شجرٍ مورقٍ بغير أثمار
يبنون لك بالحكي كم مدينة بالظاهري والباطني دمار
يورونك أحوال إلى ما بغيتها كما حلم ليل ضايع وقمار
يقولون نرد الماء بمحص وقنب إلى وردت الماء يجن قصار
الديك لا يعجبك براق ريشه أبا الحاس ما فل الجناح وطار
وما عيشة الصعلوك إلا شقية سل اللـه عنها بالغنا بجوار
ولا تنطح اللقوات لا صرت معسر ترى الفقر يرث بالعظام فتار
يقصّر عزومك وإن تِهقويت هقوة كما يقصر للزمول هجار
ترى الفقر لو قالوا لك الناس هين يهينك كما هان البعير فقار
امجالسك من يا جد ولا نتب تاجد يزيدك عند الموجبات حقار
إلى هم بالجوده لكن زنوده عليها من القد الشديد وسار
رجلٍ بلا مال له الموت راحه ورجلٍ بلا فضل غناته عار
مير أفتكر بالطير لا بات جايع تباطا سنا نور النهار وطار
واحذر من الردّيان لا تقرب أرضهم لا تجاور أرض العايبين بدار

هذا وأنا في ضميري قد انقضى   تراه في مبدأ الكتاب حضار
وصلوا على خير البريا محمد   عدد ما سعى ساعي الحجيج وزار

*****

وهذه قصيدة للشاعر حمود الناصر البدر، يشكو بها صديقه من غربته، والقصيدة تظهر حنينه وشوقه إلى الأهل والديار، بعد لوعة واغتراب(١):

يا خضير بالله عالم كل الأسرار   منا ومنكم لو تكنون بصدور
ناشدك لا تنشد ترى الكل في كار   شانه ولا له شان ما يسمع الشور
يا خضير طالت غربتي والعقل طار   ومن الطواري غادي دوك مطيور
ازريت يوم أني تغربت بديار   من لا يعرف أحكي لهم فاقد الزور
مني غصون القلب من عقب الأثمار   غدن كما عودٍ حريقٍ بيافور
أنا بدار وضافي القرن في دار   بيني وبينه نازح البعد وبحور

*****

أيام وقتي(٢)

وهذه قصيدة للشاعر سعيد البديد المناعي يشكو الدنيا، موجها قصيدته إلى الشيخ راشد ابن مكتوم:

يا سامكٍ سَبع السّماراتِ عِني   وإبصر بدنياً تعمل أنكاف ويّاي
إلى بغيب أسعاف منها أتنّي   نكرانها وآزت تشمّت بي إعداي
اللـه عليها يوم تخلف بظَنّي   وإنا بها ما ثق ميادين رجواي

(١) ديوان حمود الناصر: ٣٤.

(٢) ديوان المناعي: ٣٩.

سعو حَظّي بالعنايا مَحَنّي — وأيام وقتي بالتعاويس تِلتاي
إلى بغيت أسفِر هواها أفل عنّي — وأولامها عن شِرع سفناي بالناي
صَوَّت للتالي ولا يِسمَعَنّي —ناديت من حولي ولا يسمَعِ نداي
ردّيت أدوّر بندرٍ باستكنّي — وأذري عن أرياح الهبايب والأمواي
قلت آه يا مالي غدا اليوم مِنّي — ويلاه يا سفني تعلّى بها الماي
نِصيت مِنْ هو مُولَعٍ بكل فنّي — زَبن المجير وملتقى كل محتاي
الشاعر اللي لي نَخَيته شِقَنّي — "راشد بن مكتوم" قاموس للرآي
باشكي لَهِ بما صابنّي وأتلفنّي — بفراق النشاما وتَمّيت وَحداي

*****

مواعيد عرقوب[(١)]

للشاعر عبد اللـه بن حمود بن سبيل، شكا بها إلى اللـه تعالى: فيقول فيها:

ياالله يا كاشف عن أيّوب ما به — من الضر يا قابل مطاليب يعقوب
يا رب يوسف يا مصدق جوابه — يا مظهره من ماقعٍ فيه مصلوب
يا داعيٍ بنداه موسى وأجابه — يا جاعله غالب وفرعون مغلوب
يا مخرجٍ ذا النون يوم اكترابه — عقب أربعين بغبة البحر مكسوب
وليّن لداؤود الحديد اكتسى به — ومصخرٍ لابنه من الريح مركوب
تفرج لممتحنٍ يبي منك ثابه — ضاق الفؤاد ودك به كل دالوب
يوم إن ختّال الزمان التوى به — ما نحّر الشكوى محبٍ ومحبوب
وحّدك يوم انك خبيرٍ ترى به — ما يرتجي لحذاك يا خير مطلوب

---

(١) ديوان ابن سبيل: ١٢٥- ١٢٦.

هاب الرفيق اللي عرض لي جنابه بالطيب وأظنه من الطيب منتوب
يوم اتضح واليا الزمان امتشابه صارت مواعيده مواعيد عرقوب

*****

وله أيضاً في الشكوى قصيدة:

البدو هبّلوا بي (١)

يالله يا عالم جميع الغيوبي ياللي الي ضاقت على الناس نادوه
أشكي عليك البدو عوج الدروبي اللي الى همّوا لهم مربعٍ جوه
البدو هم وظعونهم هبّلوا بي هني قلبٍ لا عرفهم ولاً جوه
شدّوا وخلوني على الدار اهوبي مثل البعير اللي عن السّرح ردّوه
شدّوا ومدّوا بالغزال العجوبي يا ليتهم من جملة الحضر خلّوه
مركوبه الأشقح عريض الجنوبي دمث المناكب للمحاويل عفّوه

******

قال الشاعر عبد اللـه بن غانم المالكي من قطر، يشكو الشاعر ماجد بن صالح الخليفي(٢):

يا وَنّتي ونة كثير الجهودي يِونٍّ لي من آنس الجهد به زاد
على عشيرٍ جيت له في الوعودي حيثِ أنّ هو عني حفيٍّ وحَفّاد
سلَّم وشفته في سلامه ودودي وطمعت أنا بالقرب من عقب الأبعاد
دَنَيْت مِنْه وقلت دونك سدودي وأنا لِسَدِّك يا نَهى السد جَوّاد
مَا افْضيه لو تِبْنى عليَّ اللحودي واثْني عن الهذرة مواثيق وَاعْهاد

---

(١) المصدر السابق: ٣٦-٣٧.

(٢) ديوان عبد الله بن غانم المالكي: ٥٥-٥٧.

وآنا اتِهَضَّعْ له تِهِضِّع طِرودي
وِمْجَلِّي من ديرةٍ ما بَهَا أجْواد

قامِ يْتَهايَقَ لي سواة العنودي
ويقولَ أنَّا أوحْي من ورا الباب رِوّاد

أخفي الحكي خوفي يِحِسّ الحسودي
أثْراه حاقد لي من الكيد وِعْناد

و الـلـه ما جيتك من البعدَ أقودي
مِتْسَيِّقٍ شَفْقٍ على الشرب والزاد

شَفِّيتِني قبض الخصر والجعودي
وملامسٍ بين المحبين معتاد

إن كان جافيني بَلاَ أيّا حدودي
الـلـه على كل الجبابير مرصاد

يا راكبٍ حرٍّ زها بالشدودي
نَضْوٍ زها كوره غوى الخَرْج وجواد

منصاك لي "ماجد" زكي الجدودي
اقرا سلامي عد ما زايد زاد

ثنّه على "محمد وصالح" عضودي
مثبتينٍ طاعة الـلـه بِسْناد

*****

مسافر(١)

قصيدة للشاعر غني محسن من العراق، تروي هموم مسافر أرهقته الغربة:

مسافر كضيت العمر
ورقه أعله جتف الريح

وكل شهكة صارت جنح
يم عمري خاف يطيح

يا روحي وحشه الدرب
وبخطوتج سمي

انتي عليج الجرح
وآنه على همي

شفت الونين برمح
يعبر نهر دمي

وما أدري عيني البجت
لو غيمه أجت يمي

كل ما أكول أعبرت
يتعبني حبل الصوت

(١) الموعد، العدد: ٢٤١ في ٢٠٠٢/١٢/٢٥م.

حسبالي من ابتعد / كل ذكرياتي تموت
يا گلبي ظل بس درب / خلنه بعمانه نفوت
لو هيه خطوت أمل / لو هيه بحضن تابوت
مسافر وخذني التعب / والغربه صارت طبع
يا لوحشتك من تمر / سفرة ونين بظلع
مرات أحسك عطش / من روحي راح انشلع
ليلك تبعني برمح / واحتمي بظهر الشمع
وكل الليالي انگضت / بس ليلك شكبره
يا كلبي صار الدمع / مرسال للعبره
وورلي يمك صبر / كلبي خلص صبره
مو ماي أعبره ابلم / بس ليل شيعبره

*****

الحنين إلى الوطن[(١)]

يشكو فيها الشاعر فرج بن حمد الهولي النعيمي -من قطر- غربته ويحن إلى أهله ووطنه:

عند العصر شرّفت في راس نايف / رجمٍ طويلٍ عالي في جباله
ساعة بديته هلّت الدمع عيني / من واهجٍ بالجوف حل اشتعاله
على وليفٍ بالمودّة قصاني / كما قوي الجيش يقصى هزاله
مكّن صوابه في ضميري وصابني / سهرٍ ولا عيّنت منّه سهاله
أتلى العهد به في رياضٍ عشيبه / من صوبهم ما جا صديقٍ نساله

(١) بستان الشعر: ١١٩- ١٢٠.

وأشكي على من كان في الضيق ينثني … يفرح به المضيوم ليمن شكاله
يا مسندي يا ترثة الجود ناصر … يبغيك خالك فاهمٍ في مقاله
أوصيك يا مشكاي من ربعة الردي … والدرب لا عزّمت رح في احتفاله
وعليك بمسرى الليل لو كان ظلما … قيّل الين الفي طافك ظلاله
عسى ذلولك ما توانيت جريها … لا ورّدوا والسيح منزم لاله
لا ورّدوا وراعى الرديّله خلّي … فلا تطاوع العذّال في ردّها له
حيثٍ ذلولك من خيار النجايب … غرايسٍ ما ذكر فيهن ذلاله
يا بو محمد يا زبون الركايب … يا عيد منهو من بعيدٍ عناله
أشكي لكم ملّيت من مسكن الجبل … وأندب عليكم كل يوم رساله
يالله يا منهو على ذا الخلايق … يا فاهمٍ من كان عبده يساله
طالبك وجناً زايد اليوم نيّها … وهي غاية المشتاق ليمن طراله
ليمن طراله روحةٍ صوب ديره … تشدي لهيجٍ يوم حقّق جفاله
من الوسامي لوّله تنقض الجزو … من عقب عدٍ شاربه من زلاله
مر تصدّر صوت دايات النقا … ومرٍ لغلض الروض تنحر ظلاله
ما ربّعت وسط الظهران وقيّضت … الاّ بروضٍ عاد وطرٍ مضاله
ديران أهلنا الآولين ودارنا … دار الرخا من يوم عصر الجهاله
أطلب سقاها اليوم من رايح الحيا … مزنٍ على [أم وشاح] ينثر خياله
مزين خضار رياضها عقب المحل … والعشب قد هو مزرعٍ في هجاله
أنزل بروضٍ توما زاف عشبه … ودوّر مقر الصيد تلقى غزاله
هذاك عيدي بالتماني ومنوتي … ارجيه من ربٍ عزيزٍ جلاله
صلاة ربي عد فرضٍ يصلاّ … وعداد ما هل الوبل من خياله

******

هذه قصيدة للملك فيصل بن عبد العزيز في الشكوى يلوذ بها إلى اللـه تعالى قائلاً[1]:

ألا يامل قلب كل ما جاء الليل جاه خَلاج
يلوج ويجتلد بالصدر والعربان ممسيني
إلى دكت هواجيسي ولو نومي على الديباج
ولو جنى جميع البيض غيره ما تسليني
ألا يا مجيب دعوة من تصافق فوقه الأمواج
أنا بحماك يا والي الخلايق لا تخليني
ألا واهني مخلوقٍ يفرج ضيقته لاداج
يفـــرج ضـــيقته بالســـوق غـــاد لـــه ميـــاديني
تـــرى بعـــض العـــرب عملـــه بروحـــه مثـــل وصـــف سراج
يضـــوي للعـــرب والنـــار في جـــوف المســـيكيني

من شعر الشكوى هذه قصيدة للشاعر الأمير محمد الأحمد السديري[2]:

ينام من هو ما يعرف الهمومي
وعيني اليا ناموا حريب لها النوم
اللـه يلوم اللي لحالي يلومي
لا ساهرٍ سهري ولا هوب مهموم
ما هوب مثلي يزعجه كل يومي
همٍ يلوج بداخل الصدر مكتوم
لا مبدياً أسرار قلبي لقومي
واللي بسر الغيب ماهوب مفهوم

---

(١) شيوخ وأمراء: ١١٣.

(٢) الأمير الفارس: ٦٧- ٦٨.

أخاف أبوح السر تبدا الثلومي　　وتاقف على مكنون سري هل اللوم
عاهدت قلبي ما يبوح العلومي　　ولا يويق بغايته كل مذموم
بالليل أساهر ساريات النجومي　　والصبح أعدى بالنبا كل مزموم
أوجس بقلبي مثل حر السمومي　　ولا صفالي خاين الدهر لو يوم
يا سيف قم لعل حظك يقومي　　ولعل ابوك بساعة الحشر مرحوم
النار شبه يا قوي العزومي　　وهات الدلال وترك النوم لرخوم
خابرك يالطيب ودود ورحومي　　قم سو ما يبعد عنا كل شغموم
فنجال بن ما يحضره رخومي　　مبهرٍ من بين الأجواد مقسوم
أرواحنا بفلاك الأيام تومي　　ولو يطول العمر فالأجل محتوم
روحي بيد فارض صلاتي وصومي　　اللي بحبل اليسر ينجي لمضيوم
الواحد اللي نطلبه كل يومي　　منجي ليوسف عقب ماهوب مظلوم
دنيا الشقا يا سيف ما هي تدومي　　كم واحدٍ فيها مشيحٍ ومنجوم
وأفراح إلى قالوا تقافت غيومي　　على شفا الباطن وهو قبل ماسوم
حيثه مرب لكل وضحا ردومي　　اللي بها زودٍ على الطوق برشوم
عسى تعله مرهشات الوسومي　　يمطر عليا الوبل يوم بعد يوم
عشبه يغطي نايفات الحزومي　　فيه الزهر فوق الزماليق منضوم
مخالف النوار غادٍ سهومي　　والعشب من وبل المراهيش كيهوم
فيه أم سالم من طربها تعومي　　تلفح بسمح الريش في كل مرجوم
من الطرب في كل روضٍ تحومي　　وتقضّي الدنيا زغاريت وسجوم
إن شافت النوار نبته يزومي　　ما سايلت عن حال معطا ومحروم

******

أغراض
شعرية مختلفة

وهذه قصيدة أخوانية، قالها الأمير خالد الفيصل في أخيه الأمير عبد اللـه بن فيصل[١]:

يا سيدي ياخوي يا أستاذ عمري	علمتني وزن الحكي قبل الأشعار
إن جاز لك يا سيد الشعر شعري	تراه من فضله معانيك تذكار
مديون لك بلسان قلبي وفكري	باللي يصير وبلذي ما صار
علمتني وأنا بالأحوال ما ادري	ودليتني وأنا بالأيام محتار
فتحت لي صدرك وغذيت صدري	وحطيت به للعلم والعرف مقدار
ومديت لي يمناك من يوم صغري	ونقلتني من صفر لكبار واكبار
وأجلستني في مجلس العلم بدري	في مجلسٍ للفكر وقفه ومِسيار
واسقيتني نبع من الجود يجري	عليه ورادٍ ونازلٍ وصدار
وأسمعتني ترنيمة المجد تسري	من جدك الأول إلى نسل الأبرار
ومديت لي شوفي ورا حد عصري	وشاهدت أنا المسرح قبل رفع الأستار
ولولاك ذاك الوقت حيرني أمري	ولولاك ما جالي على الصبر مقدار
ودي أعبر عن جميلك وشكري	لا شك مالي مقدريه ولا كار
محدود شعري يا أشعر الناس عذري	فضلك بحر والشعر مقطور قطار

******

تسمعوا[٢]

نظم الشاعر خالد بن معجب الهاجري هذه القصيدة يفتخر بأفعال قبيلته قائلاً:

تسمّعوا من كلامٍ ودي اجيبه	أيضاً ولاني بمن يحدث الأسابيي

(١) شيوخ وأمراء: ١٤٨/١-١٤٩.

(٢) ديوان الهاجري: ١٩-٢٠.

اللعب عندي وأنا عندي تراتيبه ... وارتّب اللعب منّي بالتراتيبي
والحرّ دامه مجوّدةٍ مقاضيبه ... فإن هد في هدته يفرى المضاريبي
حن نلطم الشره ونكدّر مشاريبه ... ونسقيه عقب الكرى كدر المشاريبي
وحن شوكة الحرب لاحميت مشاهيبه ... وحن نارها لاحمت روس المشاهيبي
هواجرٍ فعلنا كل يماري به ... لاجات من صاحبٍ والا الاجانيبي
قلته وأنا من مخاضيبٍ لهم هيبه ... كسّابة المدح حزّات المواجيبي
وحريبنا لاحربنا مانداري به ... نفراه فري بعكف المخاليبي
وكم واحدٍ في لقانا شبع به ذيبه ... عليه حامت معكّفة المناقيبي
والذيب لا من عوى لاحته اجانبيه ... ولا قنهب الصوت لا حنّه الاجانيبي

*****

من الكواري إلى بن مهنّا(١)

قصيدة إخوانية للشاعر صالح بن سلطان من قطر، إلى صديقه محمد ابن راشد:

منّي سلامٍ عدد مزن نشاء وأمطر ... انداع سيله وفاضت منه شعبانه
واحيا هشيم الغصون الباليه واخضر ... منه ربا الروض واحزومه ووديانه
ما لعلع الطير من زود الفرح واستر ... في مايس البان هز النود عيدانه
أو عسعس الليل بالداجي وما سفّر ... صبحٍ تنفّس وغط الكون وأوطانه
أوعد ما صام لله صائمٍ وأفطر ... في يوم حرٍ يبي عفوه وغفرانه
اعداد ما في البحر واللي نبت في البر ... من حد تونس إلى مسقط وبلدانه
ما حده الشرق هو والصين والبربر ... نيبار والهند بدوانه وحضرانه

---

(١) بستان الشعر: ٣٧- ٣٨.

والغرب كله إلى حد البحر لحمر ... أقصاه وأدناه من بره وخلجانه
أحلا من الشهد في ذوقه مع السكر ... وأحلا من الراح والتفاح وألوانه
وأغلا من الماس والياقوت والعنبر ... وأغلى من الكرهم الفاخر ومرجانه
وألطف من التين والزيتون لو يعصر ... وأزكا من الورد في شمه وريحانه
تهدا لمنهو بنو الخير ما قصّر ... اللي ذكرني وفضلني على أقرانه
هيّا رسولي على صنع الشفر لخضر ... مخموص مهموص تعشيقه بسكانه
طرزه قريب يشوق العين بالمنظر ... مثل الوحش ليكمل ريشه وجنحانه
لاحظ له الزيت والبترول والبنشر ... باوداعة الـلـه عظيم الشان سبحانه
ليدار ويله وداس له الكلك وأشر ... سار وتوارا وسط عجّه ودخّانه
من قريتي قبل نور الصبح لا ينظر ... طاف المراك توالي للي ربّانه
مع طلعت الشمس في سوق الخبز زمّر ... صيّح هرن في شوارعها ابعرفانه
وانحا مع الدرب لا شكل ولا فوّر ... حتى وصل غايته أيضاً وغرضانه
منصاك قصدي ومقصودي أبو بندر ... خديني اللي تشوق العين قيفانه
يفز لك بالبشاشه والحجاج أنور ... طلق المحيّا بفعل الخير واحسانه
ليعدّوا الناس بالنوماس والمظهر ... يشهد له الكون شيبانه وشبّانه
تلقا ادلاله تفوح ابنّها لشقر ... مع نجر ماوٍ يهيض القلب بالحانه
هاذيك تحمس وهذي عقبها تبهر ... من سبعة أصناف يا للي تعرف أثمانه
في مجلسٍ فيه ريح العود والعنبر ... مع زلّه اللي غريب مشكّل ألوانه
عزي ملاذي إلى من الدهر كشّر ... وأفرز مخاليب كفّه هي ونبيانه
وإن جا الصخى والكرم له في العلا منبر ... ميراث ورّاث عمانه وجدانه
تلقا أصحونه عليها الحيل والفطّر ... افنا صغار الهرافي هي وحيرانه
وقت جمعنا وفرّق جمعنا وادبر ... عقب النوادي مع شاهين وإخوانه
حتى تجرّعت من جور الزمان المر ... قصّات منها تشيّب روس ورعانه

لو بالتمنّى تمنيته لنا يظهر
حتى نشوفه مع شعره وديوانه
مرحوم يا اللّي بتاريخ الثنا يذكر
جعله بجنات عدنٍ بين ولدانه
لولاك ويّاه ما قلته ولا سطّر
كفّى وفكرى يوزّنها بميزانه
صلوا على سيد السادات في المحشر
شفيعنا يوم كل الناس حيرانه
محمدٍ صاحب الآيات والكوثر
ما سال سيلٍ وفاضت منه شعبانه

*****

عتاب حظ (١)

قال الشاعر علي بن سعيد بن سبيت هذه القصيدة يعاتب فيها حظه ويطلب من الله بالمطر على قطر:

أنا شاقني حل الصفاري وهاضني
زلّت حلول القيض واقفى قتامه
جتنا وحوش الشام في البر هرّب
والبدو شدوا وانزلوا في العدامه
طرت لي سنين قد مضت لي وفاتت
من ذكرها يمسى غثيثٍ منامه
فكّرت في دنياي وادير فكري
وأشوف من دنياي نقص وندامه
أنا أزرع جميل الخير في غير مزرع
أعمره ويدمر ما أدري ويش علامه
حظٍ يدراجني على الخبث والردى
كما يدارج المملوك سرقة عمامه
امَّا رماني عقب هذا بحسنه
والا رميته وسط بيرٍ هيامه
يالله يا فتّاح باب العطايا
بخطو لحقاب اللي وحيشٍ ظلامه
إلى من تزوّم مرعده ناض بارقه
حقوقٍ من اليمّه غشانا سهامه
حدّه شمال ايلين سيف الزباره
وحدّه جنوب ايلين جو السلامه

---

(١) بستان الشعر: ١١٥.

وحدّه مشرّق لين عبرّ على البحر يسقي ويملى ما وطى في ولامه
تمسي به الأرض المحيله عشيبه ويصبح على الأغصان يلعي حمامه
تنجّع له البدوان من كل ديره وأشوف من طاول بقلبي هيامه
وليفٍ رماني بالهجر والمعاضل جذبني وقلبي ما مشى في ولامه
عصاني ومثل ما عصاني عصيته سمتنا الحبل واشتد بعد ومتامه
تشلبت به الارضه وباحت بجسمه وخطير الحبل ينقص من طول عامه

******

قال الشاعر عمر الزعني في قصيدة:

خلق معذَّب[(١)]

خلق معذّب هالإنسان
توفى أوام واستراح
إجا للدنيا عريان
ومثل ما إجاها راح...
شاف الدنيا شكل شكال
أكل وشرب وسهر ونوم
فضل يغني هالموال
ثلاث مرات كل يوم
تعلم ما نفعه علمه
ما حصّل منه رسمال
شاف علمه سبب همه

(١) حكاية شعب: ١٨٩.

وشاف الدنيا للأنذال

يا ما طاف وزار بلاد

ودرس الناس والأخلاق

جد وكد وما استفاد

شاف كله كذب ونفاق

حب وغش وتندّم

عاد وتزوج وكان قرفان

رجع ترمل وتأمل

ورجع معذّب زي ما كان ..

.....

وقال أيضاً الزعني في قصيدة:

قالت مي (١)

قالت مي لأهل الحي كلمتين

ما في مال بيعمل رجال يملوا العين

ولا في طب بيخلق حب بين قلبين

والزواج امتزاج بين روحين

والروح مشاع ما بتنباع بمليونين

سهل كثير أحفر بير بشوكتين

(١) حكاية شعب: ١٩٠.

وكنّس مرج ودرب الحج برشتين
وزق النهر وفضي البحر بصدفتين
ولف الأرض طول وعرض مرتين
ولا كون طير مسجون الجانحين
بفضِّل صوم ودوق زوم الأمرّين
واتشوّى واتكوّى على نارين
واتقلّب واتشقلب عالجنبين
عالحصير بكوخ صغير بين جبلين
مع فهيم ولو يتيم الأبوين
ولا عيش بفرو وريش عالكتفين
بقصر جديد والعبيد عالصفين
مع صنم ما بيفهم كلمتين
ولو كان بصولجان وبتاجين
تاج الهند وتاج السند وإلو عرشين

*****

نصوص شعرية

الشاعر قنانه من ليبيا[1]**:**

عزّمت عيني عزّمها سادبها ... رفِيع شَوْفها تَظهر علىْ منْسبها

*****

(١) لم تذكر المناسبات التي أنشئت فيها قصائد الشاعر لبعد العهد بالشاعر وشعره، ينظر: ديوان الشعر الشعبي من: ١٦ – ١٨.

عزمها بالنيه | وصْبرت علي فرقَا العزيز عليّ
واللي قَرَض ما نال غير السيّه | ونال الحشومه وزَيْنته خرّبها
بْنادم لْيا دار الخَطا بالنيه | يداوس ديار السلطنه يخُنبها

*****

عزمها بالماضي | وع اللي جفاني ما نرقّ غَراضي
لو كان يَبْدن طايلات أمراضي | والا طُباب عنده مُفات هو كاسبها
نحرّم ربيعه فوق بيه نُشاضي | ولا نالف السيه ولا نقربها

*****

عزمها تعزيمه | وصبرت على فرقا الغوالي ديما
الكحل حَجْره واللّين تسقيمه | وبلا لين حتي العين ما يركبها
وروس العرب في العرف ماى غَشيمه | تُدارى على سبّ القفا جانبها

*****

عزمها من يِّمه | رفيع شَوْفها ما هي قليلةُ همّه
ودّك بنادم بالوتا يسمّى | يداوس ديار الصح ويحاسبها
كم صفّ راح شتات بعد اللمه | وكم من عرب هبْيت وضاع سببها

*****

عزمها ياودّي | ومن وسط قلبي وخاطري ومن جدى
ويا من بلاني بشّي ما هو عندي | أن ترميه في سامر كثير حطبها
ويوم يرتحل ساكن البيت يعدّي | كان شعت بنسقّط عليه كُربها

*****

عزمها حقّاني | وشهّدتها ع السر والبراني

وعندي لها لَولب بغير بياني
برَم في المدينة العاصيه طيّبها
يا بال من دَزّ النذير وجاني
وقدّ من طرا حجّة عليّ كذبها

*****

عزمها بشطاره
وصبرت علي فرقا العزيز وجاره
ونا صاحبي عندي معاه دْباره
عليّ ساهْله وعند العرب ما أصعبها

*****

عزمها بقرابه
وصبرت على فرقا عزيز وجابه
إن كان جيت في كسر الحرَم ما تابى
ونا زاد ع الّفراق ما نغصبها

*****

وله:

ضيقة الخاطر والحيا المرماده(١)

ضيِقةْ الخاطر والحيا المرْماده
تشيّب صِغير السن قبل أنداده

*****

والحيا المنذَمّه
تشَغْب على بنادم تنزّح دمّه
القلّ يغْبي زْول كان مسمّي
والمال يشْهر ناسْ ما هم ساده
بلا مال ما تقدر شْروط الهمه
وتجْواد ما تَظهر عليك جواده

*****

والحيا المذمومه
تشغشب على بنادم تطيّر نَومه

(١) ديوان الشعر الشعبي: ١٩.

وبالمال بو حَوّام فات العاده	بلا مال بو جِلْجِلْ يولَّى بُومه
والصقر حاير في المعاش وكاده	ناش الْحبارَى قبل طيْر الحَومه

.....

تشغشب على بنادم وتقْلب لونه	والحيا المَعفونه
يشْحوه لا كانّه غزال حَماده	كثير الدراهم والعَمَش في عْيونه
مريض قلب ما نِيشِي مريض وساده	وأنا مريض وضحكتي مَشْنونه

.....

تشغشب على بنادم وتقْطع صَوبه	والحيا المَعْطوبه
وبالمال يبدا عزم فوْت انداده	بلا مال تَبْدا حالته منكوبه
وفيه السوايا كايده العَدّاده	بلا مال تبدا عيْطْته منبوبه

.....

تخلِّي صغير السن راسه لوشه	والحيا المَرْعوشه

.....

نصوص شعرية من ليبيا[1]:

كيف النجم في قَلْب السما	أرْحَمْ بُويْ خَلّاني هَوَاوى
ولا زيتون معْصاره زوى	لالي غرْس مَنْبُوتَه سناوي
ولاني من حَمَاميل الصَّغا	ولاني من قصيرين الخَطاوي
نصلِّي بالتّراب حْذَا الما	ولاني من عَديمين الفتاوي
نَيْن يَمَوتُوا تحْت الغْطا	كيف البُوم يَبْقَوا في الخَلاوي

_____

(١) ديوان الشعر الشعبي: ٤٤- ٤٨.

وحتي الصقر ركّاز العَلاوي   ان جاه الضَّيم من وَكْرَه جلا
ونا هُو الطّير لَرْبَدْ بُوجلاوي   عندي البعْدْ والدَّاني سوا
بْوادِي بَرّ فِي مَنْع الشهاوي   نْقِيموا صبْحْ ونْشِيلوا غدا

*****

رْقاب الرَّال وْخشُوش الفجاوي   يَاتَنْ بالفرَجْ لِلّي مشي
دُوَا للْحَىّ ما كيْفه مْداوي   كُوب القُود هزّتْها شفا
تْفَضِّي البال لاجَتْ فِي السّراوي   وتصْبح في ضحاضيحاً اخْرى
مراكب مَوْ معدّلْها سْطاوي   قْصوراً موْ مْعَلِيّها بْنا
طيور مغيِر ريشهن هبهباوي   تطْوِي لَرْض كَيْ طَيّ الكْسا
وتْشيل الزاد وتشيل الرّواوي   وتْركّب سيدّها وقتاً عَيا
ويَشْفَق سيدها ع الزّاد شاوي   وياكل وْهِي خْذَاهْ مْعَقّلا
صبّاره على منْع الشهاوي   لا ما خصّ مرتُوعْ الوطا
يا مَكْسوب من لاَ لَه تقاوي   يا جدّة قزازين الضّنا

*****

تْزازي بيه فِي اكْتَار الحَطاوي   وتْمشّي دَمْعتَه وقتاً بكي
وَتبْقَى بازْكَه والجَوْف خاوي   ويصبْح راكْبك بيْن العْرَي
وتْحطّي تْمر من رُوس الذّراوي   وتْصبّى برّ من ثديك شفا
أجواد وما تْملّيْ م العْطاوي   سُوق مدِينْتك كلّه رخا
أنتِ خيرْ من كنْزْ الجداوي   عَطيّةْ ربّ عاطِينا بْها
فِي الراحات تِبْغى لكْ شفاوي   درِيًّا ما يْشيّلها خوا
مْرابطْ بُو عْمامه بو دعاوي   دايْر لْها حَديده في العصا

يرقي بْها بْساطاً جَنْدلاوي
وياكل بْها دَويْرات العَفا
وفي الكَرْبات تبْغى دَيْدباوي
خْشُوم النجع ما يفارق بْها
وراكب فوق من عالي الشّوَاوي
وان جَتْها قوم عنها يعنْها

*****

وفزّنْ خيل من هَلْها مقاوي
سْمان مْسكَّحَه ما هِي غْيا
مَقْفولات دَيْها بالحَثَاوي
ع لْكباش تمشي سايرا
وزامْ الطبل مَوْلى الحسّ داوي
ورقّ عْلامْهن فوق العْلا
ودارَنْ رَيْم من خوف الخَطاوي
نَيْن أَجاملَن باللي ورا
وجا جاسُوسهْن كيف التبّاوي
جسُورْ العقل مشهْور السّما
كيف الذيب حذْرِي في العَلاوي
كثير الشَّبح قدام و ورا

*****

كِمي للسّر ما يبَدّدْ لغاوي
قليل البَسْم ع النّاشد عَصَي
طويل الصّمت عقله مَوْ هْواوي
عليه الصّد فارس م الْقسا
عَفِيف البطن كِيْ صقر النّداوي
رفيع الشّوف ما عمْرَه سطا
عزيزيز النفس واطِى ع الشّهاوي
بْحارِي غير يسَّمّي فتي
في الظّلْمات بنْجُوم الضّواوي
ورَدْهن على منْهل فيهْ ما
طقَرْهن نين بيَّتْهن خَلاوي
وحَجَرهْن في محاجِير الوطا
عَقَابْ الليل نوَّضْهن يهاوي
وخايف موشْ ناصح في الهْوا
وقال المال واجد شيّ داوي
ولكن هَلَه فرساناً قْسا
صْغار السّن طمْعَوْا في السعاوي
والعقَّال عدّوْا ما ورا
وصار اللّيْ وْصار المْلاوي
والثلْثَيْن طابَنْ ع الغزا

قلِيد الغَزي طخّ يمين قاوي بكْرَه نْتمْ نا وهلها سوا
وطابن ع المْغيِره بالسّواوي وشالّن لَيلْهن كلّه سْرا
صلاةْ الصبح دُوبْ الضّى ضاوي انْهَدّن كيف هدّات الغْذا
شقْفةْ نجع خلّنْها شظاوي جتْ في غَيْظهن فنْيَتْ فنا
شْوَىْ صار المْعيّطْ والمْهاوي وزامْ الطبل في جِيهَه اخْري
وتمّن يجْرْدَن فوق العَلاوي وجن غيّار مَيْ ساعةْ ونا
ورْسمْ سُوْقها عند الضّحاوي البايع باع والشاري شرى

***

تسمع حسّ زَنْداتَه الدّاوي تْقول زْعود مزْنَه ماطْرا
ذخِيره كيف تَبْروزْ التّقاوي سِبيبه كيف ثِيران الوسا
تَحْلفْ خيل هلها ع الجلاوي كما جَرّاي في خَيْط السّدا
يردن تْقْول ما سْكاتْهن رساوي ويْهدّن سريعات الخْطا
يهدن بِيض من لْبسْ الكساوي ويْردّن حمْرْ من نغْرْ الدّما
يوماً شيْن يا عُوج اللغاوي مع لجواد نارَهْ شايطا
تمْرَارَي نين تبْقَىْ حَنْظلاوي وتَحلَىْ نين تبقَيْ سكّرا
وعادْ الخيل وأطفال العَشَاوي والمْردان وأصحاب اللّحَى
عَذَفْ ودْيان جابْهن سَيْل قاوي ع الجّالات رامِيهن عذا
واللي مات دَارَوْا لَه عَزَاوي عليْهْ الطّارَ يَنْقَحْ بالْعَصَا
والمجرو جابَوْا لَه مْداوي وطقّ عليه عودي والكْسا
وباتَنْ خيل هلها في هَنَاوي وبات الغلْب ع اللي ما سعى

***

يا مولاي يا عُوج اللغاوي
اجْعَنّه يَوْمْكَن حاضْرَه انا

تحتي كَوْتْ أرْبَد دَيْدحاوي
فيدي تُوْنسى بزْنادْها

يمَّا نْموت ونْزُور المناوي
والا هنْ يفوتَنْها قسا

واللي يفوتها سالْم العَضَاوي
انْعَنّه ديّره لْخَيل العْدا

***

وْنوَصِّيك يا فاهْم الوصاوي
كما كَيَّات ع الفاهق دوا

رَفْعْ الشّوف ومْنُوع الشهاوي
راهْ مْلاح في حقّ الفتي

وْجوْ السَّوّ وأصحاب الدّواوي
عمْرَكْ ما تْحاذِيهم بدا

إن كان لَكْ جهد عادِيهم عَدَاوي
وإن مالَكْ جهْدْ جافِيهم جفا

يمَّا تْطيحْ في بعض الدّعاوي
والا يطبّ في عينك حَصَى

***

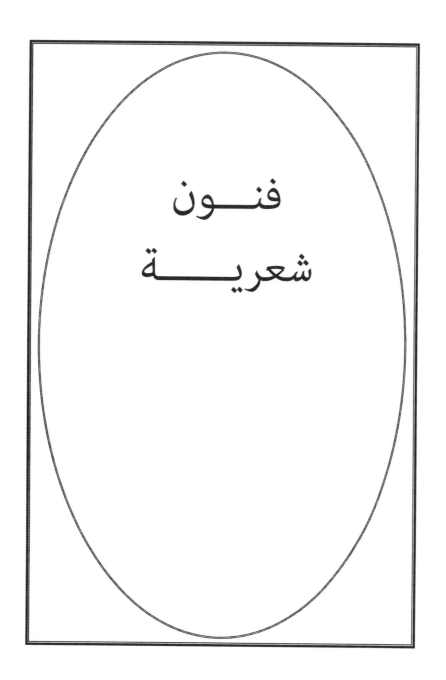

فنــون
شعريـــة

شعر الرَّدح[١]

أحمد دخيل الله عبد الرزاق الكرنب وعايد القريشي من ينبع البحر السعودي ومحمد بشبيش وعواد أبو رقيبه وحجيج من ينبع النخل.

لحن حياني[٢]

حجيج ورفاقه: جينا لراعي الوفا نوفيه — اللي لهم عندنا مقدار
ونمتع القلب وانهنيه — بحضوركم راقت الأفكار

***

---

(١) الردح أو شعر "الكسرة" لون من ألوان الشعر الشعبي، وهو نمط فني تكاد منطقة الساحل الغربي من المملكة العربية السعودية، وبخاصة الينبعين البحر والنخل ومنطقة الوادي تنفرد به، وهذا اللون الأدبي له سمات يتميز بها، واسلوب خاص به، وله عشاقه.

ويعد الردح من أهم الألعاب الشعبية، وأشهرها في الينبعين في الحاضر والماضي، وهذا اللون الشعري يمتلك قدرة على التعبير عن المضامين التي يطرقها الشاعر بإسلوب بسيط، ومختصر، محكوم بقافية موحدة، ووزن له جرسه الموسيقي الخاص، وشعر الردح يتكون من ألحان عديدة كل لحن له طابعه الخاص في الغناء والنغم، وألحانه كثيرة، أهمها لحن ليحان، ولحن سلام، ولحن مالك، والروح، والعناب ...الخ.

ولكل لحن من ألحان الرَّدح أو "الكسرة" مدة زمنية غير محددة، تعتمد على تحديد الشاعر لها حين يرى أن المحاورة قد اكتملت بكل جوانبها، وقد أدَّت الغرض المطلوب، عندها يقوم الشاعر بما يسمى بـ "كسر اللحن" أي نهاية المحاورة، ليبدأ بعد ذلك بلحن جديد، فيبدأ بغناء اللحن، ثم الدق على الزير والرفوف، والاستعداد لسماع "الكسرة" أو بما يسمي المشتكي من الشاعر المقابل، بقوافٍ وأحرف تختلف عن اللحن الذي سبقه، وهكذا تأتي بعد ذلك جميع الألحان بالطريقة نفسها، وللردَّح أغراض عديدة منها: الرثاء، والمديح، والوصف، والغزل، والهجاء. ينظر تفصيل ذلك في: الشاعر الكرنب. ٧-١٥.

(٢) الشاعر الكرنب: ٢٦-٢٩.

الكرنب وعايد:	مثلك عن الطيب ما نلغيه	لا نود غيرك ولا نختار
	ترحيب من بال متوريه	وعن كل درهم وزن قنطار

***

حجيج ورفاقه:	القلب في بايعه شاريه	لو يعلمون العرب ما سار
	كيف اتجه وأعمل التوجيه	وأعمل معه حل فاللي دار

***

الكرنب وعايد:	محكم حكم فالمثل وامضيه	أمثالكم خافيات أسرار
	وإنكان ما يتضح خافيه	ما صغي لكم نلفت الأنظار

***

حجيج ورفاقه:	ما دام شرحي ما تحكم فيه	وتميزه في غبار وجهار
	أنا الذي أحكمه وأبديه	وأبغي على ما سمعت إقرار

***

الكرنب وعايد:	دعوى الخصم لا نصب قاضيه	يبغالها شرح واستفسار
	وأنت مخير فيما تشكيه	لأن قضاي الحكم جبار

***

حجيج ورفاقه:	ما عمر طالب أخذ في أيديه	طولت في دوره المشوار
	قاضي معه مراقبه ومفتيه	ما عاد لو حكم بالأشرار

***

الكرنب وعايد:	عن نصه الأمر لا تنحيه	هذه نصيحه لكم وإنذار
	بين لنا الخصم وتسميه	اللي منه تشتكون أضرار

***

حجيج ورفاقه: إن كان بالشرح ما تنهيه وغبت عليك الدروب وعار
ما بين الأمر من ينهيه ويبيح سده مع الشعار

***

الكرنب وعايد حكم الغشش لك ما نمشيه نخشى القرارات والإنكار
ما هو هاين عليه ألغيه قبل الحكم واتخاذ الثار

***

حجيج ورفاقه: وجهت شرحي لكم ممليه في حين مثل الفلك دوار
خلا جوابه مثل ما عطيه وننتظر للفصيل السار

***

الكرنب وعايد: أنا تغاضيت فيما أقضيه لقيت شاك الأمر في ادبار
بخلاف ما كنت متمنيه نمشي يمينا وتمشي يسار

*****

لحن السلام

الكرنب وعايد: باع الهوى واشترى فينا من دون قيمة ودون انظام
من بعد ما سار شارينا ايجوز وسط المسمام إنسام

***

حجيج ورفاقه: قيلا سمعناه يبكينا وهيج القلب والأسقام
وأبغى أسألك يا منادينا شرط الهوى كيف تم وقام

***

الكرنب وعايد:	مرسومه القيل يا أخينا	ما ظن يخفي على الفهام
	ونبغاك تأخذ وتعطينا	حتى يبان القرار التام

* * *

حجيج ورفاقه:	بالدمع هلت مآقينا	وشاركت بالشعور العام
	لكن في وضعك تورينا	ميجوز حكما بليا إعلام

* * *

الكرنب وعايد:	لمين نشرح دعاوينا	وانتو لكم فالمودة زام
	أما لنا حق وأعطينا	ولا سؤالك واستفهام

* * *

حجيج ورفاقه:	قدمتلك شرح تفتينا	إن كنت حاكم من الحكام
	واحكم عدل لا تناجينا	ليضيع فن المعاني اجرام

* * *

الكرنب وعايد:	فيما حصل ما تمادينا	فروع لهل الهوى وقسام
	في أيها شرط ترسينا	حتى عليها الحدود تقام

* * *

حجيج ورفاقه:	كان انتهى الصبح وأمسينا	والمسألة بين سين ولام
	يا هل ترى ويش سوينا	تشطب على الشان بالمرسام

* * *

الكرنب وعايد:	مجالس العرف توحينا	اللي لهم فالأمور المام
	عن حقكم ما تغاضينا	وأنا معك فالجواب اشمام

* * *

حجيج ورفاقه:	من عاب فالود يوحينا	ماله وفق فالحياة اليام
	على حسب خمنكم فيها	من لامكم فالهوى ينلام

*****

لحن زمانين

حجيج ورفاقه:	استرسلوا في عذاب الروح	وسطو بنا جروح ما تبرح
	جرحين عالت على المجروح	كل ما برى جرح يذمي جرح

***

الكرنب وعايد:	على كذا من أوائل نوح	الود لنه مكر يجرح
	وأنت من الود فين اتروح	ما دام في وزنته يرجح

***

حجيج ورفاقه:	ما قلتلك فأول المشروح	خلت فؤاد الشقي مسرح
	قدام لا تعرف المنضوح	ويقيم وزن الوفي والشح

***

الكرنب وعايد:	إن كان باب الرجاء مفتوح	داري أمورك بلم نشرح
	لو شفت هذا الهوى مجنوح	أنت من اللي عنه يسمح

***

حجيج ورفاقه:	تعاونوا وأتوا المصلوح	فيه الكفاية بما صرح
	بنيتلي فالأمان سطوح	أعيش في ظلها واطمح

***

الكرنب وعايد:	فالرد ماني قصير أسبوح	وفي مجاوب القيل ما نمزح

	لأنه اللي انكتب فاللوح	عن الأمل فيه ما يصلح

*****

لحن مالك الروح

الكرنب وعايد:	يا ذات الأحكام نظمها	وأصغي لنا والفت الأنظار
	عندي عريضة بقدمها	لذيّ ومدعمة بنوار

***

حجيج ورفاقه:	من نصها منك نفهمها	مجلس هنا حاضر المشوار
	وإن صح انه مدعمها	فالحال يأخذ عليها إقرار

***

الكرنب وعايد:	ثلاث إيمان قاسمها	لا غيركم فالحكم نختار
	دعوه ووصلت محاكمها	إن الهوى له عليا ثار

***

حجيج ورفاقه:	دعواك هذي نعضمها	بالشرع ولا نظام الكار
	ليت العدو صد وأهملها	بالحق تستأنف اللي سار

***

الكرنب وعايد:	ماني لغيرك مسلمها	لا تعتذر مقبل الأعذار
	لا تضيع وأنت مترجمها	بين القرارات والإنكار

***

حجيج ورفاقه:	من قبل الشرع سجلها	بنصها يلاقي الحدار
	لو كان تمت معالمها	الحق ميضيعه فيدار

*****

هذا الردح شارك فيه شعراء من ينبع البحر الشاعر أحمد الكرنب ومن ينبع النخل الشاعر بنيه العروي(1):

الكرنب : سلام في مقدم العنوان ومصممه من غزر خانا
حضرت ماد الصفا طربان نسيم الأشواق يبرانا

***

نبيه: يا مرحبا يا هلا بتقان ياللي بشان الوفاء جانا
بوجودكم خاطري فرحان والنوب تمم ملاقانا

***

الكرنب: يا ربة القيل والألحان منه السلامات تلقانا
وأبغى انتقل عنها في شان لأن في ورد يكفانا

***

نبيه: طاب الأنس والمصافا زان ياللي مراسيك مرسانا
نمشي على خطة الربان اللي بالأقوال ينصانا

***

الكرنب: بيناتنا بشرح الجرنان وأبغي أخبرك عنه مسعانا
جرحا لجا فالحشا سكان أبكى المحبين وأبكانا

***

(1) الشاعر الكرنب: ٤٦ - ٤٨.

نبيه: انتا وأنا بأوسط الميدان وإمبارز القيل يبرانا
لا بان لي ساس فالبنيان نعطيك من ساس مبنانا

***

الكرنب: أنا في سقم الألم دلوان وسهم القضاء ما تعدانا
وصلت جرحي لصبي لقمان ما فاد طبه ولا أرضانا

***

نبيه: مكتوب في صفحة الإنسان مكان مكتوب لنسانا
دايم عذاب الزمان ألوان على كذا الوقت قرانا

*****

لحن السلام

نبيه: قالوا لنا الصبر فيه حدود واحنا على الحق عاديناه
نسعى معه والهموم اتزود وامعالج الطب عالجناه

***

الكرنب: في قولكم حاضرين شهود والكل صدق وحط أمضاه
وان الصبر ما عليه احدود من دون ما يحكموه أقضاه

***

نبيه: أنت بحكم المثل معدود واماصل القيل لا تنساه
خلك معه وابذل المجهود ميز مع المدعي دعواه

***

الكرنب: مالي مقاصد ولا مقصود ولا أقدر أبعد عن المجراه
ما دام نص الصبر مرصود واضح وكل العرب تقراه

***

نبيه: أنا على المشتكي محدود غزير دمعي وكيف أدراه
وكل منتهى صد جات صدود يا طوله الصبر يا مقساه

***

الكرنب: ما دام مالك طرق وانفود تقضي بها شان ما ترجاه
برضك عليه الصبر موعود آخر دوا لك دورناه

***

نبيه: ما زال عندي أمل موجود فالقيل يسعى على مسعاه
لو كان خط اللقا محسود ولو قفل الباب حطمناه

***

الكرنب: عقيل وأنتم رجال اسدود وامعايد الهرج ما نبغاه
جاك الحكم فاول المردود عييت والسد في معناه

*****

لحن زمانين

الكرنب: قلبي انضني وانضني جسمي جسمي انضني من ضني قلبي
بالحق كيف اتخذ قسمي من قلب فالجسم متربي

***

نبيه:	ابني عليه المثل رسمي	اصغي لي القول متنبي
	محكم عليه المثل حسمي	ما دام سر الهدف مغبي

***

الكرنب:	القيل صادر لكم باسمي	وأبغاك تمشي على دربي
	ولا تسير فالمشتكي خصمي	واتعين خصمي على حربي

***

نبيه:	وجهت للمشتكي نجمي	أرصاد فالشرق والغربي
	لو أحكّم القيل من عزمي	أخشى تقول الحكم سلبي

***

الكرنب:	ما شفت فالمشتكي رسمي	قلته لكم من غزر غلبي
	قلبي في رمي الهدف نشمي	مستضعف الحال ويش ذنبي

***

نبيه:	لو كان تمشي على علمي	أتكون مرغوب في حزبي
	ما كان تشكي من الظلمي	في بُعد الأوطان وفي قربي

*****

أغنية الجفرا أو شعر الجفرا الفلسطيني[1]

شاعر الجفرا أحمد عزيز من فلسطين[2]:

١- جفرتنا وياها الربع — ما بتخلف لِوْعود
وإذا وعدت بتوفي — ولا تكذْب عليا
أجت ع البيت فقْدتني — وما كنت موجودي
بعثتْ لي مع المرسال — تتْعتّب عليّا

٢- جفرتنا وياها الربع — مرّتْ من قدّامي
ولابْسه من جنس الحرير — بدله عنّابيه
ولّمن ها الجفرا مرّت — شفتا في منامي
جايبها الملك الأحمرْ — مركّبْ هالعظيّة
أجيت لا حاكيها — فتّحْت عيوني
لاقيت حالي نايم — ما حدا حوليّا
وغمظت عيوني ونمت — وقلتْ يخزي الشيطان
استغفر اللـه العظيم — من هذي البلية

---

(١) "أغنية الجفرا وياها الربع" أصبحت من أنواع الشعر الشعبي الفلسطيني، وهذا اللون الأدبي الشعبي قد نُهِض في شهرته كونه من الأغاني الشعبية الجماعية التي ترافق الدبكة، وهي ملك جماعي للشعب بمعنى أنها تنتمي إلى ذاكرة جمعية، وقائلوها مجهولون -غالباً- والمغنون الشعبيون يضيفون نصوصاً إلى النوع نفسه، وينسجون على منوالـه، ينظر: الجفرا والمحاورات، قراءات في الشعر اللهجي في الجليل الفلسطيني: ١١ وما بعدها.

(٢) المصدر السابق: ٣١- ٣٧.

٣- جفرتنا وياها الربع بجوال الزتوني
دخلتْ ميدان السبق غلبت الكلية
قالت حراج يا بنات كنو بتفوتوني
لدشرلكو الشغل وأعطيكو اليوميّا
وأنا ست الجفاري وربعي يعرفوني
ويا ما غنّت الشُعَّار في الدبكة عليّا
محبوبي راعي الجفرا حلو أسمر اللوني
الو بقلبي محبة الدهر مِشْ ممحيّة
وجفرتنا وياها الربع بدر موش الأفندي
عمّا تشرب القهوي صحتين .. وهنيّة
وقاعديْ عَ الكنباية فووق الطاولة ورده
ومع جنب الوردة مراية للزينة والغيّه
وبتفوت عا الجنب اليمين زندا على زندي
ومشينا موضه جديدي لكنْ أصوليّه
سلّم عليها يا طير مرجوعك لعندي
وبركي بتطفي نيران قلبي المشعليّا

٤- جفرتنا وياها الربع توكل بالكنافي
والطيّارات بتضرب على الفينريه
لمنّو صار الضرب وقمت بلطافي
طلبت الإذن منها مسكت أواعيا
وقلتلها يا جفرتي من الباري خافي

اسا بتفيق العالم   بيصير جمهورية
وقالت لي إن حدا إجا   اشْلح أركض حافي
وأنا بنده يا يمّا   هاي الحرامية

٥- جفرتنا وياها الربع   ع العين نازلا تْملي
وسمعتْ رنْة الذهب   ع الظهر للغيّة
تطلعت من الشباك   من دون ما حدّ قاللّي
واجتْ لَجْلِ التصادفْ   عينيها بعينيا
ونزل الدمع من عيوني   وعلى خدي هلّي
وعلى غزال مرقْ   وعيونو عليّا
والجفرا بتوخذ رابشْ   وبيا شرْع يحلّى
والرابش عمّا ياخذ   أعظم جفراوية
جفرتنا وياها الربع   على بيادرها
عم بتحيك بالمكوك   وتعْمل لي صدرية
ويا ريتني لوز الذهب   وِنحطْ بصدرها
ون حمّيتْ عليها الشمس   تخبيني بالفيّه
ولدشر كل أشغالي   وظل أنا .. ظرها
وعْمل عليها حرس   وَوَقِفْ دوريه

٦- جفرتنا ويا ها الربع   نزلتْ تْبيّع تينِ
قلت لها شو بتساوي   ريتك تقبريني
تدعسي على قبري   يطلع ميرميه
وقالت سلامة قلبك   يا اسْمَرْ يا حزين
ليش بتدعي ع حالك   مش هاين عليّا

يا الـلـه تِرْوَحْ سوى … ع الدار تسليني
غنّي لي على الجفرا … عرّفني من هيّا

٧- جفرتنا وياها الربع … واقفي ع البلْكوني
بتتفرج على القْتال … وقت المغربية
كنت ماشي بالطريق … رفقاتي نادوني
طلعت لاقيت المحبوب … قدّام العليّه
أعطيتو مني الإشارة … وايدي فوق عيوني
وصرتْ أفرك بالحواجب … وهذا شغل الغيّه

٨- جفرتنا وياها الربع … بِتْخلّشْ لِوعودي
وإذا وعدتْ بتوَّفي … ولا تكذبْ عليّا
رحت لعند الضابط … لا أثبت وجودي
وكتُبْ اسمي بالدفتر … "راعي الجفراوية"
ولرسل سلام مخصصْ … لامِّ عيونِ السودِ
تمشي ومشيتها غيّه … لَيّه على ليّا
أنا الجفرا يا ناظم … بحياتكْ غنّيني
وأنت العزيز الغالي … وغيرِكْ ما ليّا
مثلك ما عادتْ تولدْ … نسوان الأهلية
يخون الدهر والأيامْ … كيف مالت عليّا

٩- جفرتنا وياها الربع … غربي الأنايِيّ
وصارت تحكي مع الجيش … بالإنجليزية
وقالت "جود آفترْنونِ" … بعد الظهر هايي
وهيك علّمها الشاعر … رئيس الكليّة

ولمن أجينا نمشي   قالت لو "جود بايي"
يعني مع السلامة   على الأصوليّة
وتعلّمت لغة جديدي   برفقتها معايي
وإذا حبّت تغني   غلبتْ الكلية
وجفرتنا مني إشارة   جهرا مش سريّة
واللي بسر الجفرا   ياها الربع يبوحي
تُقرصو بين العيون   حيّتين .. وحيّة
ولرسل سلام مخصص   لعزيز الروحِ.
قاعد ما بين رفاقو   وعيونو عليّا
ويظل الأمر بحالي   أبكي ثم أنوحي
والبس ثياب الحزن   ع فراق البنيّا
جفرتنا وياها الربع   على الناموسيّة
بتطعميني البقلاوة   ويدها من ايديّا
ما أحلى جمع الحبايب   بساعة هنيّة
خصوصي بأرض السهر   وبلاد الغُربيه
ولمن وفّينا الوعدْ   واجتمعنا سوْية
فارقني المحبوب وراحْ   ودمّعْ لي عينيّا
وتودعنا بموضه جديدي   بالإنجليزية
قلنا مع السلامة   "باي باي بايي"

١٠- جفرا ويا جفراوية   وسمعتك عمّا تغني
على جنينة المحبوب   فيها المليسيّة
وقلت فيك رماني   يا جنينة ويا جنة
فيك راعي الجفاري   لابس الصدرية

وقلت فيك الموازي
عالوّا يظمني
قلت فيك دكاني
فيها الطلبية
وفيك محبوب القلب
علي بيغني
إلو بقلبي مْحَبيّ
الدهر مش ممحيه

١١- جفر وياها الربع
تغربل ع الحيطاني
وتنادي على أمها
يما اعطيني ميه
ولشرب وطري ريقي
ونشف تحت لساني
والدنيا حر وهَبْوي
شويت عليا
وطلعت من الشباك
وبيدي القناني
فيه قازوز سبيني
وميه ما ورديه
ورحت لن أسقي المحبوب
لقيتو ذبلاني
يشبه وردة الجوري
هَلّي بلا سقيه
جفرتنا وياها الربع
نزلت ع البيّارة
قصدت شمّات الهوا
بأرض البرية
رُحْت تصيّد الغزلان
في قلب البيارة
إلا غزالي إجا
ورما حالو عْليا
وبُستو من بين عيونو
وقلت إلو خْسارة
حدا يقطف ها الثمر
ويتنعم غيريا
وبحرق بيه المحبيي
شو بدها شطارة
بدها شبابٍ جدعان
مش الخُلعيّة

١٢- جفرتنا وياها الربع
ما أبدع حبقتْها
وصار إلها جوا المكتب
أعظم أهمية

وصيّتْ أهل المكتبْ — لا تقصف ورقاتها
يسلم كل من يسقيها — وأيدي ال زرْعتها
هايّ للمستر كامل — ريّس ع الكلية
ولرسل لخالو سلام — مدير مدْرستها
وخواجا ديب نقولا — في البصّة المسمية

١٣- جفرتنا وياها الربع — مْريضة اللـه يشفيها
نزلت عن مرضها — حتى أعرف شو فيها
قالوا مصران الزايد — معاها البنية
وبالله يا عمي الدكتور — دير بالك عليها
ربْيت بعز ودلال — مطلوقا الحرية
وأخوها إسمو جبران — السعادة حاويها
ورْفيقو المستر كامل — ريّس ع الكلية

*****

نصوص من أنواع غنائية أخرى[1]، ألفها أحمد عزيز عن الجفرا:

١- دلعونا:

ست الجفاري يا امّ الصنّارة — وأخذت الشُهْرا عا كُلّ الحارة
لو فُتْ السجن مع النظارة — عن كل أوصالك ما يمنعونا
واجا لعنّا حُبّي ع السهّرا — راكب ع كحيلة ووراها مُهْرا
واسمعت انْو صارت لو شُهْرا — بُقول الغناني وشعر الفنونا

(١) الجفر والمحاورات: ٣٧ - ٣٨.

وامْبارح عشية، اجتني خباري
منْ حبي لسمرٍ راعي الجفاري
ويا ريتو ورده مزهّر بداري
لن أسقي الوردَ من ماء عيونا
ويا للّي ع غيريّ صبْحت تلفي
ونا وراك بمْشي ويا خّفي
دخيل عيونك ما ألى ها الشفة
وسنان الذهب بيلا مّعُونا
يا طير طاير يا بو الجنحاني
سلّم عليها أوعى تنساني
لو منّي قاري وحافظ القرآني
لاذْعي عليها بحالة النوما
في المبدأ لَوّلْ أولْ ما غنّي
عا اللي جفاني وتخلّى عني
وقفْ بالدرب تنّو يسألني
حيدّتْ عن وجهو روّحْ مغبونا
وفي المبدأ الثاني، ثاني وصيّة
صرت موصيتكْ يا بو الطاقية
واوعى في الدرب تطلّع فيّ
أَحْسَنْ بحبك ما يتهمونا
وفي المبدأ الرابع، ربي رقيبي
عاللّي جفاني وبطل حبيبي
ويا طيرٍ طايرْ غرّب تغريبي
سلّم ع حْبابي الْ كانوا يريدونا

*****

٢- شروقي:

يا هوه، يا للي لبعدك ها الفكر حيران
سلامات إلك يا غايبي عن عيوني
يا نجم لمّاعا بسما الأكوان
يا سعدْ من نجموعِ برجك بكوني
يعيش مسعد على طول العمر وزمان
وعنّو يزول الهمّ إذا كان محزوني
يا سامعين النظم والقصدان
إن قلت مهما قلت ولا تلوموني
شفت بمنامي صبية وكنت غفلان
تهاتي عليّ وتلفني بالحظوني
راكبي على أكتاف رجال (اثنان)
تغني ويردوا عليها، فيّقوني
قمت من نومي لجل الطرب فرحان
أطلعت حولي ما شفتش أحدْ بعيوني

عرفت الحبْ، حكمو حكم سلطان
ملك الغرام عنده حبس وسجوني
رموني بحب مذبّل (العينان)
وبنار الغرام، بحبهم ولّعوني
ناديتها يا هيه يا مفارقا الولهان
عودي علي برفاقي، يغنّو، يسلّوني
لمن أجيتي ما كنت وعينانْ
كنت غارقاً في بحر الغرام مفتوني
وبقيت أهدس بحالي وطول الليل سهران
الا ومنادي ما عرفوا اينادوني
قمت وفتحت الباب وما كنت وعيانْ
شميّت ريحة حبيبي وشفتو بعيوني
صحت وقلت سلامات يا معشر الخلانْ
أهلاً وسهلاً، تلفلقنا بالحضونِ
وعادت لنحوي ليالي العز باطمئنان
وكل الرفاقا عادوا إلي يهنّوني
وبقيت أحمِدْ إلهي جامع الشملانْ
منْ ردْ يوسفْ ع يعقوب الحنوني

******

الزهورات (١)

حنين

من قاصي القلب طول وعرض   أشكي لكم حالتي لا غير

وسع السما واتساع الأرض   ضاقت بقايا ممدّر خير

نصيحة

من خايل البارق اللواح   مثل الذي فالبحر يسبح

ومن لا يقيس البحر لا طاح   ما ينول مكسب ولا مربح

حيرة

سبعة أطبا أتوا ليه   مخصوص لمعالج الأجراح

كلاً وقف وانتظر فيه   قالوا خسارة شبابك راح

غزل

يا للعجب رايق الغني   أهداب عينه يراسلها

ليه واخذ مهجتي مني   من فين عادي أحصلها

---

(١) الزهورات باب شعري ضمن لون الكسرة، ويتميز شعر الزهورات في أنه يمكن الشاعر مـن صياغة مـا يريد ولـذلك يتيح للشاعر حرية الإبدال والذهاب بخياله بعيداً ليصف احساساته إلا أن رفـع تلك القيود عـن الشاعر لا يعني خروجه عن وزن الكسره، وشاعر الزهورات يكون متغزلاً أو مادحاً أو راثياً أو هاجياً ... الخ، وبعضهم يرسل زهورياته إلى شاعر آخر للرد عليها، ينظر: الشاعر الكرنب: ١٩٢- ١٩٩.

معاناة

ما حد درى عن مدى ودي
اللي قصد دون وصفه شرح
أيام متكالبة ضدي
أريدها جمع تاتي طرح

سجن المودة

دخلت سجن الموة شاب
والآن شايب وعمري راح
مالي منافذ ودرب الباب
مطبوع ومضيع المفتاح

الوصل

مع بعضنا أحباب من أول
مصادقة والنفوس طياب
واليوم قطع الوصل طول
والقرب قفل عليه الباب

عتاب

ما قلت يا صاحبي ما باس
ولا مسيه علي ودادي
لما سقاني الغرام الكاس
مسموم وأنا أحبه عادي

نسمة

نسمة من الجانب الشرقي
هبت وجتنا روايحها
طافت على قلبي المتقي
بين العضا كيف أحركها

الموت

سهم المنايا وصل مغبي
سريع قتال ما يماهل
ماشي على الأرض ميت حي
والسهم وسط الحشا نازل

تشبيه

ما قولكم فالذي قلبه عصفور مع طفل يلعب فيه
الطفل فرحان يلعبه والقلب خايف منه يشويه

استفهام

وقود ناري الهوى والما يزيدها وقود لا جاها
والروح لا بدها تضما كيف أسقي الروح من ماها

*****

شعر المحاورة[1]

ذبتك نفسك القشرة على السبع وسط الغابة[2]

محاورة بين الشاعرين شبيب بن جعيلان السعودي، وسالم الدواي الكويتي.

قال شبيب:

يا سلامي على اللي ما قرض مسهم الغيابي

من نشالين شبب ما رضى أحد يذم أصحابه

---

(١) شعر المحاروة "القلطه"، ويسميها بعضهم "الردية"، وهو واحد من فنون الشعر النبطي أو الشعبي المعروف في منطقة الخليج العربي، ولهذا اللون الشعري طابع يتميز به، فالمحاورة أو "القلطه" تعني أن يتقدم شاعر أمام صفين متقابلين، يقومان بترديد ما يقوله الشاعر المتقدم إلى أن يأتي الشاعر الآخر ببيت جديد، وهذا الشعر ينهض على سرعة البديهة، إذ إنه وليد اللحظة فالشاعر يكون في موقف المرتجل ليحاور خصمه بذات المعنى والوزن والقافية، وتبرز فيه قدرة الشاعر على الترميز الذي يقود المستمع إلى التعمية ليجد متسعاً للتحليل والتفسير، والنفاذ إلى رمزية الشاعر، وهذا المنحى يبتعد عن البوح التقريري المسطح، وهو يتيح للمتلقي الانعطاف إلى تأويلات قد لا تكون مما أراده الشاعر المحاور، لذل تكون "القلطه" منفتحة للتأويل والتفسير، ويكفي من المحاورة الاستمتاع بسرعة البديهة بين الشاعرين وقوة البناء الفني الذي يبتعد عن التسطيح ليتكئ على الترميز والإشارة الغاضمة.

ويرتكز شعر المحاورة على وحدة الموضوع والمناقشة التي يفهم معناها المتحاوران وموضوع المحاورة يدور حول العتاب واللوم والفخر، وذكر الأيام، وقد تقتصر المحاورة على طرح الألغاز وحلولها، وقد يتخلل المحاورة جانب من الحكم، للتفصيل: أنظر فن المحاورة في الشعر الشعبي، ١/٥-١٦.

(٢) المصدر السابق: ١/٢٦-٢٧.

ردة للجميع عداد ما ذعذع الخنيابي

أو عدد ما ينقل الراعي بالفجر هندابه

***

قال سالم:

مرحباً فيك يا اللي تمتنى والبخت جلابي

يمتنيني وأنا اسعد ساعة يوم ربي جابه

كان نفسك تحب مجاوبي مثلكم حبابي

حق راع السلف نعطيه وقت الردود كرابه

قال شبيب:

يوم شلنا على عوض النضا طاب كيفي طابي

من بغى اللي نوينا في سنعنا يسوق ركابه

قال سالم:

لا تحسب أن خصمك يوم سوهج شوى كابي

مير ما بان له في دفة المعترض مضرابه

حافظين الهواه اللي تعور الراس الدابي

وأنت دون قصره مثلكم ما حسبت حسابه

***

قال شبيب:

خابرك ما أنت قاصر عادتك توفي المطلابي

والدعاوي بسيطه من كتب خط يمضي كتابه

وأنت اظنك طمعت وتحسبني مافك ثيابي

ذبتك نفسك القشرى على السبع وسط الغابه

***

قال سالم:

نوب نوفي الطليب وساعة نقمعه بالنابي

كم صبيٍ تهقوى الخصم وإن ذاق مسه هابه

واحد اللي تعزوى وانتخى يوم ورد انصابي

مير يوم انثنى لمير قيمة قلص مشرابه

***

قال شبيب:

جعل ربي يعزك خابرك تورد الهيابي

خلها بينا بصم الرمك دائماً هذابه

جنب الداب لا توطاه يضربك في مضرابي

وأنت تدري يشيل الداب سمه بروس أنيابه

***

قال سالم:

كان ودك تحط النفس بأتلى الزمان عقابي

يكفي اللي مضى يوم المثل فاتحين بابه

وأنت لي أحشم الأصحاب ما يشمخك مخلابي

أبرك الوقت عندي يا نزلت العلى وهضابه

***

كل واحد يبي ياخذ جزاه ونصيبه(١)

محاورة بين الشاعرين نجر فيصل العتيبي الكويتي، ونايف محمد العماوي السعودي:

نجر:

العماوي يناديني وأنا عنه غايب   يبحث النار بيدينه وهاذي مصيبه

***

العماوي:

كان ما فيك شده للعلوم الغرايب   حط راسك بكمك واحتمل للغليبه
خلها للرجال اللي تفك النشايب   في نهار الملاقا ينطحون الصعيبه

***

نجم :

أنت قدمك ولد عودٍ يسوق الركايب   الشجاعه كثيره والمنافع قريبه
وإن رضيتوا بها والاّ على غير طايب   عقب ممشا السهل يرقيك راس الجذيبه

****

العماوي :

ما يهز الجبل يا نجر صفق الهبايب   وكل من ضيع اليمه فنا مقتديبه
أنت ودك تعاتبني بليا سبايب   وكان عندك خبر من قصت غليص جيبه

***

(١) فن المحاورة في الشعر النبطي: ١/٣٩-٤٠.

نجر :

إن نصحتك عن اللي فات منته بتايب — لين تفطم وديس أمك تضيع حليبه
شكلوا محكمتك اليوم ريس ونايب — ما بقالك صديقن بالعرب تلتجيبه

***

العماوي :

لو جمعتوا مدافعكم وكل الكتايب — كل واحد يبي ياخذ جزاه ونصيبه
كيف أبا أخضع لغير الـلـه منش السحايب — والليالي تجيب الأدمى وتغديبه

***

والخيمة الراسية ما شلع أطنابها

محاورة بين الشاعرين السعوديين عبد الـلـه الويحان ومشيع[1]:

لويحان :

ما كلت مال اليتيم ولا ذبحت الشريف — ولقنته الرقادة ما حرك أسبابها

***

قال مشيع :

عسى يدينه تقطع عند حد الرهيف — لوهي بعيد شويه ما در بنيابها

***

---

(١) فن المحاورة: ١/٥٢.

قال لويحان :

أثره راعي مكان وعند جاره يضيف | الحيه التي تشيل السم بنيابها

***

قال مشيع :

ما غير يا من البلصاة شي مخيف | والخيمة الراسية ما شلع أطنابها

***

قال لويحان :

هذي سواة الحراير ينقلن الرديف | إن صكة القايلة علقت مشعابها

***

قال مشيع :

خلفه حلبها الحالة يوم ران العطيف | معابدي لقا الغره وفلابها

***

قال لويحان :

أنتم لمزنتي وحنا مشتهين النكيف | من جاز له قشله ياقف على بابها

*****

فيك خفين من خف البعير وفيك عين مثل عين الجراده [1]:

خلف:

المعرفة تجيك إبها العوارف والعوارف تجيك إبها وطنّا

يا سلامي على شيخ فتح للشعر ميراد حق وصار عاده

يا المعنى عليك اللـه ومانه يا هل الملعبه وين المعنّى

غاب عشرين عام ولا بغيت القاه والحظ جابه من بلاده

‎...

المعنى :

يا خلف كل معرفةٍ قديمة قرّب اللـه شامك من يمنا

والبقى عن عقيدٍ بالنيابة كل رجل يبا يبلغ مراده

خلها يا خلف تمشي بساعة لا يبعد ظعنكم عن ظعنا

كل رجال يمشي في طريقه وأنتبه لا يطيح إبها الشدادي

‎...

خلف :

يا ولد حط راسك في القلص لين أزهمك والفتن منّا ومنّا

كان سيّد عليك اليوم سيد وكان قايد عليك أكبر قياده

(١) فن المحاورة: ١/ ٩٩- ١٠١.

الطبيعة على الصحراء تغير والمطايا على البيدا تثّنا

فيك خفين من خف البعير وفيك عين مثل عين الجراده

٭٭٭

المعنى :

امسك الخط والطرقه سليمه وأمسك الخط وأبرك يا جملنا

و الـله إنك عزيز ولي غالي ليتني ضابط معك الأفاده

و الـله إنك على تسعين نيه شفت كفك من الحنّى محنّا

ضاع راعيه مدري وش علامه يوم هبت على عمه براده

٭٭٭

خلف :

نبني العز ونشيد شراعه فالبلدان بالمذله ما سكنّا

لو تفارق تروح ابعيد عني ثم أذر ذر على نارك رماده

إن رحلتوا من الموع رحلنا وإن نزلتوا على الموقع نزلنا

نطحن الحب وندقق طحينه قبل ما يعرف الزارع حصاده

المعنى :

خابرين العلوم اللي تقوله لا طحنتوا رحاكم قد طحنا

وانزلوا البحر واشرب شرابه كان ما كفتك عندي زياده

خابرين الجمل ما سك طريقه ليه رجله من الطرقه تثنا

يا شبابه توحي في حليمه واقردة نصيبه واقراده

***

خلف :

قد غزينا ورافقنا مهنا يوم ساحوت ما تعرف مهنا

تاكل الخوخ في الخرمه ولا مرك مجاعه ولا مرك نكاده

والبحر نشربه وإن كان غلق يا أبرق الريش رد العلم عنا

وأعرف إنّا إليا جانا معادي نقدح الزند ونطفي زناده

***

المعنى :

يا خلف دخنت بيني وبينك وإن طعنتوا بتاليها طعنا

يوم جينا عفيف اللـه يعزه لا خلف ميت وسط الحماده

و اللـه إنك سعيد ولك شهاده عند رب على الدنيا ظمنّا

أمسك الخط لك ساعة وأمسك الدرب وأعطيك الشهادة

***

خلف :

لا تعرض سلوك الخوف يا مجنون ثم نعلقك رمح المطنّا

ديرتي محتميها بالأيادي وأهجاد الضعيف واهجاده

أنت ما أنته مدير ومعك إدارة تاضع الرقم في حلقت صحنّا

حط رقمك على ظهرك وسافر رحلة ما بعدها إلاّ الإبادة

***

المعنى :

شايفٍ في رفيقي شوف ريبه خايفٍ إنه من الملعب يجنا

و اللـه إني ما جنب عن طريقك لن أذوقك من شوك العراده

خابرك من مدينه لا مدينه عام الأول بعد كنتم وكنّا

كان ما كفتك عرفت طريقك وأجلوا يا خلف تحت الكداره

***

المعنى :

أنت بك ريح ينص وجاك ذيب وغادر الريع يا النيص المعنّى

فيك من عبدك الأول سعيد ومنك من عبدة الوالد سعاده

******

أترك الهرج إلى منه تعدى إحد وده(١)

محاورة بين الشاعرين السعوديين أحمد الناصر وعواد بن فرج النادر:

أحمد الناصر :

عِز وإليك يا برقٍ صدوقٍ إخياله

العرب تستخيله يوم حنّت ارعوده

كل رجلٍ يبا يرعى ويرعى حلاله

راعي الذود ينجع له على شان ذوده

*****

عواد النادر :

صافق المزن بالمنشا وهلت ثعاله

والعرب يبخصون المزن نقصه وزوده

أحد يرحل جنوبي نجدٍ واحد شماله

و اللـه للي فرق بين الحزوم أو نفوده

***

أحمد الناصر :

الشهر تمّت أيامه وبيّن هلاله

ما يشد الشراع إلا الحبال أو عموده

---

(١) فن المحاورة: ١/ ١٠٢.

يا عرب ويش فرق المودمي من أظلاه

شيء يبغى أشهود أو شيٍ يجي به اشهوده

***

عواد النادر :

الشهر يا عميل الخير ما لك وماله

والبنادم يقوس الوقت هونه أو كوده

الرجاجيل تعرف في ادروب الشكاله

والليالي تراها للعباد امعدوده

***

أحمد الناصر :

الضعيّف صفا للوقف لو ما صفا له

غافلٍ ما يميز ويش نيّة حسوده

اجتهد بالمعاني واجتهد بالجزالة

المساري تراها بالصباح محموده

***

عواد النادر :

بيننا يا أحمد الناصر وبينك مسألة

فضها بيننا والكل تنقل اعضوده

كل ذيب ليا أنه جاع ينسا عيا له

أترك الهرج إلى منه تعدى احدوده

٭٭٭

الشيلة[1]

وهذه شيلة للشاعر جبر بن حسن المناعي من قطر:

ربع على الضد[2]

قال من هو بدا في راس ما باني | يبدع القيل في عالي مبانيها
و اللـه ماني على التمثيل طرباني | لكن كبدي على كور يصاليها
لي من تذكرت أحبابي وخلاني | زاد العنابي ودمعي هل جاريها
ربع على الضد عزام وشجعاني | وإن جيتهم بالكرم عدة حراويها

*****

وهذه أيضاً مقطوعة من شعر الشيلة للشاعر حسن بن جبر:

قل لمن تاه[3]

يا نديبي، على اللي دارب في مسيره | قم ترحل على شفي برد الرسايل
قل لمن تاه في مسراه يسمع نذيره | لابتي تمنع العايل بحد السلايل
كان ما صار عقب الزود يلعن مشيره | يقصر الدور منا يا طري الفعايل

---

(١) الشيلة أو قصيدة العرضة، هي مقطوعة من الشعر النبطي، تنظم لتنشد في رقصة العرضة.

(٢) ديوان الشيلات القطرية: ٢٥.

(٣) المصدر السابق: ٣٢.

من حربنا تبات الليل عينه سهيره / كن قلبه على نيران جمر الملايل
ضدنا كان ما ضاقت عليه الجزيره / ما حمينا وطنا يا حسين الدلايل
بالسيوف الهنادي وأم خمس القصيره / كم حريب على راسه نرز الشلايل
كم عشير بكت عيناه فرقا عشيره / في نهار يشيب اقذال سمر الجدايل
ذا لعيناك يا رامي الهوايا الخطيره / ما لقينا تواصيفه ولا له مثايل

*****

جعل يسقي (١)

هذه مقطوعة من شعر الشيلة للشاعر حسن فرحان النعيمي من قطر:

يا نديبي فوق نضوْ تزازا بالرّديفْ / ما يصاح الاّ على شَفّ رَدّاد السّلامْ
ما تحلاّ له، ولا له على بالي وِصيفْ / كُوْ سِرْحَانٍ معاديه في ليل الظّلامْ
فوقه اللّي رَدّ عِلْم الوَلايفْ للوِليفْ / في ملاحيظ المراسيلْ يِزْهَاه الغَرامْ
جِعِلْ يِسْقى دارهُمْ نوضْ بَرْقٍ له رفيف / يا نديبي بالمراسيل، عادِيك الملامْ

*****

---

(١) ديوان الشيلات القطرية : ٢٩.

وهذه مقطوعة من شعر الشيلة القطري للشاعر ابن عمر المهندي:

يالله اليوم[1]

يا الـلـه اليوم يا علام الأحوالي   يا عليم بالدنيا وما فيها
هاض ما بالحشا وابديت الأمثالي   في بلادي ولا دور البدل فيها
كل من كان يدري بالوطن غالي   حالفٍ يا دارنا ما نخليها
من تمنى دارنا بد الأوطاني   حالفٍ يا دارنا ما نخليها

*****

من أدب المراسلات[2]

هذه كسرة من الشاعر حمدان مرزوق الصيدلاني من السعودية إلى الشاعر أحمد الكرنب:

حمدان مرزوك: مهما شمخ واعتلى رضوى   فالحجم أكبر من الضلعات

(١) المصدر السابق: ٢١.

(٢) لشعر الكسرة باب واسعة في أدب المراسلات، والمراسلات لون من ألوان الشعر النبطي أو الشعبي، وفي هذا اللون يتسع أفق الشاعر قياساً على مجال الردود في أثناء لعبة (الرديح)، إذ في (الرديح) يكون الشاعر محكوماً بالوقت والحضور، ولكونه مبنياً على الارتجال فإنه سيكون مسطحاً، على حين في المراسلات يكون الشاعر أكثر عمقاً ودقة، وأجمل في التعبير ورسم الصور، وكثير من شعراء الكسرة ليس بمستطاعهم الوقوف في "الرديح" إلاّ أنهم يجيدون وباتقان فن الكسرة، ويطلق عليهم شعراء المرسالات، ينظر: الشاعر الكرنب: ١٧٤-١٧٥.

	أكبر منه للرجل هقوى	وأبعد من الشوف بالأعيان
	ويا ذات للعرف والقضوى	معقول ما فكر الإنسان
	من جد يحضى بما يهوى	ولا هواجيس من شيطان

***

الرد: الكرنب:	مع روقة البال والفضوى	وإبعاد فكري عن الأشطان
	أقدمت بالمعرفة خطوى	وحلول عندي على البرهان
	وأصغي للأحكام والفتوى	واقرا تجد نص فالقرآن
	من عام الله بالتقوى	يجعل له مخرجا بإحسان

***

ولهما أيضاً:

حمدان مرزوق:	قصدي أصارحك بالأسرار	وأوصفلك الحال بصفتها
	بعد القرارات والإنكار	دعوى كسبنا قضيتها
	ثم بعد عام لما سار	بالزور خصمي تملكها
	البعض منها بنا له دار	والبعض أشر مساحتها

***

رد الكرنب:	جميعاً على سين باستفسار	طبق القضية وصورتها
	لما الحكم جاك باستقصار	قاضيك ضيع وثيقتها
	ولو عندكم بينه وأنوار	تنفي الخصم من طريقتها
	ما يحوزها ظلم واستقدار	ويحبل عنكم محالتها

*****

هذه الكسرة من الشاعر محمد بن عودة أبو قملة من السعودية إلى الشاعر أحمد عبد الرزاق (الكرنب)[1]:

مين الذي للغرام اقضاه　　في عصركم يالذي ناشين
أبغى إفادات تحت امضاه　　ليه خليلين مختلفين
الطرف مني نظر واغضاه　　واللي ابتلى قلبي المسكين
آيات فيهم أطيع ارضاه　　ما قولكم ياللذي مفتين

***

الرد: الكرنب:　　من رئيس الدائرة وأعضاه　　هذا فصل للذي شاكين
الكل طيعه ولا تعصاه　　لأنهم كلهم غالين

***

هذه الكسرة من الشاعر أحمد عبد الزراق (الكرنب) إلى الشاعر حمدان أبو مرزوق:

لو شفتني في نهاري أمس　　فالنوم ما دقتلي ساعه
أخذت حر القهر والشمس　　وللبيه ماشين فالطاعة

***

الرد: حمدان:　　الصبر من واجبات الخمس　　ما دام لك عين دماعه
أبو مرزوق　　ومن لا صبر ما حليله أنس　　ولا كسب شي في بضاعة

*****

(١) الشاعر الكرنب: ١٧٩.

هذه المراسلة تمت بين الشاعر حامد الصيدلاني من السعودية والشاعر أحمد الكرنب وهي من نوع (الجملّ)[1]:

حامد الصيدلاني: من واحد أطرح نصيفه وهات خمسة ورد العدد ثاني
وتأمل الأحرف اللي جات وحلل الاسم ياباني

***

الكرنب : من حفظنا الدرس فالتوارت قريت عبري وسرياني
واحم على طالع الجابات لاجات بسمي وعنواني
ومني أسمع الرد فالقالات اللي لها نص ديواني
ضيف النصيفة على الخمسات تلقى الاسم طبق ماجاني

***

هذه الكسرة من الشاعر الشريف عبد الله رضا الهجاري من السعودية إلى الشاعر أحمد عبد الرزاق الكرنب:

سلام من غاية الأهداف والسلم من واجب المسلم
وأعداد حرف الألف والكاف وأنت الذي بالوفاء تكرم
أليف ولف بنا ميلاف لما ابتلي قلبنا واهتم
والياء باين لنا واخاف ما بين يا ربما مسلم
والفاء ليتو نظر أو شاف يا صحاب هذا السقم يرحم
جسمي نحل من عضاي أضعاف وأنا عن الآخرة معلم

***

(١) الشاعر الكرنب: ١٨٠.

الرد: الكرنب:

أهلا هلا ما خلق وانشاف ... فالكون معلوم ومجسم
لصحابنا والذي عراف ... واللي لهم فالرفق مقسم
هيا اسمعو فالحكم يا شراف ... اللي لكم فالورق يرسم
وإن كان عنها لكم محراف ... سوى مسائل بها تغنم
خلك صقر فالسماء مشراف ... أستاذ في مدرسة معلم

*****

هذه المراسلة تمت بين الشاعر محمد بن مازن القبساني من السعودية والشاعر أحمد عبد الرزاق (الكرنب)[(١)]:

أبو مازن :

من مدرسة للهوى طالع ... منهاج يمشي على ممشاه
كيف ابتدائي مع الجامع ... في حصة الدرس بمساواه

***

الكرنب :

لا شك عندي ولا مانع ... ما دام راعي فهم قراه
لما انتشى نشوته فارع ... وحاز عرفه كسب يمناه

******

هذه الكسرة من الشاعر أحمد عبد الرزاق الكرنب إلى الشاعر محمد يوسف أبو كرسوم من السعودية[(٢)]:

مغرم سواد العيون اللي ... الساهية ذابلات أهداب

---

(١) الشاعر الكرنب: ١٨١.

(٢) المصدر السابق: ١٨١.

كل ما نتظر وايتباينلي | أوجد على نونها حراب

***

الرد: أبو كرسوم:

أستاذكم من قبل قلى | إن الهوى عادته نهاب
يأسي على المراء توملي | وينقض جروح الذي تواب

*****

هذه الكسرة من الشاعر أحمد عبد الرزاق (الكرنب) إلى الشاعر محمد عودة أبو قمله من السعودية[1]:

ثقيل قلبي ولا ينراز | ولو ثاقل الود ما رازه
لجله ما بين العضى منحاز | متقي وكيف الهوى حازه

***

الرد: أبو قمله:

خذلك إفاده ولا يعتاز | وافطن له القيل تعتازه
لو تتقي القلب ليه جهاز | واللي حصل له من جهازه

هذه الكسرة من الشاعر محمد أبو شعبان من السعودية إلى الشاعر (الكرنب)[2]:

طبيب جرحى تمكر ليه | وسار يسعى على ضدي
يجوز من بعد حط إيديه | يقول مالك دوى عندي

***

(١) الشاعر الكرنب: ١٨٢.
(٢) المصدر السابق: ١٨٢.

الرد: الكرنب: ياللي تجر اللحن حليه هيا ستمع فالمثل ردي
زول الأوامر في يدين البيه له حق لو صار متحدي

*****

هذه الكسرة من الشاعر الكرنب إلى الشاعر محمد عودة من السعودية[1]:

ميمين سوى اسى يا ميم ما قولكم في مجازاته
اللي معك يستقي تعليم الدرس فيه كشوفاته

***

الرد: محمد عودة: ما ينفع القول بالتوهيم والقول ما خط مجراته
في قليم أنت وهو في قليم وكل محفل بجاباته

*****

هذه المراسلة في عام ١٣٨٠هـ من الشاعر عبد الرحمن القاضي من السعودية إلى الشاعر أحمد الكرنب[2]:

القاضي : سلام يا أحمد عساك بخير قلبي وبشر عن أحوالك
عساك سالم من التكدير لا سرت طيب فرحنا لك
فيما بعد أسمع التحرير اللي كتبته على شانك
لجلك في رد المعاني مدير من ذات عدلك وميزانك
القلب يشكي من التأثير والطرف فالأمر ومشارك
والكل ناوي على التدمير تعاونوو الجسم هالك

(١) المصدر السابق: ١٨٢.

(٢) المصدر السابق: ١٨٧.

***

الرد: الكرنب:

يا مرحبا واسمع التصدير تصدير رسمي على حسابك
نحفظ لك الطيب والتقدير لجل الوفاء موقع أربابك
كل شيء حسب الأصول يسير فاللي سمعته من أخبارك
واجب عليك الكبير تشير فالراي لا تترك أكبارك
وما دام تسعى في درب الخير خليك ماشي في منوالك
ولابد بعد العسير تنير وربنا يحسن أوضاعك

*****

هذه الكسرة من الشاعر أحمد محمد طه البنا من السعودية إلى الشاعر أحمد الكرنب[1]:

أحمد البنا:

أصغي لهذا المثل حساس في حد ذاته بامساسي
وإن شفتلي من جنابه باس لا تعلم الغير عن باسي
أغلى الأحبة أعز الناس عامين ما حس باحساسي
أنا أصفي لذاته الكاس وذاته يعكر صفي كاسي

***

الرد الكرنب:

فالمبتدأ لو دركت الساس وسرت مثل الجبل راسي
ما يخش طامع ولا لواس ويلين لك قلبه القاسي
خليك ماشي معه بقياس ولا تقول منه أنقطع ياسي
ولو كان دونه خفر حراس ياتيك بالطيب مياسي

*****

---

(١) الشاعر الكرنب: ١٨٨.

هذه الكسرة من الشاعر أحمد عبد الرزاق (الكرنب) إلى الشاعر مساعد عبد ربه الصريصري من السعودية[1]:

	مال العيون المها حراس	اللي تحت ظل حاجبها
	ما يكفها عن عذاب الناس	استشهدوا من سبايها

***

الرد: الصريصري:	ماباس يا صاحبهي ما باس	لجل ايش عينك وتندبها
	منها مشى فالطرق بقياس	ما يشتكي من محاربها

*****

هذه الكسرة من الشاعر حامد الصيدلاني إلى الشاعر (الكرنب)[2]:

	تسعة سنه مع ثمان أشهر	على لظى الجمر عشناها
	منها وفيها شربنا المر	ومدري بعد ايه يقفاها

***

الرد: الكرنب:	قدام يظهر لنا مظهر	محكم بالأحكام وأسداها
	المراء يمضي عليه أكثر	أفرع من الناس وأدناها

*****

---

(١) الشاعر الكرنب: ١٨٨.

(٢) الشاعر الكرنب: ١٨٨.

المسدار السوداني[1]

مسدار رفاعة[2]

رُفَاعَهْ الرُّبَّهْ قافَاها البليبْ طرْبَانْ
ناطح المنوْ ميثاقْ قَلبي مو خَربانْ
فَوسيب السَواقي البي اللدوبْ شربانْ
بِلود وبعيده فَوق في باديةْ العُربانْ

***

رِجالْ التاكا بي جاهُنْ قواسيكْ هانَثْ

(١) المسدار السوداني يمثل نوعاً من قصائد الشعر الشعبي في السودان، ويقوم هذا اللون الشعري على نمط الرجز الرباعي، وهو يعتمد السرد القصصي، إذ -غالباً- ما تجد الشاعر يسرد رحلته إلى ديار محبوبته، أو إحدى صديقاته من الغواني، وقد تكون هذه الرحلة واقعية أو خيالية، وحين يتغزل الشاعر يكتفي بذكر ألقاب اللواتي يتغزل بهنَّ أي ينحو إلى الترميزي، فيعتمد النظام الألف بائي مُكنياً عن أسمائهن.

وقد يكون السرد القصصي ناقصاً أي غير مكتمل، وقصيدة "المسدار" تحكي قصة حب زمانية أو مكانية يختلط فيها الغزل، وذكر الحبيبة مع وصف الطبيعة كوصف الحيوانات من الإبل وغيرها، والمروج، والأنواء، وعلى الرغم من أن "المسدار" ينهض أساساً على سرد رحلة الشاعر إلى حبيبته، ومتابعتها، إلاّ أنه لا يقف بالضرورة عند وصف الرحلة والمحبوبة وما حوله من الطبيعة، فالشاعر لا يختم قصيدته بوصول الديار والحبيبة، بل يسترسل في وصف ما بعد الوصول. ولشاعر المسدار دور كبير يشابه دور الفلكي أو الجغرافي أو المنجم، فهو يحدد المواقع، ويضبط الزمن، وله مكان مبرز بين قومه وله ودور قيادي في المجتمع، ينظر تفصيل ذلك في: فن المسدار، دراسة في شعر الشعب السوداني: ١٤ - ٢٣.

(٢) المصدر السابق: ٧٧ - ٨٩.

مَسكْ فجاً عميقْ والبيدا ليكْ إدَّنتْ
على الفي جيدا متبورْ البَرَاتي مبانتْ
المَخلوفه ضجَّتْ من دويك وعانتْ

***

بِلدات الكموقه وحلَّة السَرَّافْ
جاهِن داوي دناي المسافات رافْ
يالضيب العَلى راسْ القلع هرَّافْ
لاهطَكْ حرْ شيوم لو قرادْ ولا هو قراف

***

عقب سيالو قد فوق الحليله بدينا
قصدو الليله في باكريتو يعدِّ ينا
على بلد العلى سيدك مردم دينا
أرح يا القمري في باقي النهار ودينا

***

حفيرات السُنُط جيتن تعوم بي التنيه
ناطح الشمعدانه عديله مي منحنيه
درعات العفا الكبد العسين منتنيه
مي لا فخاك يا تيس قنَّه بيك معتنيه

***

عقب ود موسى شرف أُماتْ رقاريق شُفْت
بعشوماً سمع نقره وقطعت اللفته

بَعَد دحن جرايدك ومن شقيقك خُفت
واغْل الأصدرت امر القضا والإفتا

***

ايدين اب تبوب شقيت وعرهن خاترْ
جيت لي ام عُودْ تجمّع في النقع ماك فاتِرْ
الحافظٍ حضوركْ ولي غيابَكْ ساترْ
اسرِعْ واغلُو يا الجمّام قفاك مِتماتِر

***

ديك الشاقة بانت ومنَّها الحمريبْ
عُوم بي الراحه أوعى تقطِّع الدمريب
ما هو بعيدْ عليك بَلَد أُم حنانه قريبْ

***

خرت القِدة شب فوق دبة الأسادْ
حَسَن شَيخْ طُرقي ينجي التَيس من الحُسَّادْ
مَحْمود الطَبَايعْ لَيّنْ الأجسْادْ
جميلاً بي الظُرُفْ فَوقْ الندايِدْ سادْ
إجمَّع بعد شرف الحريحير طارْ
داني بعيد وبي المصعي وجرى الحار حارْ
على جريعة البنوني ومسكة أب مُحَّارْ
لولَح راسو واتمرعفْ بلا السحَّارْ

***

سيتْ لو مقيلو بي الباكريه في الضقَّالْ
خد لي هجسه قم فاقد السحى الماقالْ
اليبسْ سراة السرعو ما هو تقَالْ
لطيف قامه أدعج واكحل الأمقالْ

***

طبق فور الصباح بعد النهار ما برَّدْ
فردْ الحبْ ويقَّن لي النجيع إجرَّد
يا القُمري العلي راس الغصينات غرد
وين المِن زوال الحي سلولاً إزرَّد

***

وَدْ أبو قرمه وأب قدّوم جنى الندَّامْ
شَيشَكْ برِّدْ السَرْج سقتو لا قِدَّامْ
الحلاَّكْ جريدك في النقع خدَّامْ
خُفْ يعد مني حر عشقو البقى لي مُدامْ

***

الجبل الأبيرق قصدْو بدري يفوت
سوى هيوتو صوَّر لعبة البنوتْ
على القل الحيا وضرب القلب نبوت
هرول وتاتي قرعب ضارع السبوت

***

داك شرف أم هشيمه الطار وكلو اتسادي

يا الجرت حسكتك ليك بقيت عاده
ظبية عُنَّس الصى الورودن ماده
خلت كور شديدك من رحيلك نادى

***

عقب الوادي فز من المطيمر وناسو
قطع الشلخه والدرب بي الجرايد داسو
هجَّام أب وضيباً عامتن خراسُو
ما هو بعيد على القُمري الهرج ضراسو

***

كباسه وصلها غزز غادي شاف لو قنوبه
ولع بنقو شنير منو ناشف الكوبه
على الطبق الرشم بي الجدله غطّى الروبه
سوى الرى ملان غرفن جرايد وودوبي

***

هجَّام المقلده بي حبوب النوبه
دانى القنفه والنقعات عجنها دبوبه
تقول القُمري الشايبه الفاجر الهجلوبه
ولا الطب في الباقير ووجّه سوبا

***

عقيدات ببينن من كتير النّصْ
جاهن كفو زي مكن الخياطه يرضْ

على المرناع بريريب الأرايل الحُصْ
عجلك ترو عينك في الشقيق لا تبُصْ

***

قال لي الشقيق ما بلقى في ضريبهْ
ماك شايفني كل مرَّات بجيب لي غريبهْ
الحلاَّني أيدْ الضالمه أقومْ جاري با
شايف هجمةْ أم خداد بقت لي قريبهْ

***

مطيمر سُعده إيدك جاتو حامي تريرا
ناطح البي غراما مجر عاني مريرا
فوسيبة الترى الا تمايحت في قريرا
بينك وبينا يا العنافي قلعة ريرهْ

***

بعد يا القمري ما وخرت ايد أُم ودعه
برد قربت السمحه أم رقبة فدعه
الحلتْ عيوني اللاجَّه خاتيه الخدعه
بين ثدينا واردا فينا رُقاً بدعه

***

ضهير قلعة مبارك جيتو تلعب شدْ
منعت السله والكرباج وقولة "هدْ"
على التالاك إحسان زوقو ما بنعدْ

يومك كلو تمصع ما انحلق لك حدْ

***

عضمك بي صبيب الفتريته اتمضى
كورك خفتو من حرة جريك إترضى
الحلاني اترك الفرض بعد ما اتوضى
لولى وقص كنار حجّالا ما هنْ فضّه

***

قطع خور اب عشر برد خبيبك روق
ديل قلع الحدارب وديك حفير السوق
عشانا الليه يا قمري البقولن "قُوقْ"
كبدة نوق وعين عسلاً لزيز في الضوقْ

***

العدْ البصيحْ نشّالو نسقيك فيهوْ
ولا تفوتو ما نغشى لوْ
انصافْ يومي والدّوم القطر وشالوْ
حلة غُردي عِند السرِّى ما بيفشى لوْ

***

صعيد قلع النُزُل سافل الحفير جيعانا
سوَّى هيوتو لي الفيهو النفس طمعانا
يا القمري ابْ عقاربا في الضمير لاسعانا
هاذا الليله آخر يوم وعهدو معانا

***

نشوق ركف الحجاز أبو خمرة معبوكه
رقَّ ضميري خلّى قماقمي لون الدوكه
الخلاّك من عشقو النفس مدروكه
جيت في ردُّو سته الساعة فوقْ الشوكه

***

حَرْدوب الجبل بان ليك شمالك شايفُو؟
جافِل من زوال حجَّار رقيلك خايفُوْ
واغل بي التملّي بتمشى عاليه وظايفوْ
قبل الديد بان مايدور ومنعْ طايفُوْ

***

عوم بي الراحهْ يا الكُورة قماقمك نزَّتْ
قرَّب ليك دور البى الفراغْ ما اتمزَّتْ
على هجيم فريقْ قصَّة كناراً عزَّتْ
مرَّه حُمار ظهيره ومرْ نِعامة فَزَّتْ

***

زرزير الجُهال الحافو من الضرب
ساهو بزاتو عند طرف الفريق بي الدرب
دناي البعيد ساحر جُبال الغَرب
ظهرب قرَّبت لاعِبْ دوايرْ الكربْ

***

كتيرات الزريبه الخاتمات النادى

ابركْ عندهن لا تقُول سلام يا عادي
السلحاتو قاطعه القلب وفارمه اكبادي
داك اياهو في "قُردُونْ هُتيلْ" الغادي

***

سمعْ نايبك يسوكْ جاكْ بي انشراحه وارحهْ
سنذْ مالندكربْ جورجي المسى لفَّاحهْ
أنا وايَّاك والعندك معاهو صراحهْ
سعيده حِظوظنا ما دام الصراحه براحهْ

***

سلام السنَّه كان ما قُلتُوا هسَّع ردُّو
خلى يقول وسهلا بي المحدَّر شدُّو
الحلاَّني أقلبْ الصَجْ والعب مدُّو
هادا ايَّاهو يا القُمري الشَمَخْ فَوقْ نِدّو

***

قال اتفضَّلوا الما بدور فَخُرْ بي القدْ لهْ
دبوره ومقص تاج حُكْمُو عادل عدلهْ
لبسْ -النادي لي زولاً يميز المدلَهْ-
نواشين أربَعَهْ وتاجاتو فوق البدلهْ

***

قال خُتوهو فوق سَرْج أبْ قفايا باش
لا يضربو العجاجْ يخربْ سبور القاشْ

واقفْ بره سنيور قاتل الأحباش
داير ينصِف القُمري ابْ جِناحا راشْ

***

امر بي رباطُو جاهو علوقو غيرِ مِكيَالْ
ضامراَ غرد وحارِتْ ومحجمو السيَّالْ
اسَاويرْ العَسَاجِدْ ونايِبِ الأفيَالْ
في سِتْ ريدي ظهربْ واقعَاتْ خُيَّالْ

***

بعد ما انصف الفي يومو داني بلودو
دخل طيَّبني سيد ريدي الوضيبو بقودو
الطبق الرشيم ردف السدير بي عقودو
معاهو الليله يا القُمري الشباب بنعودو

***

براوه عليك يا العجلك ترير البوكسي
جمعت البونه بي لعبة جنين التكسي
مع البي الحشمه لا عند المقادم مكسي
حظَّك نجمو طالع ما هو ماشي بي العكسي

***

قضى من اللوازم وانتحف واتجلَّى
كوَّع فَوقْ مراتبو ولى الجلوس اتحلَّى
قالع العيص معانِدْ شايةْ السّلسلَه

قال لي معاهُو بي لِعبْ التِياترو اتسلّى

***

اخدنا الليل تفنن بي طرب غير علّه
تمم كيفي تيس قُنَّة أبْ حديدا شلّه
أنا والديسو لي عند المتان إدلّى
نومنا بِقى لنا من بعد الإمام ما صلّى

***

اضْحت شمسنا وجانا البسالى مُطايبْ
شاف القمرى لي سمح البطايع جايبْ
قال لي مهيرة اليل أمْ عشوقاً دايبْ
قادِر جامع الشمل البجيب الغايبْ

*****

مجموعة مواويل[1]:

موال عراقي[2]

لي خلّةٍ يا ناس في ساعة الشِّدات باعوني
من بعد ما جنت عندهم معزوز باعوني
واش ذنب إلّلي جرى، حتى هم اليوم باعوني
جرى عليَّ الزمان وگّال مالك ثمن
أوصيك يا صاحبي لا تعاشر رخيص الثمن
أنا بالروح ما بعتهم، وهم بالبلاش باعوني

****

موال مصري

كل اللي شفته من مالك وِرَدْ إليك
واللي زرعته من مالك، عادت ثماره إليك
أنا اللي كَيت في يوم، واشتكيت حالي إليك
يا واهب المال ده مالك وِرَدْ إليك

*****

(١) الموال: لون من ألوان الشعر الغنائي الشعبي المعروف في كثير من الدول العربية كالعراق وسوريا ومصر- ولبنان وفلسطين والأردن، ويعتمد في بنائه الفني على نظام الشطر، وله أوزان وألحان عديدة ويعتمد القافية التي تكون متشابهة في عدد من الأشطر.

(٢) آهات الأرض، مواويل للحب والوطن، مصطفى الخشمان: ١٠ - ١١.

إبراهيم عبد العزيز الجندول الدوسري من البحرين[1]، قال هذا الموال بعد اعتقاله في إحدى المظاهرات في البحرين في عهد المستر ديلي ممثل الحكومة البريطانية آنذاك:

يا طارشي سيل مكتوب الأسير وسير — وأقرا لهم قصتي بكل الأسير يسير
كم من بطل حيد صنديد بالحديد أسير — هذا من الله ما هو من ملوك ووزر
الدهر خوان كم نوخ ملوك ووزر — لاهجم على القوم لو كانوا بغاط ووزر
وأشوف تالي العمر شلون عاد يسير

مجموعة مواويل للشاعر عبد الله بن سعد المهندي[2]:

جارت عليك الليالي

جارت عليك الليالي وجورها بك عدل
عندي لا شفت من جورك أوترك العدل
خالفت من دار لك منهج صلاح وعدل
غرك سراب هقيته قاطع لك ظما
ما تدري ألال تباعه يزيده ظما
موت بعذابك جزى فعلك بجوع وظما
هذا عقاب اللّيال بتاركين العدل

---

(١) ديوان الزهيري: ١١٤.

(٢) ديوان الشاعر: ٦٧ - ٧٢.

*****

غام السما

غام السما واختفى بيض النجوم أغياب
صارت لي المجديات الهاديات أغياب
لما عرفت العصور المبهجات أغياب
حملّتها فوق طاقات المثال أثقال
قلت استقيمي وشيلي كايدات أثقال
ياما عليها حملنا الكايدات أثقال
تطلع وحن ضدها حتى تصير غياب

****

أوقات سعدك

ما زالت أوقات سعدك بالهنا باسمه
يا من له أعماق قلبي بالهوى باسمه
تبكي سماكم أو تضحك باسمه
أطرب وأرحب إذا شخصك لعيني بدا
وأشرح غرامي وما بين من ولاعي بدا
أنت الذي كل شي في حياتي بدا
دعها بحال السرور أوقاتنا باسمه

****

بركان شوقي

بركان شوقي تفجّر من إِجباله جاش
بحر إفتكاري بموجات الخواطر جاش
ما يعتبرها بجاش كل فاضي جاش
دكن دواكيك ما بالصائبات استقر
هم الهوى همني بالجانحات استقر
إن لم يكن صائِبي بالصائِبات استقر
ولا دعاني غرامي غير سالم جاش

*****

سفني تجارب

سفني تجارب بروس أمواجها شايله
أثقال ماكاهلي حمل القسى شايله
هل من معين على حمل القسى شايله
يا شايل الكايد أسعفني أبفضلك جود
توقف لم أجد ما جود صاحب جود
يا صاحب الجود مالي دون لطفك جود
يا راحم العبد خفف كل ما شايله

****

يا من على خاطري

يا من على خاطري حلو اعتداله ولا
يفخت لساني تذكاري مزاره ولا
حتى ثواني نسيت مواصلاته ولا
عيني ما رأت في جميع العاملين أسواه
قلبي توحد بوده ما أريد سواه
سوت بي الأشواق يا حلو الشباب أسواه
حتى ولاني ولا يلطف بحي ولا

****

موّال للملا حبيب من العراق[1]:

يا من بسهم الجفا جوجاي خليته
اریاق خلك شبيه الصبر خليته
خلك جفيته وخل الغير خليته
عاهدتني بالعهد ما أصحب صحيب سواك
واشوف يا خي ربع جالسين سواك
إن كان هذي مودتنا وهذي سواك
ما كنت أنا أقبل عهود اليوم خليته

***

متمرحب فيك يا زهوة رياض المحل
تروح فدوه إلك سبع المشاكل محل
قدمت أنا في جنابك جيت وأضوى المحل
أما تجيني وإلا كنت أنا أهلك
ومودتك في ضميري دوم كل أهلك
أقبل حبيبي بأمان أهلي وأمان أهلك

---

(١) ديوان الزهيري، مجموعة من المواويل المشهورة: ٩٧.

أهلاً وسهلاً حبيبي جيت وأضوى المحل

...

حنا ذوات العرف للاش موش ابقدر   إن كيل لاهل الردى في ماضيات وقدر

لعيون من سرسح الجعدين سود القدر   ما نقبل اللاش عن درب الخطا لو زل

يكفيك فعله بركب الغادره لو زل   الصاحب الزين نغفر زلته لو زل

لا شك ما تنغفر زلات راعي القدر

...

ملا عبود الكرخي من شعراء الموال المبرّزين في بغداد، ويعد من أكبر شعراء الموال الرواد، وله هذا الموال[1]:

الروح كيف أصبرت يوم غدا خلها   أذكر ليالي مضت بالويل يا خلها

شادعي على العين وبعود الرمك خلها   هذا المقدر ولكن جابته أيدي

يحق لي عاد هايم واقطع البيدي   يللي تجس النبض موش الألم بيدي

قلبي مؤلم تفوق من اللمس خلها

...

يا صاحبي قوم سوي لك علي فضل   لولاك ما سان أقدامي لصوبك فضل

كله لأجل خاطرك وحياة راعي الفضل   أنت حبيبي ونور العين وإنساني

و الله قلبي ما هوى جن والا إنساني   إن كان قلبك ترك عشراي وإنساني

لاسكن أرض كربلا وأصيح يا بالفضل

(١) ديوان الزهيري: ١٠٢.

نار الغضا ولعت بأقصى الضمير ابجاي
الغير منهم شرب كاس الوداد ابجاي
تميت أعالج بروحي كالغريق ابجاي
وانوح من بلوتي نوح الحمام الغرب
ارعى وحوش الفلا هايم صباح وغرب
ما هي مروة تخلوني بدار الغرب
أبكي على شوفكم ما تسمعون أبجاي

***

وهذا موال للملاياسين بن الشيخ عداي الأسدي من العراق يقول فيه[1]:

خشف نحر لي ورسريس الهوى مايله
صدّ ونفرهيج لهموم القلب مايله
ما أدري غنج ما لها يو رقبته مايله
والتنتنه مره تخفي الهوى ومره دن
ونشم نشر العبير الفايحه مر دن
لفتات ريم لها بأقصى الحشا مردن
والخد كالشهد باله يسل علي ماي له

***

(١) ديوان الزهيري: ١١٥.

مواويل لشعراء مجهولين من عمان(١)

حبيب لبست ثوب كتاني عن صاحب بلا عتب ما رام ينساني
والبارحة ما غضى جفني على عياني بي شوق بي عوق بي هجران بي همي
بي حب ساطي نصع حالي من الدمي أمسيت سهران طول الليل متكمّي
حبي كما الشيخ وسط القلب سلطاني

***

أهلاً وسهلاً يعرب لافين للدار فيصل حكم نجد وحنا حكمنا سحار
بسلاح كامل وفضه من صواغه طيحوا وريحوا وسكنوا يو عرب معنا
ذي ديرة ما سعت بالقول والمعنى شوفوا شيوخ البلد ونظروا أكابرنا
الليله هواكم يسوى من الذهب قنطار

***

البارحة باح قلبي ينوح يو سيدي وأنت حبيبي ونور العين يو سيدي
حبك سطا بمهجتي وقطع هوى سعيدي ياناس وي الفكر ثرني أنا المظلوم
أفشيت سدي على مريكان كاد يروم وخان السلاطين والباشات حتى الروم
وآخر صفت بالمودة وقلت يو سيدي

*****

---

(١) ديوان الزهيري: ١٢٧.

مواويل سورية[1]

أهيَفْ خَطَمْ بُو صِحِتْ ما رد وِلباني
وبقد مياس كالعسَّال ولْباني
وِرضاب كوثر يدر إشهود وِلباني
يسري بتيه وعجب، لِلناس حسنُو فَتَنْ
يبدي السحْر من جُفونو، وبي تِلاقي فِتنْ
ما جاوز السِنْ رُبْع السِين ولا فَتَنْ
مِنُّو انتحالي، ومنو حيرة الْباني

***

كعبة جمالك لها كم مِن مُتيم حاج
وعلى دروب الوصل قلبي بهواكم حاج
صدَّك تلف مُهجتي، ما عِدْت اقبل حاج
نيران هجرك سَوِتْ قلب الشجي حاجِتَكْ
حب الْطرف لا خيالك، قِلتِلُو: حاجتكْ!
إنْ كان تبغي الوصل؟ قُومْ ابتغي حاجتك
نادْيت: نظراتْ تِكفِي مِنْ جمالَكْ حاجْ!

يا مُخجل البدر كم قلبي بحبك لاه

(١) لمحة عن الموالات السورية: ١٧٦، ١٧٧، ١٨٠، ١٨١.

وتصد عني بجفا دوما بِقوله لاهْ
لحلف بطه النبي وأيضاً بذات الـلـه
أسقيتني كاسْ مِن بَحر المحبَّة دبلْ
بعيون شِبهْ المها وجفونْ كَسر ودِبلْ
والميلْ ميلْ الغَصن، ميلاتْ سِمر الدبِلْ
وِيلاهْ من مِيلتَك، مِنْ ميلتَكْ وِيلاه

***

يِحرَم عليَّا الكَرى ما عادْ ادُوقْ اعْشايْ
مِنْ حينْ صدَّك عُيوني بَيَّضُونْ اعْشَايْ
إنْ كانْ هادا منالَكْ ما إريد اعْشَاي
وإن كان تِحْفَظْ عهد هادي الأَنَا حِبَّا
قَصدي اشمشِم خِديدَكْ وِرتِشِفْ حبّا
قلّي بصِبح وعَصِرْ كل وقت لَكْ حبّا
قِلْتْ: الصبح فَكْ ريقي والعَصيرة اعْشايْ

***

يا مَن بضرب الجفا شهد التواصُل شابْ
وعلى الصِبا بالمواضي المُرهقات وشابْ
ما لك تِردّ اللقا عنّي، وعَهْدك شاب؟
خلّيت شِرْبي الهني ما بينْ حنظلْ وِشَبْ
وِالحرّ في ضامري عبّا الجَواجي وِشَبْ
علّلتَني بالوَصِلْ طِفلاً ويافع وِشَبْ
هدّيتْ مِني القُوى، والراسْ مني شَابْ

م: مَالي صبر علهجر دمع المحاجِر سالْ
ح: حيلي خَوَى وانبرى عَزمي وجسْمي سَالْ
م: مَا بِكْ رَحْمْ؟ يا خَلِيَّ البال عَنِّي سَالْ
د: دمِّي نشفْ، اِخْتشي اِرْثِي لحالي وَزرْ
ع: عطفاً على حالتي، هَبْ كُنْتْ جَانِي وِزرْ
و: و الـلـه ما عَادَ لِي جسْماً يطيقْ اَلوَزِرْ
ض: ضيمْ الْدَهِرْ علّني والْقَلْبْ مَا هُو سَالْ

*****

آهات الأرض(١)

جدّك يبني عمّر وثمّر
خلى الحقل، طول السنه أخضر
حافظ على الأرض اللي ربّتنا
وحنّت علينا والزمان أغبر
جدّك وصاته ما نسيناها
ومن كثر ما ردّد، حفظناها
الأرض مثل العرض، صنّاها
وبسيوفنا الماضية حميناها

***

(١) آهات الأرض، مواويل للحب والوطن: ٧٠ – ٧٥.

بكيِّر من قبل الفجر يطلع
حامل فطوره، ومنجله بيلمع
قاصد وطاته، امحمله بالخير
يحصد قمح مثل الذهب يلمع

***

في الصيف يملا كوارته مونه
والدار يبنوها إله العونه
والناس حوله يرعوا نعجاته
وما يقربون الشرده والخونه

***

محلا الخبز بالصاج والطابون
والسمن الَصْفر بالمرو مخزون
والزبده في المزبَد، عليها القيد
وما تنوكِل إلا على المضمون

***

كانوا الأَهل ما يشتروا من السوق
حتى الملابس طرَّزتها الشوق
أمَا الأكل، من خير حقلتهم
وما سْتنوا إيدْ إتمدهم من فوق

***

كرهوا الخضوع وعيشة المغبون

وقالوا الهوان إِن رافقك ملعون
وإنْ كان ربَّك سهِّل ووفَّق
تحيا حياتك، ما عليك ديون

***

و الـلـه يا ابني الناس غير الناس
عاشوا كرام ورافعين الراس
كانت في بيت الشيخ لمتهم
الفرحة واحدهْ، والحزن من كاس

*****

الموشح اللبناني[1]

لَوْمَا بخافِ يْلاَقِيكِي   النَّحْل بْنَوّار[2]
كِنْتْ بروحِ بْخَبِّيكِي   بْتِمّ الأَزْهَارْ

***

جِيتي بْساعةِ ماجيتي   آمَرْتيني أَمْرْ
وَلَّعتيني وِنسيتي   بِحْروجي الجَمْرْ
بِتْصُبّي كِلْ ما حْكيتي   بْدِينيِّي الخَمْرْ
وكلْ ما عالأرض مشيتي   مِن الأرض بغَارْ

***

متحف قلبي عا حسابك   بابو مفتوحْ
وكل ما تسكر بغيابك   بيزيد جْروحْ
تمرجَلْتِي وْصَحّ حسابِك   بِعْذابِ الرُّوحْ
وعَلَّقتي لْكُلِ تْيابِكْ   مِنْ عَيني زْرارْ

***

رُوحي رِفِّي حْواليها   وْطَعْمِيهَا قُوتْ

---

(١) الموشح ضرب من الشعر، يُنظم على تقاطيع وقوافٍ معلومة، والشاعر لا يتقيد بقافية واحدة، بل بقافيتين، في المطلع والأدوار، أما قافية الدور الأخيرة، فتعود إلى قافية المطلع، والتسمية أخذت من أهل الأندلس.

أما من حيث الوزن، فيتألف الشطر الأول من سبعة مقاطع صوتية، والشطر الثاني من أربعة.

(٢) الأشعار اللبنانية الشعبية: ٦٤ - ٧١.

حتَّى تِشبع عَينَيها
والجُوع تْفُوتْ
الدنيِي تفرَّجْنا عْلَيْها
وبُكْرا منْمُوتْ
مُشْ ممكِنْ نِرجَعْ لَيْهَا
تَاني مشْوَارْ

اللازمة

النِّجْمِه سهْرِتْ مَسْحورَهْ
بقد المياسْ
وعاحُبِّكْ يا أَمورهْ
حسدوني النَّاسْ

*****

سهرنا بليلة عمراني
كِلاَّ مواعيدْ
عطيناها توب غناني
أحْلَى مْن العيدْ
اللي بيسكَرْ بدُّو قناني
وخمرَة ونْبيدْ
وروحي بحُبّك سكراني
مِن أوَّل كاسْ

***

مَرَّة عيونِك سأَلِتْني
بيشَرْدِة بال
عَني بنظره لفتِني
بِأحلى شالْ
هاك النظْرَهْ خلِّتْني
نَعْمِةْ موَّالْ
بْدِنيهْ حُبِّكْ حَبْسِتْني
بحَبْسِ الإِحْسَاسْ

*****

حبّة قلبي

حَبَّة إلماس بعلبي
مِش رَحْ بِتفيدْ
جايبْ لِكْ حَبّة قلبي
هديِّةْ بالعيدْ

***

حبة قلبي بهديها
هدية عَصفورْ
أكبر حبة منقيها
عَ شعَاعِ النُّورْ
لأَجلك صَرْلي مخبيًّها
لْيَالي وشْهورْ
حامِلْها وطايرْ فيها
بمِشْوار بْعِيدْ

***

إيدي وإيدِك سَبْقِتْنَا
فراشة نوَّارْ
تَ نعْمِل صِبْحِيِّتْنا
بينِ الأزهارْ
وْعَ نَغْمِةْ غِنِّيْتْنا
يردُّوا الأطْيَارْ
وْيكْبَرْ مَوْسِمْ فَرْحِتْنا
ويكتَر ويْزيدْ

***

حِسنِكْ للفجر نهارو
وقلبوا المِخضَرّ
ونسماتو حَولِك طاروا
مِنْ بَحْر وْبَرّ
وْعَ الرَّوضِ الحلوه قْمارو
لَوْ طَيْفِكْ مَرّ
بتغنيلك أطيارو
مُوَّال جْدِيدْ

***

قالوا غِبْنَا وطُوَّلْنَا
وْمَا بْعَتْنَا كْتَابْ

يا بْسَاطِ الرِّيح حْمِلْنَا   لْعِنْدِ الأحْبَابْ
خْلِقْتي مْوَاهِبْ مجتمعهْ   فيها تغنَّيْتْ
وْعَ غيابكْ مِتْلِ الشَّمْعَهْ   دِبْتِ وْجنَّيْتْ
شْعِلْتِي بقلبي مِنْ جِمْعَهْ   زِرْتك عَ البَيْت
لْقَيْت عْلَى العَتْبِة دَمْعَهْ   وْزَهْرَهْ بالباب

***

طينة خدِّك مَجْبُولي   مِنْ وَرْد وْفِلْ
وْخَصْلِةْ شَعْرِك مَجْدُولي   مْن قْمَار تْهِلْ
اعْطِيني بَسْمِه مَغْسُولي   صَارْ بَدِّي فِلْ
أحْسَنْ ما بِكَرا تقُولي   كانْ هَوْن وْغاب

***

كْرَاسِي خْدُودِك خِلْقَاني   فَبْرِكْةِ عْطُورْ
لَوْ بَدِّي بْعَبِّي قْنَانِي   وْبِشْحَنْ بابورْ

***

كراسي خْدُوكِدك خِلْقاني   عِطْر عْلَ الحِلّ
لوبَدّي بعَبّي قْنّاني   بْفَرِّقْ عَ الكِلّ
من عَيْنَيْكِ الدِّبْلاني   النَّظْرَة بِتْحِلّ
بْتِجْرَحْ قَلْب الجُوَّاني   وْبِتْشِقّ صخورْ

***

اللّيل مْشَلْقَحْ عَ جْعودِك   وزْهُورِ الفِلّ
بْتِتْمَنَّى تْشُوف زْنُودِك   لَمْحَةْ وِتْفِلّ

الجُورِي لَوْ شَاف خْدُودِكْ بِيخافِ تْحِلّ
قْمَارُو وْيبْقَى بُوجُودِكْ حَانِي وْمَكْسورْ

***

النِّفنافِ انْ رَشّ علَيْكِي بْتَكِّه بِيدوبْ
والبَانْ انْ قرّبْ لَيْكي بيرجَع مَحدوبْ
ويَاما وياما بعَينيكي عِلقان قلوبْ
خصوصي قلبي بَيْنْ دَيكي مقيَّدْ مأسورْ

***

بْدَرسِ الحُبّ حوَالَيْكِ وقِفْنَا طُلَّابْ
نِتْعَلَّمْ مِنْ عِيْنيْكِ مِن دُونِ كْتَابْ

***

بعِلْمي عصافير الألْفي صَارو بالإِيدْ
طَارو من طواق الخِلْفِي وْرَاحو لَبْعِيدْ
كِلْ مَا جَرَّبنا نِلْفي عاطيْر جْدِيدْ
منتْقُلْ منْ تَحْت الدِّلْفي لْتحت المِزْرَابْ

***

تنقّلت كَرْجي كَرْجي يسلملي الكَرْجْ
سْحَرتِ قَلْب الجَوْهَرْجي بهرجِك والمَرجْ
القَرْقُوره مَا بتسترجي تِسرَح بالمَرْجْ
وإنتِ عَنْ تِمْشِي بمَرجي مَرْروعَة دْيَابْ

***

راق البحر حواليكي   ومَا استَرجَى هَاجْ
لَمَّا شَاف بعَينَيكي   بَحرِ بلاَ مْوَاجْ

***

قِلْتِلَّك يَا حُوريِّه   قَلْبِي مَوْجُوعْ
قْسِيتي وِعْبَسْتِي فِيِّي   وْقِلْتِي مَمْنُوعْ

***

كِنَّا نْمُرِّ بحِنِّيِّه   نْزَمِّرْ عالْكُوعْ
صارِ يْمَرِّكْ عَالمِيِّه   الكِيلُو مِتْرَاجْ

***

الـلـه اسْمَ الـلـه حْوالَيْكِي   مَا فيكي لَوْ
وْلَوْلا لَمْبِةْ خَدَّيْكِي   ما طَلِّ الضَّوْ
وْلَوْ صَوَّبْتِي عَينَيكي   عَاسْلاَح الجَوْ
بِتنخ تْبَوِّس دَيْكِي   رْفُوفِ المِيِّراجْ

***

كِلْمَا بِقلِّكْ مستَحِلي   القَدِّ المَيَاسْ
مَا بَعْرِف لَيْشِ بْتِحلي   بْعَيْنَينِ النَّاسْ

***

هالراحِتْ يقصُفْ عُمْرا   وَيْن راحِتْ وَيْنْ
تَرْكِتْ بيقَلْبِي جَمْرَه   ودَمْعَه بالعَيْنْ
دخْلَكْ يا رَبِّ الخَمْرَه   خَلِّيني بَيْنْ
قَرْقوره حِلْوِي سَمْرَا   وْقَنِّينه وْكَاسْ

***

افْتَحِلِي قَلبَك صارِحني   وْغَيِّر هَالحَالْ
بترتاحِ وبتريِّحني   مِن القِيلْ وْقالْ

***

عِنْقِكْ لولو جابُولو   مِنْ صنع الزَّوْقْ
سِلسَالِ مْدَهَّبْ طولو   مْنِ العِنْقِ لْفَوْقْ
صارو عَينَيكي يقولو   لْقَلْبي مْنِ الشَّوْقْ
لا تدخُل بَيْن اللُّولو   وْبَيْن السِّلْسَالْ

***

بْهَاكِ الخَيْمِة المَهْجُورة   تَرَكْتِي مَنْديلْ
حامِلْ صُورة زغيُّورَة   وكِحْلِ بْلا مَيلْ
مسكْت الصُّورَة الأسطُورَة   وْضَوّ القَندِيلْ
مَرّقْ عَاصَدْرِي الصُّوْرَة   خْيَال عْلَى خْيَالْ

***

خَدِّك يَا سَمْرَا مْتَنْلُو   الخَالِ المسْوَدّ
مْنَقي عَازَوْقو مْحَلُّو   كْتيره هَالقَدّ
والشَّامِيَّاتِ الطَلُّو   عَاكْرسِي الخَدّ
كِلّ شَامِيِّة بِتْقِلُّو   كَيفَكْ يَا خَالْ

المصادر

١- آهات الأرض، مواويل للحب والوطن، مصطفى الخشمان، عمان، ١٩٩٦.

٢- الأحزان العادية، عبد الرحمن الأبنودي، دار قبّاء، مصر، ١٩٩٩.

٣- الأشعار اللبنانية الشعبية، دراسة وبعض النماذج، د. أميل يعقوب، جروس بروس، طرابلس، لبنان.

٤- إطلالة فجر، جمع وأعداد سالم سيف الخالدي، وعلي سعيد المنصوري، ط/١٩٩٥/١م.

٥- أغنية الجفرا والمحاورات، قراءة في الشعر اللهجي في الجليل الفلسطيني، عز الدين المناصرة، د. ت.

٦- الأمير الفارس محمد الأحمد السديري، حياته وأشعاره، ومآثره، جمع وتأليف علي بن شداد آل ناصر ط/٢٠٠٣/١م.

٧- بستان الشعر، جمع وتدوين حمد محسن النعيمي، ط/٢٠٠١/٢م.

٨- حديث الهيل، عمر الفرا، طلاس للدراسات، دمشق.

٩- ديوان أحمد فؤاد نجم (الأعمال الكاملة)، الجزء الأول، طلاس للدراسات، دمشق، ط/١٩٨١/١م.

١٠- ديوان حمود الناصر البدر، عبد الله عبد العزيز الدويش، ذات السلاسل الكويت، ط/١٩٨١/٢.

١١- ديوان خالد معجب الهاجري، جمع وتحقيق حمد حسن الفرحان، ط/١٩٩٥/١م.

١٢- ديوان الخليفي للشاعر القطري إبراهيم بن محمد الخليفي.

١٣- ديوان الزهيري، مجموعة من المواويل المشهورة، عبد الله عبد العزيز الدويش، ط١٩٧١/١/م.

١٤- ديوان ابن سبيت، الشاعر علي بن سعيد بن سبيت المنصوري، شرح وتحقيق زايد محمد النعيمي، جمع وتدوين كايد سعد المهندي، ط١٩٩٣/١/م.

١٥- ديوان ابن سبيل عبد الله بن حمود بن سبيل، جمعه وأشرف عليه حفيده محمد بن عبد العزيز ابن السبيل، ط١٩٨٨/١/م.

١٦- ديوان الشاعرة فتاة العرب، جمع وتحقيق حمد حسن أبي شهاب الإمارات العربية المتحدة، ١٩٩١م.

١٧- ديوان الشاعر حمد عبد اللطيف المغلوث، ذات السلاسل، الكويت، ط١٩٨٢/١/م.

١٨- ديوان الشاعر صحن جوبان العنزي، ذات السلاسل، الكويت.

١٩- ديوان الشاعر عبد الله بن سعد المسند الملقب بالشاعر، تحقيق وشرح حمد حسن الفرحان، الجزء الأول، ط١٩٨٨/١/م، والجزء الثالث، تحقيق وشرح جاسم صقر.

٢٠- ديوان شعر جبال الصير، أحمد عبد الجليل مراد، المركز العربي الحديث، مصر الجديدة.

٢١- ديوان الشعر الشعبي، المجلد الأول، كلية الآداب، منشورات جامعة قاريونس، ١٩٧٧م.

٢٢- ديوان الشعيبي، عامر بن سليمان الشعيبي، ١٩٨٢م.

٢٣- ديوان شنوف جاسم الهرشاني، دار السلاسل، الكويت، ط١٩٨٥/١/م.

٢٤- ديوان الشيخ محمد بن راشد المكتوم، جمع وتقديم حمد أبو شهاب.

٢٥- ديوان الشيلات القطرية علي عبد اللـه الفياض، ط/١٩٩١/١م.
٢٦- ديوان عبد اللـه بن غانم المالكي بودهيم، ومجموعة من شعراء البودهيم، ط١٩٨٨/١م.
٢٧- ديوان المناعي للشاعر سعيد البديد، تحقيق وشرح علي شبيب المناعي، ومحمد علي الكواري، ط/١٩٨٢/٢م.
٢٨- الشاعر الكرنب، إعداد محمد مسعود حمدان عيسى، ط/١٩٩٥/١م.
٢٩- شعراء العامية في اليمن، دراسة تأريخية ونقدية، د. عبد العزيز المقالح، دار العودة، بيروت، ١٩٧٨م.
٣٠- شعراء من مطير للفترة من أواخر القرن الثالث عشر الهجري إلى أوائل القرن الرابع عشر الهجري، جمع وإعداد عبد العزيز بن سعد السناح، ط/١٩٩٩/١م.
٣١- شفاعات الوجد، مختارات من الشعر العراقي الشعبي، دار المسار للطباعة والنشر، بغداد.
٣٢- شيوخ وشعراء، سعود بن محمد الهاجري، الجزء الأول، ط/٢٠٠٢/١م.
٣٣- صمت الأطباق، شعر نبطي أردني، للشاعرين وحيد الليل، وفتى نجد، الأردن، ط/٢٠٠١/١م.
٣٤- عذاب الروح، حسناء البادية، ط/٢٠٠٠/١م.
٣٥- على شواطئ غنتوت، د. مانع سعيد العتيبة، ط/١٩٨٥/٣م.
٣٦- عمر الزعني، حكاية شعب، فاروق الجمال، ط/١٩٧٩/١م.
٣٧- فن المحاورة في الشعر الشعبي، الجزء الأول، إعداد وتأليف عمران السبيعي، ط/١٩٩٣/١م.

٣٨- فن المسدار، دراسة في الشعر الشعبي السوداني، د. سيد حامد حريز، ط١/١٩٩٢م.

٣٩- لآلئ قطرية، الجزء الرابع، جمع وتحقيق علي عبد الله الفياض، ط١/١٩٩٦م.

٤٠- اللغز، العدد الأول والخامس والثامن، قصائد الردود، دار الصدى، الإمارات، ٢٠٠٠م.

٤١- لمحة عن الموالات السورية، دراسة مع نصوص، د. حسان هندي، ط١/١٩٩١م.

٤٢- المراثي الشعبية الأردنية، البكائيات الجزء الأول، د. هاني العمد، دار الثقافة والفنون، عمان.

٤٣- المرجيحة، أحمد فؤاد نجم، ط١/١٩٩٣م.

٤٤- معلمة الملحون، روائع الملحون، الجزء الثالث، تأليف محمد الفاسي، مطبوعات أكاديمية المملكة المغربية، سلسلة التراث.

٤٥- المقاومة الجزائرية في الشعر الملحون، إعداد وتقديم جلول سلبس أمقران الحفناوي، الشركة الوطنية للتوزيع والنشر، الجزائر.

٤٦- من آدابنا الشعبية في الجزيرة العربية، قصص وأشعار، الجزء الرابع، تأليف منديل بن حمد بن منديل آل فهيد، ط٣/٢٠٠٠م.

٤٧- الموت على الأسفلت، عبد الرحمن الأبنودي، أطلس للنشر والتوزيع، ط٤/٢٠٠١م.

٤٨- واحات من الصحراء، د. مانع سعيد العتيبة، ط٢/١٩٨٨م.

الفهرس